一本书掌握 HR必需AI技术

从招聘、培训、激励到战略决策的全流程优化

赵冬存 著

浙江大学出版社
·杭州·

图书在版编目（CIP）数据

一本书掌握HR必需AI技术：从招聘、培训、激励到战略决策的全流程优化 / 赵冬存著. -- 杭州：浙江大学出版社, 2025. 8. -- ISBN 978-7-308-26358-0

Ⅰ. F272.92-39

中国国家版本馆CIP数据核字第2025WB8329号

一本书掌握HR必需AI技术：从招聘、培训、激励到战略决策的全流程优化

赵冬存　著

策　　划	杭州蓝狮子文化创意股份有限公司
责任编辑	顾　翔
责任校对	张　婷
封面设计	袁　园
出版发行	浙江大学出版社
	（杭州市天目山路148号　邮政编码310007）
	（网址：http://www.zjupress.com）
排　　版	杭州林智广告有限公司
印　　刷	杭州钱江彩色印务有限公司
开　　本	710mm×1000mm　1/16
印　　张	24
字　　数	357千
版 印 次	2025年8月第1版　2025年8月第1次印刷
书　　号	ISBN 978-7-308-26358-0
定　　价	69.00元

版权所有　侵权必究　印装差错　负责调换

浙江大学出版社市场运营中心联系方式：0571-88925591；http://zjdxcbs.tmall.com

推荐序一

Preface

与AI同行：人力资源管理的温和变革

热烈祝贺这本书的出版！作为在战略管理和技术创新领域耕耘二十余年的研究者，我喜欢变革与创新，但是变革与创新需要遵循客观规律。当我翻开《一本书掌握HR必需AI技术：从招聘、培训、激励到战略决策的全流程优化》书稿时，这种感受尤为强烈。这本书没有夸张地宣称"颠覆传统"，而是踏踏实实地为人力资源管理行业从业者绘制了一幅"人机协作"的路线图——它像一位经验丰富的同行者，手把手带我们探索AI工具是如何让烦琐的工作变得更轻盈的。

一、工具的温度：从焦虑到共处

近几年在与企业管理者交流时，我常听到这样的困惑："AI会取代我们的岗位吗？"这种焦虑在技术变革期再正常不过。本书给出的答案令人心安：它用整整九章的篇幅证明，AI不是冰冷的替代者，而是提升专业价值的助手。在"基础篇"中，作者耐心拆解提示词（prompt）设计、智能体（AI Agent）搭建等基础技能，甚至细致到提醒读者"AI生成的招聘文案需要人工校准"——这种对工具局限性的坦承，恰恰体现了职业操守与技术理性的平衡。书中推荐的AI工具，我曾亲眼见过它们如何将管理者从重复性工作中解放，让人力资源管理者有更多精力进行战略思考。

二、效率的进化：润物细无声

对于 AI，我始终认为需要坚持三个基本原则：一是积极探索，二是实事求是，三是发挥优势。本书"应用篇"正是这三个原则的实践体现。第三章提到的 AI 辅助面试管理，并非要 AI 替代 HR 进行判断，而是像多了一位不知疲倦的协作者：它能快速梳理候选人履历重点，自动生成结构化评估报告，让面试官更专注于观察候选人的软性素质。这种"机器处理信息，人类专注决策"的分工模式，可以帮助招聘团队节约大量的初筛时间。更让我欣喜的是第五章"AI 绩效方案辅助'设计师'"中提出的渐进式创新——通过机器学习历年绩效数据，系统可以自动提示目标偏差，但最终的校准权始终在管理者手中。这种"辅助而不越界"的设计哲学，正体现了技术应用中最难得的克制。

三、本土的智慧：小步快跑的创新

在研究中国企业管理案例时，我发现许多成功的数字化转型并非依赖"颠覆性技术"，而是通过现有工具的创造性组合实现的。本书"效率篇"恰好展现了这种务实精神。在第六章中，作者没有空谈理论，而是教读者如何用 AI Agent 辅导管理人员提升管理技能；在第七章中，作者用 AI Agent 搭建简易版人才评价中心。这些方法或许不够"高大上"，却能让中小企业的 HR 团队以极低成本获得专业支持。书中附录整理的工具清单，更像是一份"AI 应用百宝箱"，这种接地气的分享比任何理论都更有说服力。

四、成长的留白：给未来一个接口

在"进阶篇"中，我看到了作者对技术局限性的清醒认知。第八章在讨论 AI 如何辅助薪酬设计时，特别强调 AI 只是辅助工具，HR 必须手动调整参数。这种对"不完美"的坦承反而让人信任。而第九章在讲述 AI 辅助制作数据仪表盘时，既提供了传统的框架，又鼓励读者结合 AI 技术来提高整体效率。这种"留白"的设计，既为 HR 从业者保留了专业成长的试错空间，也避免了应用技术时的思维僵化。

五、致每一位前行者

与本书作者交流时,她提到写作的初衷:"希望HR同行少走些我踩过的坑。"这份朴素的同理心贯穿全书。在本书中,你会看到:

有克制的定位——不夸大AI的无所不能,而是明确标注每个工具适用的场景边界;

更坚定的使命——在AI时代,HR更需扎根专业,守护组织价值观,成为技术浪潮中的人性支柱;

这本书或许不会让你立刻成为技术专家,但它能帮你找到那个"刚刚好"的平衡点——既能享受AI带来的效率红利,又不至于在技术浪潮中丧失人的温度。

结语:走自己的路往往更容易成功

中国发展AI、AI+,创新理论和创新实践都告诉我们,模型、对标永远都是辅助措施,走自己的路往往更容易成功。本书正是这样一本"园丁手册"。它不是催促你奔跑,而是陪你从种下一颗种子开始,见证人力资源管理在AI时代温柔而又坚定的蜕变,告诉你怎样走自己的路。

高旭东

清华大学经济管理学院创新创业与战略系教授

2025 年 3 月 17 日

推荐序二
Preface

当计算机遇见人力资源管理：一场跨学科的效率革命

作为一名计算机科学家，我常年沉浸在代码与算法的世界，致力于让机器看懂医疗影像、预测工业设备故障。某天，一位HR朋友半开玩笑地抱怨："你们这些计算机科学家总想着改变世界，却没人帮我们解决每天筛选几百份简历的苦差事。"这句话让我陷入深思：技术的真正价值，或许在于让每个普通人的工作更从容、更高效。正因为如此，《一本书掌握HR必需AI技术：从招聘、培训、激励到战略决策的全流程优化》让我倍感欣喜——它如同一座桥梁，将我熟悉的AI技术与人力资源管理的现实需求紧密相连。

一、从像素到人才画像：计算机视觉的跨界启示

在计算机视觉领域，我们训练AI识别X光片中的肿瘤、监控视频中的异常行为。这些技术看似与人力资源管理风马牛不相及，实则蕴含共通的逻辑：从海量数据中提取关键特征。本书第三章提到的"AI面试辅助"正是这一逻辑的应用。

读取简历如同人工阅片：HR逐字阅读简历，寻找关键词，与医生寻找病灶何其相似；

AI Agent好比AI赋能的CT机：自动提取候选人的技能标签（如"Python

熟练度"）、项目经验强度（如"主导过三个跨部门项目"），并生成直观的人才画像。

这种方法与我的团队在 *IEEE Transactions on Image Processing* 发表的"医疗报告生成模型"不谋而合：AI负责处理结构化信息，而人类则专注于进行综合判断。通过算法减少重复性劳动，这正是技术最朴素却最实用的价值。

二、机器学习不仅能预测设备故障，还能预警人才流失

在工业AI研究中，我们利用传感器数据预测机械故障；同样，在人力资源管理领域，员工行为数据也能被用来预测离职风险。

类似工厂预警系统：通过分析员工的OKR（目标与关键结果）进度、会议发言频次、审批流程响应速度等数据，标记出"潜在离职倾向者"。

更具人性温度：AI不仅提供冷冰冰的数据，还会温馨提示HRBP，"该约张工喝杯咖啡了"。

这种"技术理性与人性关怀"的平衡，与我在数字健康领域的研究理念相通：AI提示风险，医生决定干预方式。既依托科学依据，又保留人性化的调整空间。

三、给技术人的跨界建议：从"炫技"到"解决真问题"

在ICML（国际机器学习大会）、NeurIPS（神经信息处理系统会议）等AI会议上，我常看到研究者们追逐模型精度，却鲜有人关注技术落地"最后一公里"的难题。本书的价值在于，它通过真实的工作场景，告诉大家如何让AI真正服务于HR：

降低使用门槛——从非计算机专业人士的角度，告诉大家如何使用AI；

适配业务需求——AI系统应锚定HR的专业知识，例如海氏素质词典、薪酬模型等标准，通过算法封装赋能业务，而非强行重构业务逻辑。

这提醒我们，技术应以解决问题为导向，而非让业务屈从于技术。

四、给人力资源管理行业从业者的"科技树"加点指南

有朋友问我："AI时代来了，我需要学Python吗？得看懂算法吗？"我

的回答是：完全不需要！例如，本书已将复杂技术封装成"即插即用"的工具箱：

像查字典一样找工具——附录1、附录4、附录5按场景列出了105个工具，遇到问题时可按图索骥；

像玩游戏一样试错——书中提供了多个提示词模板，HR可根据实际需求灵活调整。

不是只有深奥的表达才算技术，任何能实际解决问题的都可以被称为技术。

技术本身没有边界，但应用需要落脚点。本书正是这样一个落脚点——它告诉我们，无须等待通用AI的到来，今天的工具已足以让工作更美好。

伟大的技术，往往源于对他者痛点的真切体察。

这本书，正是将技术与痛点结合起来的生动实践。

刘俊
兰卡斯特大学计算机与通信学院教授
IEEE、ACM期刊高级编辑
CVPR、ICML等顶级会议领域主席
斯坦福大学全球前2%科学家
2025年3月9日于英国兰卡斯特

前言
Preface

作为一名拥有 20 年人力资源管理行业从业经验的专业人士，我的职业生涯从传统的纸质档案到运用 eHR、从现场面试到如今的数字化招聘、从用电话和传真组织员工培训到在线员工培训，经历了无数次的变化。回顾这段历程，最大的变化不仅是技术本身的更新换代，更在于我们的思维方式的转变。而这一切的加速发展，正是由信息时代的飞速发展推动的。

身为一个理工科背景的 HR，我更倾向于用数据和事实来推理，把电脑和互联网视为工作的基础设施，类似水电煤一样的基础性存在。然而，随着数字化的发展和 AI 的崛起，我逐渐意识到，科技不仅仅是工具，它也在深刻改变我们的工作方式、思考方式，帮助我们提升工作效率，甚至塑造和改变了工作中人际互动的模式。特别是在新冠疫情期间，生活发生了突如其来的变化，我被迫在家中度过了漫长的隔离期，也正好遇上了 ChatGPT 的兴起。

那个时候，朋友圈里全是关于 GPT 的信息，似乎不了解和没能掌握 ChatGPT 的人会被时代抛弃，于是我开始接触并学习 ChatGPT 这个新兴工具。最初，我的学习仅限于如何写提示词，如何与这个 AI 工具进行更高效的互动。但随着学习的深入，我发现，ChatGPT 不仅仅是一个能够生成文字的工具，它的潜力远远超出了我的想象。它可以帮助我完成烦琐的文案写作、提升工作效率、优化 HR 的各个业务流程，甚至能够辅助我构建新的 HR 培训课程。

有趣的是，ChatGPT 的"聪明"并不只体现在它能帮助我解答问题上，更在于它能根据给定的输入进行自我学习，生成更符合需求的结果。作为一个人力资源管理行业从业者，我逐渐在自己的工作中开始运用这一工具——招聘面试时，利用AI制作JD（job description，岗位说明）、生成面试问题；绩效考核时，利用AI提示关键指标、制作标准化的评估表单；甚至在组织培训课程时，借助AI快速完成课件的制作、海报的生成。这些新技术的加入，使得我在传统的人力资源管理工作中，节省了大量的时间和精力。

随着对AI工具的进一步探索，我意识到，它并不仅仅适用于个别任务，还可以深刻改变人力资源管理工作的本质。从招聘、培训到员工管理、绩效评估和企业文化打造，AI为人力资源管理工作提供了前所未有的优化空间。尤其是在这个信息爆炸的时代，能够借助AI快速获取信息、处理数据，甚至是做决策，显得尤为重要。

然而，AI工具的真正潜力不仅仅体现在它的高效性和便捷性上，它在我眼中更像是一个强大的助手，将HR从重复、琐碎的事务中解放出来，使之腾出更多的时间来关注真正需要深度思考和建立关系的领域。例如，HR可以将更多的精力投入到员工的个人成长与发展上，专注于文化建设和团队凝聚力的提升，增强人文关怀，为企业带来更深层次的价值。

正是基于这一理解，我在工作中深入尝试了各种AI工具，从最开始的ChatGPT，到后面国内逐渐兴起的讯飞星火、文心一言、Qwen、豆包、智谱清言、Kimi等，探索如何将它们应用到实际的人力资源管理场景中。也正是在这个过程中，我逐步总结出一套适合HR的AI工具应用方案，并尝试在HR社群开展如何使用AI工具的培训课程，以及如何为日常重复性的工作建立AI Agent的课程。在这些课程中，我不仅分享了如何高效使用ChatGPT来提高工作效率，更探讨了如何利用国内的多种AI工具进行更为智能的招聘、培训、日常管理等工作环节的改进。

《一本书掌握HR必需AI技术：从招聘、培训、激励到战略决策的全流程优化》这本书，正是我在这一过程中对自己学习成果的总结和对同行们的分享。市面上许多关于AI工具的书籍，多数停留在"辅助写文案"或"辅助制作PPT"等方面，但我们知道，AI并不仅仅只有这些用途。我希望通过这本书，打破这种局限，带领人力资源管理行业从业者深入挖掘AI在人力资源管理中的实战价值。每一个章节，都是我基于实际工作场景，反复试验提示词、优化解决方案后得出的结果。我的目标是：帮助资深HR熟练掌握AI工具，提升工作效率；帮助新手HR理解人力资源管理的核心逻辑，快速上手；也为那些对具体场景感到困惑的同行提供新思路……最终让大家学会用AI解决实际问题。

与市场上已有的AI赋能人力资源管理类图书相比，这本书的优势在于其"实战性"与"系统性"。在撰写的过程中，我反复问自己一个问题：在实际工作中，我原来是如何做的？我现在希望AI给出怎样的结果？每一个小节，都尝试通过实际的工作场景，使用AI工具给出可落地、可复制的解决方案。我认为，这可能是目前第一本专门针对中国企业HR，结合本土化场景与AI技术，深入探讨应用方法论的书。

全书共九章，分为四篇。第一篇聚焦市场上通用AI工具的使用方法，为读者奠定基础；第二篇围绕HR日常工作的核心场景——招聘、培训与绩效考核，探讨AI工具如何有针对性地解决具体问题；第三篇深入分析如何借助AI工具提升与他人的互动、沟通效能，为读者提供建议与指导；第四篇则从HR较少涉足的咨询设计视角，挖掘AI工具的分析能力，助力复杂项目设计与数据洞察，为企业战略提供依据。

在这个迅猛发展的时代，我们周围的环境、日常事务和工作方式都在不断地快速演变。尽管我们并非站在技术前沿的大咖或科学家，但在AI逐渐成为新基础设施的今天，我们没有必要像在马车时代拒绝汽车一样拒绝新技术。而对于HR来说，如何借助AI技术，做出更高效的决策、实现更精准的人才选拔、提供更有价值的员工培训、提高绩效考核的效率，将会是未来职场中不可或缺的竞争力。

随着AI技术的不断成熟，未来的工作场景将不仅是人类与机器的协作，更多的是人类如何利用这些工具，提升自我，激发创造力，进而推动企业和社会的进步。AI技术不会取代HR，它是HR的得力助手，将HR从繁重的事务性工作中解放出来，将更多精力投入到战略性、创造性和人性化的工作中。而能做这些工作，正是人与机器的最大区别所在。

对我而言，这本书不仅是对自己这三年来学习与应用AI工具的总结，它也是我对未来人力资源管理工作的展望。在未来的工作中，我期待看到更多HR能够积极拥抱AI，提升自己的技能，不仅是为了提高工作效率，更是为了更好地服务员工，推动企业的发展，助力社会的进步。我们正在迎来一个前所未有的时代，在这个时代，AI不再是遥不可及的未来，它已经在我们身边，改变着我们的工作和生活。

我相信，AI的不断发展将会为人力资源管理行业带来新的机遇与挑战。而如何抓住这些机遇，迎接这些挑战，将成为每一个人力资源管理行业从业者都应深思的问题。未来属于那些敢于拥抱变化、愿意学习新技术，并且能够将其灵活应用于实际工作中的人。在这条道路上，我希望这本书能够为你提供一些帮助，指引你走得更远。

通过阅读这本书，我希望你不仅能够学会如何使用AI工具，更能够从中激发未来的无限可能。希望每一位读者都能在工作中找到自己的AI助手，让AI成为你职业生涯中最得力的伙伴。

AI是未来职场的加速器，面向未来的HR，你准备好迎接变革了吗？

赵冬存

2025年3月31日于北京

目录
Contents

第一篇 基础篇

第一章 认识 AI 工具：工具使用技巧 / 002

第一节　什么是 AI 工具　/ 003
第二节　如何高效使用 AI 提示词　/ 008
第三节　AI 文案助手：提升各种文案效率　/ 023
第四节　AI 数据和图表助手：让数据更具洞察力　/ 030
第五节　AI 思维导图：构建高效流程　/ 042
第六节　AI 图像、音视频、数字人制作：人人都是兼职设计师　/ 047

第二章 进阶使用：从工具使用者转变为智能化设计者 / 052

第一节　适用不同人力资源管理场景的 AI 助手：
　　　　从"万能工具"到"个性化伙伴"　/ 053
第二节　如何搭建 AI Agent：HR 的"AI 开发工具"　/ 057
第三节　Manus 多 Agent 模型的使用和无代码编程　/ 082
第四节　AI 搜索引擎：让信息获取变得轻松、精准　/ 100
第五节　数字人使分身成为可能：面向未来的效率工具　/ 103

第二篇 应用篇

第三章 AI 赋能招聘：从岗位分析到面试管理的智能化变革 / 108

第一节 用 DeepSeek 助力招聘管理 / 110
第二节 用 AI Agent 辅助招聘流程 / 121
第三节 特殊招聘场景：校招中的 AI 应用 / 127

第四章 AI 赋能培训：从标准化到智适应 / 134

第一节 用 Kimi 提升培训需求分析环节的效率 / 136
第二节 从用 Kimi 辅助课件制作到用 AI Agent 提升培训效率 / 148
第三节 用 Manus 辅助培训资源搜集和课件制作 / 167
第四节 培训过程管理和效果反馈 / 170
第五节 数字人培训专家 / 189

第五章 绩效管理中的 AI 应用：精准设计与实时反馈 / 194

第一节 豆包赋能绩效管理 / 197
第二节 制作 PIP 教练 AI Agent / 209
第三节 AI 绩效方案辅助"设计师" / 216

第三篇 效率篇

第六章 AI 赋能 HRBP：日常事务小快手 / 220

第一节 制作员工关系管理 AI Agent / 221
第二节 用豆包辅助员工 EAP 工作 / 241
第三节 用 DeepSeek 辅导员工进行职业规划 / 253
第四节 用豆包和 DeepSeek 指导新任管理者 / 266

第七章 AI赋能OD：你身边的咨询专家 / 281

第一节　AI辅助的人才盘点：精准识别与潜力挖掘 / 282
第二节　AI辅助打造人才评价中心：助力高效选拔 / 291
第三节　AI支持IDP：锻造未来领军者 / 298

第四篇　进阶篇

第八章　AI驱动薪酬与激励设计：平衡激励与公平 / 306

第一节　AI辅助岗位评估：科学衡量岗位价值 / 307
第二节　AI辅助薪酬设计：打造科学薪酬结构 / 322
第三节　AI辅助销售人员薪酬激励方案设计 / 328

第九章　AI辅助驱动战略引擎：数据驱动决策 / 334

第一节　AI辅助制作数据仪表盘：精准监控与智能分析 / 335
第二节　用Manus辅助招聘分析：洞察市场与优化决策 / 345
第三节　用Manus助力绩效设计：链接目标与提升效能 / 349

附　录 / 356

附录1　本书中提及的AI工具一览表 / 356
附录2　人力资源管理领域的AI应用产品 / 357
附录3　AI学习资源一览表 / 358
附录4　书中未涉及的通用AI工具 / 358
附录5　书中未涉及的办公常用AI工具 / 359

后　记　新时代，请用好新工具 / 362

致　谢 / 365

第一篇
基础篇

第一章

认识AI工具：
工具使用技巧

第一节 什么是AI工具

在信息化、数字化的浪潮中，AI早已不再是科幻电影里的遥远幻想，而是实实在在走进了我们的生活和工作。从医疗诊断到教育创新，从金融分析到零售优化，AI的身影无处不在。而对于人力资源管理领域来说，AI更像一位悄然崛起的"超级助手"，正在招聘、培训、绩效管理等环节大显身手。许多人力资源管理领域的专业供应商已经推出了成熟的AI服务，助力HR实现效率飞跃。

但在探讨AI如何赋能HR之前，我们先来回答一个基础问题：到底什么是AI工具？

一、AI工具的定义

简单来说，AI是通过计算机系统来模拟人类智能的技术和科学领域，AI的智能行为包括但不限于从环境中感知并执行动作的代理。每个这样的代理都实现了一个将感知序列映射到动作的功能，例如生产系统、反应式代理、逻辑规划器、神经网络和决策理论系统。它包括感知、学习、推理、问题解决、决策以及自然语言处理的全过程，最终让机器能够执行那些需要依靠人类认知能力才能完成的任务，通过算法、数据和计算能力，使系统在特定场景中表现出类人的智能行为。换句话说，AI赋予计算机"像人一样思考"的能力，让它们不再只是冷冰冰的计算工具，而是可以处理复杂问题的"智能伙伴"。

举个例子，当你让AI分析一份简历时，它会按以下步骤操作。

感知环境的输入

你输入了一个指令："分析这份简历，判断候选人是否适合市场营销经理岗位。"AI接到指令后，首先会把你输入的简历和市场营销经理岗位说明转化为计算机能理解的形式,通过"自然语言处理"技术,将它们编码成数字化的表示(比如向量),这时它的后台可能主要由拆分后的字段组成,例如"三年""市场营销"。

调用预训练模型

AI接下来就会调用一个预先训练好的模型——例如ChatGPT或者DeepSeek等。这个模型就像一个经验丰富的HR(模型参数在十几亿或者更多)。

分析与匹配

然后AI开始对比你的指令和简历中的内容。它会扫描简历,提取关键信息,比如受教育背景、工作经历、技能等,然后与"市场营销经理"的要求进行匹配,通过算法计算简历中的关键词与岗位需求的匹配度。这时,如果有多个候选人简历的话,它还会对不同候选人的不同维度进行得分的记录。

推理与决策

AI综合所有匹配结果,推理出整体适合度。它可能会给每部分打分(比如经验80分,技能75分),然后加权计算出一个总分。

输出结果

最后,AI把分析结果转化回人类能懂的语言,告诉你:"候选人适合度75%,建议面试,但需关注团队管理能力。"这个过程可能只要几秒,但背后是大量数据的快速处理。

想象一下,AI工具就像你身边一位特别聪明的助理:你只要给它一个任务,它就能根据内置的知识库和大模型,帮你分析、推理,甚至给出决策建议。对于HR来说,AI工具不仅是效率提升的利器,更是解放双手、优化决策的"神器"。

具体到人力资源管理,AI工具可以自动筛选简历、生成培训内容、分析员工绩效,甚至辅助员工培训。它既能帮助你从烦琐的事务中抽身,又能在核心业务中提供专业支持。

最近几个月,国内涌现了不少好用的AI工具,比如豆包、Kimi、智谱清言、讯飞星火这些通用模型，随时解决日常问题；尤其是春节前后刷屏的DeepSeek，更是引发了大家对AI领域的极大热情。这些通用模型的主要使用方法大体相似，从HR用户（非计算机专业）角度看其实差别不大，它们的差别类似于不同浏览器之间的差别：比如IE浏览器、360浏览器、Chrome浏览器的操作指令和交互细节可能会略有不同，但本质上相差不大；而带有深度思考功能的推理模型，例如DeepSeek，则有点像在浏览器中接入了插件，在完成特定任务时提供了更强大的功能，对于某些任务的输出效果会更好。后文会详细聊聊它们的用法，先在这里埋个小伏笔。

二、AI工具的分类和特点

目前AI工具主要分为两类——通用模型和推理模型，它们也可以统称为语言模型。通用模型是最早出现的一类，例如ChatGPT、豆包、讯飞星火、智谱清言等，DeepSeek的V3版本模型也属于这一类别。这类模型的特点是侧重于语言理解和上下文推理，能够处理广泛的自然语言任务，如对话生成、文本摘要和问答等，适用于多样化的日常应用场景。

推理模型则以春节前后爆火的DeepSeek R1版本为代表，包括ChatGPT的o1版本和o1-mini版本。这类模型的特点是专注于逻辑推理和复杂问题解决，通常通过"思维链"（Chain of Thought）等方式逐步推导答案，特别在数学、编码和科学分析等需要深度思考的领域表现出色。相较于通用模型，推理模型在处理结构化、逻辑性强的任务时更具优势。

从使用体验上看，通用模型就像一个聪明且听话的实习生助理，需要我们引导着一步一步完成任务。与它打交道时，HR需要侧重过程管理，使用指令式语言，清晰描述每一步的要求，最好提供示例或模板以确保结果符合预期。例如，HR可以用通用模型生成标准化的职位描述或员工手册，这类任务规范性强，与通用模型的"听话"特性相匹配。相比之下，推理模型更像一个聪明但有自己想法的专家，我们需要与它合作完成任务。与它打交道时，只要目标清晰即可，其他细节可以模糊，并且最好不要过多干预它的推理链条——就像不要打断一个比你聪明的乙方顾问。在提示词中只需说明"干什么、给谁干、要什么、不要什么"，无须做过多限定。例如，让推理模型在分析员工流失风险时，只要提供数据和目标，它就会自行推导出逻辑结果。

要真正用好这两种语言模型，了解它们的"性格"和不同的使用方式至关重要。以下是这两种语言模型的几个核心特点，这既是它们的优势，也是HR能借力的关键。

通用模型的核心特点：

- 灵活性——能快速适应多种任务，如起草邮件、设计问卷等；
- 依赖引导——需要明确的指令和模板，适合规范性、重复性工作；
- 适合的人力资源管理场景——生成招聘广告、整理培训材料、模拟用户反馈等。

推理模型的核心特点：

- 深度分析——擅长挖掘数据并进行洞察，如预测趋势、评估风险等；
- 自主性——受目标驱动，结果逻辑性强，适合为复杂决策提供支持；
- 适合的人力资源管理场景——分析绩效数据、优化招聘流程、预测团队士气变化等。

通过理解这两种语言模型的"性格"差异，HR可以根据任务需求选择合适的工具——用通用模型提升效率，用推理模型解决难题，从而在人力资源管理中实现效率与深度的双赢。

这里再补充一个问题，有些HR也会注意到，有一些大模型具备了联网搜索（例如DeepSeek的联网搜索）功能，这个功能适合在什么时候使用呢？联网搜索功能特别适合需要实时信息或外部数据的场景。例如DeepSeek的主要数据库的数据都是2024年8月之前的数据，当我们需要使用2024年8月及以后的数据时，就需要使用这一功能。但不同模型的数据收录截止时间也是不一样的，具体需要根据自己当时使用的模型来确认。例如，在进行招聘市场分析时，我们需要获取最新的行业薪资趋势、竞争对手的招聘动态或特定职位的供需情况，就需要打开"联网搜索"功能。又如，在制订员工的AI培训计划时，HR可以通过联网搜索找到最新的行业实践或在线课程资源，以设计更贴合实际的内容。此外，联网搜索还能进一步提升推理模型的分析能力，比如在评估某项政策影响时，它可以结合网络上的实时案例和数据，推导出更准确的结论。

但是，在使用语言模型时，大家一定需要注意它们的缺点：大模型幻觉[1]。由于通用模型是通过预测"最可能的词序列"生成回答的，在使用时需注意数据的可信度，建议结合明确的目标提示词（如"只引用权威来源"，添加置信度标签等），或者进行多个语言模型检索结果的交叉验证，以确保结果的质量。

三、AI工具在人力资源管理领域的应用

了解了AI工具的定义和特点，我们再来看看它在人力资源管理工作中的用武之地。随着技术进步，AI已经渗透到人力资源管理的方方面面，成为现代人力资源管理的新动能。以下是几个典型场景。

招聘管理

招聘是HR的重头戏，也是AI大展身手的舞台。在传统招聘流程里，简历筛选、面试安排、候选人评估等耗时耗力。而AI却能用自然语言处理技术快速分析简历，匹配技能和文化契合度，甚至生成面试问题。更有趣的是，有些工具还能在面试中通过语音和情绪分析，帮你更全面地了解候选人。这是我在接触AI时，最先看到的落地场景，效率提升立竿见影。

员工培训

过去，员工培训往往投入巨大效果却难控。现在，AI能根据员工的学习习惯、知识短板和职业目标，推荐个性化课程，甚至定制案例。它还能实时跟踪学习进度，帮助HR动态调整培训内容。你可能曾在罗振宇的跨年演讲或新闻里听过类似案例，这种"私人定制"正在改变培训体验。

绩效管理

AI能让绩效管理更高效、更公平。它能分析员工的工作成果、项目表现和团队协作数据，生成客观的评估报告，还能提供个性化反馈建议。尤其是，当AI加入到绩效管理流程中的时候，是可以轻松完成多维度、海量数据的分析的，在绩效目标设计和业绩达成过程分析中，会为大家带来更多助力。这

---

1 大模型幻觉，也叫AI幻觉，是指大模型产生了在逻辑上看似合理但实际不符合已知常识或客观事实的描述。产生大模型幻觉的主要原因是，数据存在偏差、错误、不完整，或者大模型在理解和生成过程中出现偏差。

些环节不仅减少了以往的人为偏见，也让绩效管理的每一步都更扎实。

员工关怀与发展

AI还能当"情绪侦探"。通过分析员工反馈、社交互动或工作状态，它能发现潜在问题，比如士气低落或离职倾向。国外企业如沃尔玛、星巴克已经在用AI监测员工情绪，国内虽少有落地案例，但AI在情绪监测方面潜力巨大。当然，得严格遵守隐私法规，确保合规操作。

日常事务管理

从假期审批到考勤记录，再到微信公众号运营，AI都能轻松接管。网上还有人戏称，AI能一键搞定周报、月报、工作总结这些头疼的活儿。只要把这些琐事交给AI，HR就能从事务中解脱出来，做更有"人味儿"的事。

组织发展辅助

AI的参数高达数亿甚至千亿，堪称"读过千本书的专家"。只要你用对方法，它就能扮演顾问角色，帮你设计方案甚至研究战略。借助AI的洞察力，HR可以从更多角度审视组织发展（Organizational Development，以下简称OD）计划，找到更接地气的解决方案。

认识AI工具，是我们拥抱智能时代的第一步。把它想象成人力资源部的"全能助理"吧——随时待命，既聪明又勤快。对于HR专业人士来说，掌握AI工具不仅能让我们从烦琐事务中解脱，还能大幅提升工作效率和决策质量。

接下来，我们将深入聊聊如何在实际工作中用好这些AI工具，优化流程，提升价值。准备好了吗？让我们一起迈出这一步！

第二节　如何高效使用AI提示词

与人沟通时，我们会尽量清晰、具体地表达，确保对方明白我们的意思。而在与AI对话时，提示词就相当于我们的"语言桥梁"，它决定了AI

能否准确理解我们的需求，并给出符合预期的回应。而大模型则是AI与我们交互的界面之一，它通过学习海量数据，模拟理解语言、回答问题和在限定场景中辅助解决问题的能力。它就像一个经验丰富的助手，只要你给它指令，它就能快速帮你完成任务。国内常见的大模型底座主要是这几个：阿里云的Qwen、智谱的ChatGLM百度的文心大模型、DeepSeek、Kimi、豆包等。当然最近发布的自研大模型越来越多，而部分模型则是调用了前面的大模型底座，进行优化的结果。

尽管不同大模型（如ChatGPT-3.5，国内的Kimi k1.5、DeepSeek R1等）在架构和训练数据上有所不同，但它们的底层逻辑是一致的。以ChatGPT-3.5为例，它背后有1750亿个参数，这些参数通过海量数据训练，学会了理解语言、挖掘信息和生成内容。当我们输入提示词时，其实是在引导大模型从这庞大的"知识海洋"中，捞出与我们需求最匹配的那部分内容。

打个比方，大模型就像一个超级图书馆，而提示词是你的检索指令。你越是精准地告诉它"找什么""怎么找"，它就越能快速从书架上找到相应的图书，并将它递给你。反过来，如果指令含糊，大模型可能会"蒙"，递给你一堆无关的东西。因此，写好提示词的核心，就是让大模型从亿万参数中锁定那几个关键点，避免"鸡同鸭讲"。

举个例子。

在统计学里，"回归"指的是线性回归这样的数学方法，一般被用来分析变量间的关系。

而在心理学里，"回归"却是人在压力下，行为变得幼稚的防御机制。

如果你只说"请用回归的方法分析"，大模型可能会一脸茫然，不知所措；而带有深度思考的大模型则会猜测你的意图，选择概率大的方向给出它的回答。但如果你说"请扮演心理学专家，用回归方法分析员工行为"，大模型就能秒懂，给出你想要的答案。

可见，提示词的质量直接决定大模型输出的精准度和实用性。对于HR来说，掌握写好提示词的技巧，不仅能提升与AI协作的效率，还能在招聘、培训、绩效管理等场景中，解锁更多可能性。接下来，我们就聊聊如何写出"指哪打哪"的提示词。

一、提示词的基本结构

要让 AI 成为你的得力助手，一个高效的提示词通常包含以下几个要素。

明确的任务目标

开门见山告诉大模型你想要什么。比如"帮我写一份岗位说明书"或"分析这份简历"。目标越具体，大模型的输出就越贴近你的期待。模糊的指令只会让大模型猜猜看，效率自然大打折扣。

背景信息

给大模型一点上下文，能帮它更好地"入戏"。比如在写岗位说明书时，只要告诉大模型这是"面向应届生的销售岗位"还是"面向高管的战略职位"，它就能生成更符合场景的内容。背景信息就像给大模型圈定的工作范围，让它有的放矢。

格式和要求（可选）

如果你对输出有特殊要求，别忘了提前说清楚。比如"请用表格列出候选人技能"或"总结报告，控制在 200 字以内"。这就像给大模型套上"紧箍"，确保结果直接可用。

二、提示词公式

通过上面的拆解，我们可以总结出一个简单好用的提示词公式：提示词 = 角色 + 背景 + 任务 + 要求 + 输出格式。

角色：给大模型一个身份定位，比如"你是一位资深 HR"或"能源行业专家"。这能让大模型以特定视角思考问题。如果在多轮对话中，角色就可以省略。对于具有深度思考功能的推理模型来说，这部分也可以省略。但如果是非常特殊的场景，即使是深度思考大模型，角色也是不能省略的，否则会让它在自己的逻辑里越陷越深，而我们也拿不到想要的结果。

背景：提供任务的上下文，比如"正在筹备校园招聘"，这能帮助大模型抓住重点。

任务：明确告诉大模型你要它完成的任务，比如"写一份校招文案"。

要求：尽可能明确和细化你的期待，比如"用一句 slogan（口号，标语）开头，100字以内"。

输出格式：指定结果样式，比如"以表格形式返回"或"采用markdown（做记号）格式"。

来看一个实战例子。

示例1

你是一位资深HR，正在准备校园招聘，请为团队面试设计题目。面试形式是7人一组，每组讨论30分钟，总计10个小组。请以表格形式返回面试题目，包括面试要求、考查要点、评分维度，并附上供面试官使用的评分标准、观察重点和打分表格。

我们来拆解一下这份提示词。

角色：资深HR——要求大模型基于"资深HR"的专业经验给出高质量建议，而不是新手水平的内容。

背景：校园招聘——提示大模型围绕应届生特点（如学习力强、经验少）设计题目。

任务：设计团队面试题目——聚焦群面而非一对一，突出协作性。

要求：面试题目＋面试要求＋考查要点＋评分维度＋评分标准＋观察重点＋打分表格——细化输出内容，确保全面实用。

输出格式：表格——方便HR直接使用。

这样的提示词既清晰又有层次，大模型能迅速抓住重点，给出高质量回应。如果缺了某些部分，比如不提"校园招聘"，大模型就可能会设计出偏难的题目，让应届生摸不着头脑；如果不提"表格"，结果就可能是散乱的文字，需要你再花时间整理。

通过这种结构化的提示词，大模型能更高效、更准确地完成任务，从而帮助HR快速解决实际问题。提示词是与大模型高效沟通的"钥匙"。它就像操控大模型的方向盘，越精准清晰，大模型就越能跑在正轨上。对于HR来说，写好提示词不仅能节省时间，还能让AI在招聘、培训、绩效管理等场景中发挥更大价值。

以下是DeepSeek（V3版本，在没有使用联网搜索和深度思考的情况下）返回的结果。

以下是面试题目（见表1.1）及配套评估工具（见表1.2）。

面试题目

表1.1　DeepSeek返回的团队面试题目

题目编号	题目类型	题目描述	面试要求	考查要点	评分维度（1～5分）
1	产品设计	为Z世代设计一款校园社交APP，需包含盈利模式	需产出原型图、核心功能列表、推广方案	创新思维、用户需求分析能力、商业敏感性	创新性、可行性、用户洞察能力、协作能力
2	危机处理	某快消品被曝质量问题，作为公关团队制订应急方案	需区分短期应急措施与长期品牌修复措施	危机意识、决策逻辑、风险控制能力	应变速度、方案完整性、风险预判能力、责任担当
3	资源争夺	五个部门争夺有限研发预算，需达成分配方案共识	要求形成书面分配方案并附决策依据	谈判技巧、利益平衡能力、系统思维	说服力、妥协艺术性、全局观、规则制定能力
4	伦理决策	自动驾驶事故中"电车难题"的算法解决方案	需考虑法律、伦理、商业等多维度影响	价值观、复杂问题处理能力、社会责任感	伦理意识、多维分析能力、立场坚定性、表达深度
5	流程优化	优化校园快递站取件流程（当前日均处理2000件，投诉率达15%）	需包含流程图改进方案与关键指标预测	问题诊断能力、流程再造思维、数据敏感度	问题定位、方案落地性、量化思维、细节把控能力
6	营销策划	为传统茶叶品牌制订年轻化营销方案（预算为50万元）	需明确目标人群、渠道组合、效果评估方式	市场洞察能力、创意能力、ROI（投资回报）意识	策略新颖性、渠道适配性、预算控制力、效果可测性
7	战略选择	新能源车企面临技术自研和收购决策，请分析利弊	需建立系统的评估框架	战略思维、行业理解、长短期平衡能力	分析深度、信息整合、前瞻性、决策说服力
8	跨文化冲突	中美团队在项目进度与质量要求上产生分歧，模拟召开调解会议	需兼顾文化差异与项目目标	跨文化理解、冲突调解能力、目标导向	文化敏感度、沟通技巧、共赢思维、情绪管理
9	数据分析	根据提供的销售数据（Excel），诊断问题并提出改善建议	需指出三个关键问题并量化改进预期	数据解读能力、商业直觉、解决方案有效性	数据洞察、问题诊断、方案针对性、结果预测
10	突发事件	直播带货现场突发技术故障（掉线、卡顿），模拟应急决策	需制订五分钟应急方案并说明后续补偿措施	临场应变能力、客户导向思维、资源调度能力	反应速度、方案有效性、客户思维、执行果断性

观察重点清单

- 发言质量：观点是否具有建设性、逻辑是否自洽。
- 角色适应：是否自发承担必要角色（计时者、记录员、总结者等）。
- 互动模式：如何回应他人观点（补充、质疑、引导）。
- 压力应对：面对反对意见时的情绪管理能力。
- 决策贡献：关键节点是否提出突破性建议。
- 时间管理：是否有效推进议程。

打分表格模板

表1.2 DeepSeek返回的团队面试打分表

候选人	专业能力	沟通协作	创新思维	领导潜力	应变能力	总分	备注
张三	4	5	3	4	4	20	优秀协调者
李四	5	3	5	2	4	19	技术型人才
……	……	……	……	……	……	……	……

- 5分：超越预期——持续引领讨论方向，贡献关键洞见，展现卓越专业素养。
- 4分：优秀表现——主动推动进程，提出有效建议，展现复合能力。
- 3分：符合预期——稳定参与讨论，完成角色任务，无明显失误。
- 2分：有待提升——参与度不足，贡献有限，存在认知偏差。
- 1分：不符合要求——消极应对，干扰进程，出现原则性错误。

注意事项

- 采用"行为锚定法"：记录具体行为事例，将之作为评分依据。
- 强制分布原则：每组建议不超过两人进入下一轮。
- 多维验证：特别关注候选人观点与简历经历的关联性。
- 文化匹配度：注意观察与公司价值观契合的表现（如客户第一、拥抱变化等）。
- 校准讨论：建议每组安排两位面试官，分别侧重观察发言内容和过程行为，讨论结束后20分钟内完成独立评分，对差异超过2分的维度需进行校准讨论。

在使用AI工具的过程中,我们会发现不同的大模型工具返回的结果会有很大不同,当我们提供给大模型的提示词不同的时候,得到的回复也会有很大区别,甚至将同一个指令输入给大模型后,前后两次也会获得不同的答复。这主要是由AI的工作原理造成的,大多数语言模型都是在一定概率的基础上进行文字接龙,大家可以尝试用不同大模型工具获取不同回答,再选择一个比较接近自己思路的进行调整,在此基础上制订校招群面方案。比如,有可能你希望AI生成一份校招群面方案,它却给出一堆通用模板,无法直接使用。面对这种情况,我们有两种方法来优化结果:一是通过与AI持续沟通来改进回答;二是根据需求自己调整输出。这两种方法不仅能提升AI的实用性,也是本书希望教给大家的核心技巧,让你从"用AI"升级到"驾驭AI"。

将这两招结合起来,你不仅能让大模型的输出更符合预期,还能将它变成HR工作的得力助手。下面我们就详细介绍如何与AI合作,让它真正为你的需求服务。

三、通用模型提示词的写法技巧

与通用模型"对话"时,提示词(也就是我们给通用模型的指令)就像开车的导航,直接决定我们能走到哪。简而言之,通用模型输出的质量好坏,跟你输入的提示词息息相关。要想让通用模型给出既精准又好用的结果,学会写出合理、有效的提示词是关键。不管是用封装好的智能助手,还是日常随便聊聊,只要稍微调整一下策略,就能让通用模型的回答更贴合你的期待。以下是几个实用技巧,帮你把与通用模型的"沟通"效果拉满。

具体而非模糊

通用模型最擅长处理清晰具体的任务,含糊的指令会让它随机寻找可能的回答,输出乱七八糟的结果。所以,告诉通用模型你到底想要什么,至关重要。

示例2

假设你要为校园招聘设计面试题目。

- 不具体的提示词：

"请帮我写一些面试问题。"

这个指令太笼统，通用模型完全摸不着头脑：这是给谁的面试？难度有多高？有什么特别要求？结果可能是得到一些没有针对性的题目。

- 具体的提示词：

"你是一位资深HR，正在准备校园招聘的团队面试。请为即将到来的面试提供5个题目，面试形式是7人一组，每组讨论30分钟。题目要考虑应届毕业生的背景，难度别太高。"

这样一说，通用模型就有了清晰的方向，能生成符合招聘需求的题目，避免来回折腾。

越具体的提示词，越能帮助通用模型抓住任务的目标、背景和细节，输出对味的内容。比如只要明确题目类型、职位背景、候选人水平，就能让通用模型少走弯路，减少那些随机答案。

提供充足的背景信息

上下文是通用模型理解你意图的参照物。它能不能给出靠谱的回答，全看你给了多少背景信息。充分的上下文能让通用模型迅速进入状态，生成更精准、更贴合需求的内容。

示例3

假设你需要设计面试问题。

- 缺乏背景信息的提示词：

"请帮我设计一些面试问题。"

没头没尾，通用模型哪知道这是什么岗位的面试？候选人有什么背景？结果很可能是得到一堆泛泛而谈的问题，这些问题缺乏针对性，很难被用到实际面试中。

- 提供背景信息的提示词：

"你是一位资深HR，正在为校园招聘面试设计问题。候选人是刚毕业的大学生，面试要考查其团队合作能力和问题解决能力。请设计五个题目，确保每个问题都能有效评估这些能力。"

有了岗位背景、候选人情况和考查重点，通用模型就能有的放矢，设计出既实用又贴合实际的题目。

如果背景信息不够，通用模型就会像盲人摸象，只能根据最常见的情况给出随机的回答。背景信息能帮它快速锁定你的需求。比如在人力资源管理场景中，面试题的设计取决于岗位职责和候选人能力要求，只有这样才能命中靶心，切中面试考查的要害。

避免过度简化

简洁是好事，但过度简化可能会让通用模型"丈二和尚摸不着头脑"，影响输出质量。提示词需要在简洁与信息充分之间找到平衡，确保通用模型能准确抓住你的意图。

示例 4

假设你需要 AI 设计一篇招聘文案。

● 过度简化的提示词：

"请写一份招聘文案。"

这个指令太"单薄"，没说清目标岗位是什么、受众是谁、文案风格如何，通用模型可能会甩给你一篇大而化之的通用文案，这样的文案大概率不会贴合实际需求。

● 详细的提示词：

"请帮我写一份校园招聘文案，目标岗位是市场营销专员，面向应届毕业生。文案要简洁明了，突出公司文化和职位亮点，字数控制在 300 字以内。"

有了具体要求，通用模型就能有的放矢，生成一份既吸引人又实用的文案，省去你反复修改的麻烦。

如果指令太简单，通用模型就像少了导航的司机，只能靠猜开车。适当补充细节，比如岗位背景或输出要求，能让通用模型直奔目标，既高效又精准。

使用命令式语气

通用模型喜欢直来直去的指令。清晰的、命令式的语气能让它迅速明白任务，避免含糊其词或让它"脑补"你的意图。用简明的话告诉它"干什么""怎么干",效果会更好。

示例5

● 不清晰的提示词:

"我给你一些候选人简历,他们都申请了HR岗位。"

这句话像在吊胃口,通用模型不知道你要它分析、筛选还是干别的,可能得绕几圈才能猜对意图。即使是DeepSeek这种推理能力强的模型,也可能会猜错,浪费时间。

● 明确的提示词:

"请帮我筛选出符合以下条件的候选人:具有三年以上人力资源管理经验,擅长招聘和员工培训。"

简单直接,通用模型马上就能上手,按条件筛选出结果。

通用模型是按指令行动的"执行者",命令式语气就像给它指明跑道,能提升它的响应速度和准确性,避免不必要的对话拉锯。

考虑通用模型的限制与能力

通用模型很强大,但不是万能的。它在处理数据、生成内容上得心应手,却很难像人类一样理解复杂情感、社交细节或文化背景。写提示词时,要清楚它的"边界",别指望它干超出能力的事,例如避免过度依赖它执行情感分析或深度人际沟通等任务。

示例6

● 不考虑通用模型限制与能力的提示词:

"请分析这份候选人的面试反馈,并给出是否录用的建议。"

面试反馈往往夹杂着主观评价、情感色彩和面试官的个人倾向,这些细腻的东西通用模型很难完全吃透。它可能会机械化分析,得出草率和片面的结论。

● 考虑通用模型限制与能力的提示词:

"请分析这份候选人面试反馈,重点关注其在团队合作能力、问题解决能力和沟通能力方面的表现。基于这些反馈,提供初步评估,辅助我决定是否录用。"

这版提示词把任务限定在通用模型擅长的领域——数据分析和初步判

断，既发挥了它的优势，又留出了最终拍板的余地。

当任务涉及情感或主观判断时，通用模型容易"翻车"。合理设定任务范围，让它提供有价值的辅助分析，既能减少偏差，又能加速你的决策过程。

四、推理模型提示词的写法与技巧

与具有推理功能的模型例如DeepSeek R1"对话"时，要注意我们的提示词不能太琐碎，这时需要像给专家下达任务书，而不是像带实习生。相比通用模型需要得到详细引导，推理模型更像一个有独立思考能力的合作伙伴，HR需要用简洁但目标明确的方式与它沟通。以下是几个实用技巧，帮助你在人力资源管理场景中用好推理模型，最大化其推理价值。

目标明确，细节可选

推理模型最擅长根据目标自主推导答案，不需要事无巨细的指令。只要告诉它"要什么"，它就能通过"思维链"自己找到路径。过多的细节反而可能会限制它的发挥。

示例7

假设你要分析员工流失风险。

● 过于烦琐的提示词：

"请分析以下数据：员工A出勤率80%，绩效3/5[1]，入职1年；员工B出勤率95%，绩效4/5，入职3年。按步骤检查出勤率，再看绩效，最后考虑入职时间，告诉我谁可能会离职。"

这种指令束缚了推理过程，推理模型可能会进行机械执行而非深度思考。如果你坚持使用这套提示词的话，就请关闭"深度思考"功能，以确保可以获得恰当的结果。

● 目标明确的提示词：

"基于以下数据：员工A出勤率80%，绩效3/5，入职1年；员工B出勤率95%，绩效4/5，入职3年。分析谁更可能离职，并说明原因。"

目标清晰后，推理模型会自行推导因果关系，输出逻辑性强的结果。

提示词越聚焦目标，推理模型就越能发挥自主性。当与推理模型进行

---

[1] 满分5分，员工A得3分。

配合时，HR只需提供核心问题和必要数据，剩下的交给它去"想明白"。

提供关键数据或条件

推理模型的强项是基于输入进行逻辑推演，因此必须给它足够的基础信息。没有数据或条件，它就会像空转的引擎，推不出有意义的结论。

示例8

假设你要优化招聘流程。

●缺乏关键数据或条件的提示词：

"请告诉我如何优化招聘流程。"

没有具体背景，推理模型只能泛泛而谈，输出空洞的建议。

●提供关键数据或条件的提示词：

"当前招聘流程耗时30天，筛选简历占15天，面试环节占10天，目标是缩短至20天。请分析瓶颈并提出优化建议。"

有了时间数据和目标，推理模型就能精准定位问题（比如筛选简历过慢），并给出可行方案。

数据是推理的"燃料"。HR在设计提示词时，要确保输入关键指标（如时间、成本、绩效），让推理模型有据可依。

避免干预推理过程

推理模型的"思维链"是它的核心优势，过多干预会打断它的逻辑推导，降低输出质量。相信它的能力，把过程交给它，只关注结果是否符合需求。

示例9

假设你要预测团队士气。

●干预过多的提示词：

"分析员工满意度数据，先看薪资满意度，再看工作环境满意度，最后看团队活动参与率，告诉我士气如何。"

这种指令限制了推理模型的自由度，可能会使推理模型漏掉其他关键因素。

●放手的提示词：

"基于员工满意度数据（薪资满意度70%，工作环境满意度60%，团队活动参与率50%），预测团队士气变化趋势，并解释原因。"

不限定步骤，推理模型会综合所有变量，得出更全面的结论。

HR应避免手把手教推理模型。它的价值在于自己找路径，像我们与"专家乙方"打交道一样，过多的"干扰"反而会适得其反。

明确输出格式与范围

推理模型能生成复杂结果，但如果不指定格式或范围，结果可能会过于冗长或偏离需求。简单告诉它"要什么""不要什么"，能让结果更实用。

示例10

假设你要评估绩效管理效果。

● 不限格式与范围的提示词：

"请分析绩效管理系统的效果。"

结果可能会得到长篇大论，包含很多与它的推理过程无关的细节。

● 限定格式与范围的提示词：

"基于以下数据（员工参与率80%，目标达成率75%，反馈率60%），评估绩效管理系统的效果，以表格形式输出，重点分析效率和员工接受度，不涉及技术细节。"

明确格式与范围后，推理模型会直奔主题，输出简洁实用的表格。

HR可以通过格式要求（如"表格、列表"）或范围限制（如"不要技术细节"），让推理结果更符合实际需求。

利用其深度分析能力

推理模型擅长挖掘数据背后的逻辑和趋势，HR应把复杂、有挑战性的任务交给它，而不是只让它进行简单的内容生成。清楚它的强项，才能物尽其用。

示例11

● 不适合推理模型的提示词：

"写一篇300字的招聘广告。"

这是通用模型的强项，将推理模型用在这上面是大材小用；并且，推理模型很可能会发挥它的强大功能，给你一篇非常复杂的广告，既慢又效果不好。

● 适合推理模型的提示词：

"基于过去 6 个月的招聘数据（应聘者 100 人，录用 10 人，平均面试耗时 2 小时），分析招聘效率瓶颈，并提出改进建议。"

这种任务需要逻辑推导和洞察，正是推理模型的"主场"。

推理模型不是"文案机器"，而是"分析专家"。HR 应聚焦数据驱动的决策任务，比如风险预测、流程优化，充分发挥其深度思考能力。

五、提示词实例与应用

为了让你更直观地掌握提示词的用法，下面是 HR 常见场景的几个实例。它们展示了如何通过精准提示词，引导大模型高效完成任务，产出实用结果。

以下示例均采用通用模型的对话方式展开。当我们能够熟练掌握通用模型的对话技巧时，转而使用推理模型将如虎添翼，进一步提升效率与增加深度。

岗位说明书生成

岗位说明书是招聘的"门面"，既要清晰传递信息，又要吸引人才。好的提示词能让大模型快速生成符合需求的岗位说明书。

示例 12

请根据以下职位要求，写一份岗位说明书。

职位：产品经理。

职责：负责产品规划、市场分析、团队管理。

要求：本科及以上学历，五年以上产品经理经验，具有创新意识和团队合作能力。

解析：职位、职责、要求一目了然，大模型能据此直接生成一份结构清晰、重点突出的岗位说明书，避免需要通过多次对话反复修改的情况。

简历筛选

筛选简历是 HR 的"体力活"，精准的提示词能让大模型帮你快速挑出硬性条件（否决性条件）符合要求的候选人。

示例 13

请根据以下职位要求，评估并为这两份简历排序。

职位：数据分析师。

要求：三年以上数据分析经验，熟练使用 Excel 和 Python，具备中台项目经验和良好沟通能力。

两份简历：候选人 1（略），候选人 2（略）。

解析：明确的要求和简历信息，让大模型能按条件逐项比对，输出排序结果，既省时又省力。

设计面试题和考查标准

面试题是考验候选人能力的最重要的工具，清晰的提示词能让大模型设计出有针对性的问题。

示例 14

为销售经理岗位生成 10 个面试题，重点考查客户管理能力、团队协作能力和销售技巧。

解析：任务目标和考查重点明确，大模型能直奔主题，设计出贴合岗位需求的题目，帮你高效评估候选人。

写校园招聘 slogan 和海报文案

校招宣传要抓眼球，好的提示词能让大模型产出既有创意又实用的文案。

示例 15

我们是一家网络游戏公司，计划在上海大学组织校招，主要面向计算机相关专业的学生。请提供 5 个招聘 slogan 建议和 2 份海报文案建议，每份不超过 100 字。

岗位：计算机程序员。

要求：理解二次元，对新事物充满热情。

解析：背景、岗位信息、要求齐全，大模型能生成契合公司调性和学生喜好的文案，助力校招。

写感谢信或通知

面试后的沟通能体现公司专业性，精准提示词能让大模型快速搞定感谢信或通知。

示例 16

请写一封感谢信,感谢候选人参加销售经理岗位面试。内容要简洁,表达对候选人背景的认可,并告知一周内通知结果。

解析:语气和内容要求清晰,大模型能生成一封既专业又友好的信件,节省 HR 时间。

写好提示词是与大模型高效协作的"敲门砖"。通过清晰、具体、带上下文的指令,HR 能精准引导大模型,产出符合需求的结果。不管是招聘、培训还是日常事务,掌握提示词相关技能都能让大模型成为你的得力助手。随着 AI 技术的发展,这项技能会越来越重要,为你的工作注入更多智能动力。准备好试试了吗?

由于人力资源管理工作具有特殊性,涉及候选人简历、个人隐私信息等内容的部分均为保密信息,因此本书会全部略去。

同时,在后面的示例中,涉及公司战略、业务敏感信息之类的内容,本书也会进行省略,请读者在实践过程中,注意根据实际需要进行添加。

此外,在后面的示例中,一些不是很必要的、在日常工作中常见的内容,例如工作总结或者一些会议纪要等文稿示例,出于节约篇幅的原因,本书也在不影响意思表达和效果呈现的前提下,进行了相应省略。

第三节　AI 文案助手:提升各种文案效率

ChatGPT 刚火起来的时候,最让人眼前一亮的,就是它那"妙笔生花"的写作能力。只要给它一个明确的标题和目标,它就能秒变文案大师,生成各种风格的文本,还能在活泼、严谨等语气间无缝切换,精准传递你想要的信息。现阶段的 AI 工具则在文案创作上更上一层楼,对于 HR 日常所需的招聘广告、企业文化宣传等,都非常有效,它不仅能帮你省下大把时间,还能保证文案质量和创意性。无论是吸睛的招聘启事,还是庄重的"大厂"文化介绍,AI 都能瞬间抛出多个版本，让HR在文本创作中如鱼得水。

本节将深入聊聊如何用AI文案助手优化招聘文案，以及企业文化内容的创作流程，帮HR提升效率，确保内容既专业又统一。

一、AI文案进阶

在招聘场景中，大模型不仅能写基础文案，还能搞定优化、扩写、提炼、润色等"高阶操作"。以下是几个实用场景。

文案的优化

每家企业的文化和招聘需求都不一样，大模型能根据公司信息、岗位特点和目标人群，灵活调整文案的语气和风格。这样，招聘文案就既能贴合品牌调性，又能精准吸引目标候选人。

示例1

"请将上一篇（本书第一章第二节）示例15的海报文案调整为适合一家新能源国企、针对某工业大学学生发布的版本，文风要稳重、正式。"

"请将上一篇海报文案调整为适合大学生的、创业游戏公司发布的版本，语气要活泼、充满创意。"

解析：指定企业类型（国企vs创业公司），大模型能根据企业背景调整语气——国企版沉稳专业，创业版活力四射。这样的文案能更好匹配不同场景的招聘需求，抓住目标人群的注意力。

扩写、提炼和润色文稿

大模型不只会凭空创作，还能帮你改造现有内容。无论是把会议纪要浓缩成要点，还是把工作总结润色得更专业，大模型都能做到。

示例2

"请为以下会议纪要提炼简洁要点，保留核心内容。会议内容（略）。"

"请润色以下工作总结，让它更流畅专业。工作总结（略）。"

解析：HR每天要面对堆积如山的文档，大模型能帮你去冗存精，优化表达。无论是精简啰唆的会议纪要，还是让工作总结显得高大上，大模型都能让HR省时省力，提升会议纪要和工作总结的可读性。

模仿案例撰写文稿

大模型还能根据指定的样本，模仿已有文案的风格，确保新内容与原内容的措辞风格、表达风格等保持一致。这对需要长期保持品牌形象的企业特别有用，尤其是需要在招聘文案和文化宣传中保持一定文稿风格的时候。

示例3

请分析以下公司介绍文稿的特点，并模仿其风格撰写一篇新的公司介绍，字数控制在800字以内。示例文稿（略）。

解析：通过学习样本的特点和风格，大模型能生成与公司风格无缝对接的文案。这不仅能提升效率，还能让HR在忙碌中保持品牌一致性，输出始终高水准。

大模型在文案创作上的进阶玩法，能帮HR从风格调整到内容优化全面提效。无论是吸引候选人，还是提升企业形象，大模型都能生成既精准又贴合品牌的内容，让你把精力投向更有价值的事，比如策略规划和人才培育等需要深度思考的工作。

二、辅助PPT制作

正如电影《年会不能停》里调侃的，PPT是职场人的"命根子"。一个HR要是不会做PPT，就像雄鹰断了翅膀，连会议室都走不进去。所以，无论如何，掌握PPT基本功都是必修课。

自动生成PPT大纲与内容

用AI做PPT，第一步就是敲定大纲和内容结构。现在在大模型的协助下，懒人福音来了——只要扔给大模型几个关键词、主题和目的，它就能自动生成一份结构清晰的PPT框架，包括标题、要点，甚至每页的建议内容。现在市面上的AI工具基本都能做到这一点，只是输出质量有高有低，大家可以多尝试几个工具，根据不同AI返回的内容进行修改和调整。

示例4

请根据以下内容生成一份PPT框架。

会议主题：2025年度营销策略计划。

关键点：市场趋势、目标用户群体、营销渠道、预算分配、执行计划。

即使只给这么点信息，大模型也能生成基础大纲。但想做出能直接使用的PPT，最好给出更多必要的内容，比如：会议目标（说服管理层）、受众（公司高管）、时长（20分钟）、风格（数据驱动）以及重点（突出预算效率）。这样的结果更具体，可直接用于汇报。如果给到大模型工具的信息形式是文本，那么用任何工具都能搞定；如果是文件（Word、PPT、PDF），像Kimi、豆包、天工这些能读文件的工具就派上用场了。

此处以使用Kimi工具为例，我一般这样做。

示例5

请根据我给你的文件内容，生成一份用于本次会议的PPT大纲。

文件内容：2024年会议PPT（或者任何其他格式的文件）（略）以及本次会议要求（略）。

会议主题：2025年度营销策略计划。

关键点：市场趋势、目标用户群体、营销渠道、预算分配、执行计划。

优化语言表达与内容精炼

PPT和Word的最大区别就是文字短且"狠"。大模型在这块很在行，能帮你把啰唆的语言精简得干脆利落，避免堆砌重复内容，让每页幻灯片直击重点。

示例6

请将以下内容精简成一页PPT的要点，如果有内容缺失和不全面的地方，请指出来。

2025年度营销策略计划将包括：对市场趋势的深入分析，确定目标客户群体，在线上和线下渠道进行多维度推广，设立合理的预算分配方案，最后制订详细的执行计划以确保策略计划的顺利实施。

大模型不仅能提取核心信息，生成简洁描述，帮你在PPT里快速呈现重点，还能提醒你哪里缺细节，避免内容空洞。

PPT设计与模板

PPT不光要内容好，视觉设计也得跟得上。AI能根据主题和风格，推荐合适的布局和设计方案，省去你制作模板的麻烦。像Kimi+这样的工具还能一键生成整套PPT，这已经成了一种更主流的玩法。

示例7

根据以下主题，推荐适合的PPT设计风格。

主题：2025年度财务报表分析。

要求：简洁、专业，突出数据分析，适合商务演示。

这样的提示词可以让大模型给出模板的配色等建议，但还是需要自己动手完成模板的制作。我们也可以根据前面的PPT大纲和内容，直接一键生成，在Kimi+里我们可以这样做（见图1.1）。

示例8

请将以下内容精简成PPT的要点。

2025年度营销策略计划将包括：对市场趋势的深入分析，确定目标客户群体，在线上和线下渠道进行多维度推广，设立合理的预算分配方案，最后制订详细的执行计划以确保策略计划的顺利实施。

然后点"一键生成PPT"，选好模板场景、风格、颜色，几秒后就能拿到初稿。之后在工具里编辑（见图1.2），或将PPT下载到PowerPoint调整即可（见图1.3）。

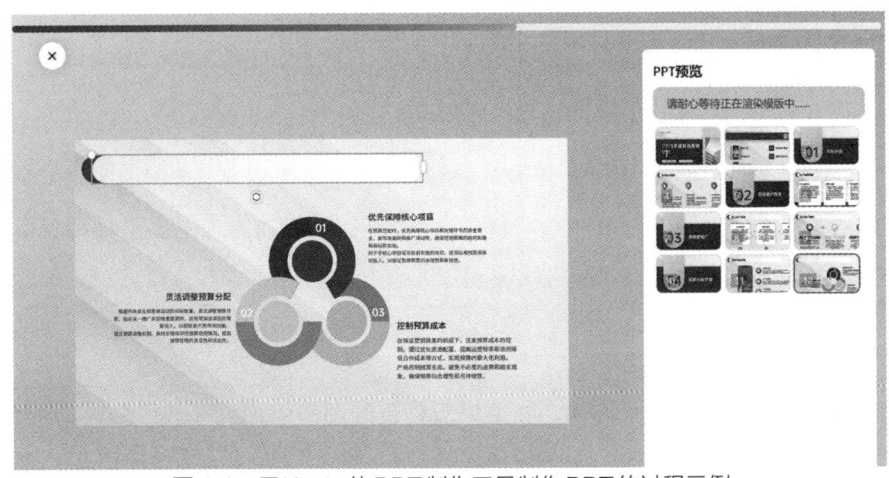

图1.1　用Kimi+的PPT制作工具制作PPT的过程示例

图 1.2　用 Kimi+ 的 PPT 制作工具制作的 PPT 编辑页面

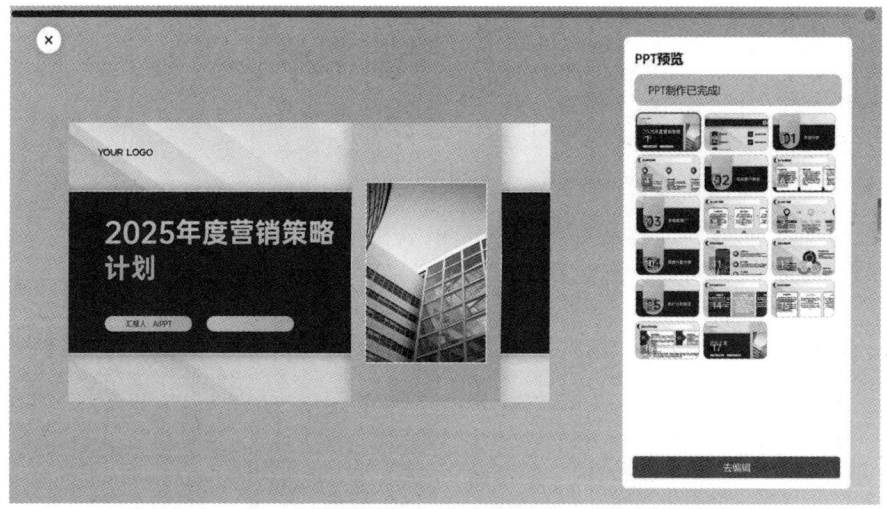

图 1.3　用 Kimi+ 的 PPT 制作工具制作 PPT 输出结果示例

如果你使用的是 WPS，现在 WPS AI 可以直接编辑制作 PPT；其他工具包括 AiPPT，iSlide、ChatPPT、百度文库也都有类似功能（更多工具请见本书附录），感兴趣的 HR 可以尝试一下。

三、智能插图

插图能让 PPT 更抓眼球。如果模板自带的图不够用，又找不到合适的，AI 工具可以救场，直接生成你想要的插图。例如，Napkin 工具可以根据提示词制作PPT中使用的插图。

示例9

请根据这段话画一张插图。

传统的图片设计往往需要依赖专业的设计师，且往往需要较长的时间和较高的成本。随着AI绘画技术的崛起，HR无须具备设计背景，也可以轻松制作出高质量的图文材料，极大地提升了工作效率。AI绘画工具利用深度学习和图像生成技术，可以根据文字描述生成各种风格和形式的图像。无论是招聘广告、培训手册，还是公司文化海报，AI都能够在短时间内为HR提供图像支持，使得HR在制作各种材料时更加高效，且图像内容也能更准确地符合需求。

这个是Napkin返回的图片（见图1.4）。

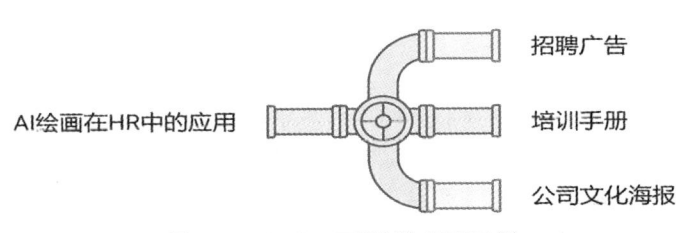

图1.4 Napkin工具制作图形示例

在Napkin里，还能调整这张图的元素位置和文字，帮你直观展示信息，增强PPT的表现力。

有了AI加持，文案创作、PPT设计和插图制作都能"快进"完成。HR可以用这些工具快速产出符合需求的内容，既省时省力，又保证专业统一。无论是招聘广告、培训资料还是日常沟通，AI都能帮你打造高效又亮眼的成果，成为工作中的"超级助理"。

顺便"安利"一下Kimi+和DeepSeek，它们的功能更强，文案输出质量更高，它们输出的内容，只要稍加修改就可以使用，当然还需要特别注意它们的"幻觉"问题，这是所有语言模型的通病。相信未来还会有更多好工具涌现出来，HR们可以多加关注，保持学习，随时升级你的"装备"！

第四节　AI数据和图表助手：让数据更具洞察力

如今，数据分析和报告的能力已是职场人的"标配技能"，对HR来说尤其如此。快速处理海量数据、挖掘有价值的洞察，不仅能提升效率，还能为决策提供硬核支持。但传统Excel操作靠手动输入公式和整理，既费时又容易出错。有了AI加持，这一切变得简单多了。

本节将带你看看AI如何化身"数据小助手"，从公式生成到图表设计，帮HR完成数据处理和数据分析等工作。

一、请AI协助生成公式

借助AI工具，即使是复杂的Excel公式也能在几秒内生成。只要清楚告诉它需求，大模型就能根据实际需要给出精准建议，这在日常薪资计算、绩效统计或员工数据分析时，可以快速提升工作效率。

示例1

请为以下需求生成一个Excel公式。

需求：计算员工实际应发工资，其中员工实际应发工资 = 应税工资 – 应扣所得税。

数据：应税工资在列B，所得税速算表在$A41:F$48；速算表A—F列包括以下字段，Level of Tax、下限、上限、计算数据（上限数+0.01）、税率、速算扣除数。

Kimi返回的结果如下。

> ==B2 – (VLOOKUP(B2, $A$41:$F$48, 5, TRUE) * B2 – VLOOKUP(B2, $A$41:$F$48, 6, TRUE))

我们发现它没能理解所得税速算表中数据的含义，但大的公式逻辑是对的，只要稍加修改就可以使用（国内其他产品返回的结果也都存在各种问题，Kimi 的更加接近正确答案）：

==B2 – (VLOOKUP(B2, $D$41:$F$48, 2, TRUE) * B2 – VLOOKUP(B2, $D$41:$F$48, 3, TRUE))

补充说明：目前 Grok 是可以正确理解这一阐述逻辑并生成正确的公式的，我们有信心，类似 Kimi 这样的国内产品的逻辑问题将会很快得到解决。同时我们强烈建议：在使用 AI 生成的结果时，务必仔细验证结果的正确性。

需要注意的是，像生成公式这种问题比较简单，现在几乎所有大模型工具都能搞定，简单又高效。接下来，我们再聊聊更高级的数据处理和可视化玩法。

二、数据清洗和数据分析

在现实工作中，原始数据总有"脏乱差"的时候，尤其是当需要将 PDF 或图片扫描转成 Excel 时，格式常乱得让人头大。手动整理得花好几小时，而大模型工具却能一键救场。以 DeepSeek 为例，它在国内工具里表现突出（截至 2025 年 3 月，其他工具要么没这功能，要么效果一般，暂时不推荐使用，但大家可以保持关注，相信其他工具很快也会有类似的功能推出）。

示例 2，以 DeepSeek 为例

请帮忙做数据清洗，把扫描文件时错行的文字放到同一个文本框里，去掉多余的行列。原始数据如图 1.5 所示。

DeepSeek V3 返回的结果如图 1.6 所示。

序号	权利人姓名	区划	街道	门牌	附号	栋	单元	楼层	房号	建筑面积	套内面积	分摊面积	规划用途	分摊土地面积
1038		青羊区	人民中路三段											
1039	李88	青羊区	人民中路三段	2		1	3	12	41.96	41.96	30	2.77	办公	2.77
1040	李88	青羊区	人民中路三段			1	2	3	15	41.96	30	11.96	办公	2.77
1041	戴33	青羊区	人民中路三段			2	3	16	41.05	29.35	11.70	办公	2.71
1042	成都健坤置业有限公司	青羊区	人民中路三段	1					40.09	28.66	11.43		2.64	
1043	成都健坤置业有限公司	青羊区	人民中路三段	2	2	3	18	42.45	30.35	12.10	办公	2.80		
1044	成都健坤（建坤置业有限公司）三段	青羊区	人民中路		2	3	19	42.19	30.16	办公	2.78			
1045	成都健坤置业有限公司	青羊区	人民中路三段											
1046	成都健坤置业有限公司	青羊区	人民中路三段	3				20	42.19	3	办公		42.19	30.16
1047	周8刚	青羊区	人民中路三段	1	2	3	22	12.03	42.19	30.16	21 12.03	2.78	办公	30.16

图1.5 需要进行数据清洗的扫描数据表示例

序号	权利人姓名	区划	街道	门牌	栋	单元	楼层	房号	建筑面积	套内面积	分摊面积	规划用途	分摊土地面积
1038	杜*德	青羊区	人民中路		1	2		3	12	41.96	30	11.96 办公	2.77
1039	李88	青羊区	人民中路		1	2		3	13	41.96	30	11.96 办公	2.77
1040	李88	青羊区	人民中路		1	2		3	15	41.96	30	11.96 办公	2.77
1041	魏33	青羊区	人民中路		1	2		3	16	41.05	29.35	11.7 办公	2.71
1042	成都健坤置业有限公司	青羊区	人民中路		1	2		3	17	40.09	28.66	11.43 办公	2.64
1043	成都健坤置业有限公司	青羊区	人民中路		1	2		3	18	42.45	30.35	12.1 办公	2.8
1044	成都健坤置业有限公司	青羊区	人民中路		1	2		3	19	42.19	30.16	12.03 办公	2.78
1045	成都健坤置业有限公司	青羊区	人民中路		1			3	20	42.19	30.16	12.03 办公	2.78
1046	成都健坤置业有限公司	青羊区	人民中路		1	2		3	21	42.19	30.16	12.03 办公	2.78
1047	屠88he	青羊区	人民中路		1	2		3	22	42.19	30.16	12.03 办公	2.78
1048	成都健坤置业有限公司	青羊区	人民中路		1	2		3	23	42.19	30.16	12.03 办公	2.78
1049	曾*英	青羊区	人民中路		1	2		3	25	42.19	30.16	12.03 办公	2.78
1050	吴*華	青羊区	人民中路		1	2		3	26	42.19	30.16	12.03 办公	2.78
1051	黎*红	青羊区	人民中路		1	2		3	27	42.19	30.16	12.03 办公	2.78
1052	朱*辉	青羊区	人民中路		1	2		3	28	42.19	30.16	12.03 办公	2.78
1053	俞*维	青羊区	人民中路		1	2		3	29	42.19	30.16	12.03 办公	2.78
1054	成都健坤置业有限公司	青羊区	人民中路		1	2		3	30	42.19	30.16	12.03 办公	2.78

图 1.6 完成数据清洗后 DeepSeek 返回的数据表示例

完成数据清洗后，我们再进行其他的操作就非常容易了。这个功能虽然简单，但是非常实用。

如果需要进行进一步的数据分析，也可以借助AI的辅助。假设HR正在分析员工的离职情况，想要通过数据找出影响离职率的关键因素。AI可以自动化地清理数据，分析员工离职的原因，并预测哪些因素对离职率的影响最大。

示例3

请分析过去三年内公司员工的离职数据，找出影响离职率的主要因素，并生成一份报告。报告需包含以下内容：

离职率趋势（按季度或年度分析）；

影响离职率的主要因素（如薪酬、职位、工作环境等）；

离职风险预测（根据历史数据预测未来离职率趋势）；

可视化的离职数据图表（包含饼图、柱状图等）。

大模型不仅能自动清洗数据，分析趋势，挖掘变量影响，还能预测未来风险，最后根据分析给出一份图文并茂的报告。HR不用花很多时间抠数据或画图，只要简单输入需求就能全部搞定。

有了AI，烦琐的数据清洗和分析不再是拦路虎，大家可以把精力更多放到分析中去，精准洞察触手可得。

三、图表设计与解析

图表是数据分析的"门面"，能让数据变得既直观又好懂。但传统制作过程——手动计算、调整样式，真是费时费力。AI辅助工具不仅能根据数据自动生成最佳图表，还能推荐图表类型和优化设计，让图表既专业又养眼。

示例4

请根据以下数据生成销售额趋势图。数据（略）。

AI会挑出合适的图表样式（折线图、柱状图等），自动调整颜色和标签。如果你是Excel老手，可能会觉得这些功能十分"鸡肋"，但对还不熟悉图表制作的HR来说，AI简直是"快捷小帮手"。

但并非所有的语言模型都具备制作图表的功能，如果使用的语言模型不具备这一功能,大家也可以尝试商汤的小浣熊这类AI工具。

示例5

请根据以下数据生成适合PPT的图表。

2025年Q1(第一季度)销售额:产品A 500万元,产品B 300万元,产品C 200万元。

对上述示例,小浣熊返回的结果如图1.7所示。

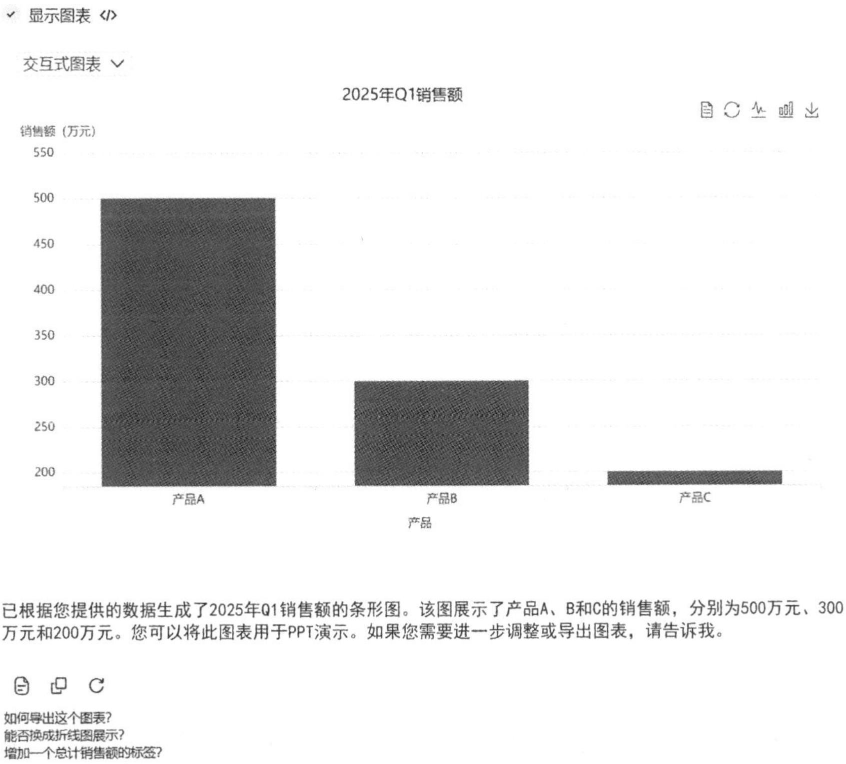

图 1.7 采用小浣熊工具制作条形图示例

几秒钟搞定,图表既专业又准确,省下你手动设计的时间。

除了图表设计功能,AI还能反向解析复杂图表。

我们还可以把一张历史图表丢给AI,让它帮忙分析这张历史图表的问题所在。

示例6

请分析这份表格(见表1.3),并生成一份总结报告。

表 1.3 需要进行数据分析的人力资源部数据表示例

部门人员管理记分卡	2011年Q3	2011年全年	201#年Q1	201#年Q2	201#年Q3	201#年Q3累计
组织能力和组织效率						
在职正式员工总数	940	1104	1132	1008	1156	1156
预算内剩余编制	—	—	—	—	88	88
骨干人员占全员的百分比	13%	11%	14%	13%	11.59%	11.59%
经理比例	6%	5%	6%	6%	5%	5%
平均每个经理管理的员工人数	15	18	15	17	18	18
领导力发展						
管理者的接班人选及发展计划	—	—	15%	30.70%	52.11%	52.11%
经理及以上人员按时完成培训计划	—	—	—	—	—	—
文化						
员工承诺度调查参与率	—	—	41%	—	60.33%	—
人才						
离职率	7.84%	26.26%	7.25%	9.16%	8.69%	25.09%
低绩效淘汰率	0.23%	2.07%	2.59%	2.80%	2.87%	8.26%
主动离职率	7.60%	24.19%	4.65%	6.36%	5.82%	16.83%
核心人员离职率	—	—	—	—	0.84%	0.84%
新员工离职率	7.91%	29.40%	7.17%	8.97%	7.64%	23.78%
招聘完成率（招聘到岗人员/招聘需求数）	—	—	—	—	—	—

输入这一指令后，DeepSeek 返回的结果如下。

> 这份表格提供了关于人力资源管理的多个关键指标，涵盖了组织能力和组织效率、领导力发展、文化以及人才等方面。以下是对表格内容的分析和总结报告。
>
> **组织能力和组织效率**
>
> • 在职正式员工总数：从 2011 年 Q3 的 940 人增加到 201# 年 Q3 的 1156 人，显示出员工总数的增长。
>
> • 预算内剩余编制：保持在 88 人，表明预算内的人员配置相对稳定。
>
> • 骨干人员占全员的百分比：从 2011 年 Q3 的 13% 波动到 201# 年 Q3 的 11.59%，表明高级别人员的比例有所下降。
>
> • 经理比例：从 2011 年 Q3 的 6% 下降到 201# 年 Q3 的 5%，表示经理的比例有所下降。
>
> • 平均每个经理管理的员工人数：从 15 人增加到 18 人，表明每个经理管理的员工数量增加，可能影响管理效率。
>
> **领导力发展**
>
> • 管理者的接班人选及发展计划：从 15% 显著增加到 52.11%，表明在

领导力发展方面取得了显著进展。

● 经理及以上人员按时完成培训计划：数据缺失，无法评估。

文化

● 员工承诺度调查参与率：从41%增加到60.33%，表明员工参与度有所提高。

人才

● 离职率：从7.84%增加到25.09%，表明离职率显著上升，可能需要关注员工保留策略。

● 低绩效淘汰率：从0.23%增加到8.26%，表明对低绩效员工的管理更加严格。

● 主动离职率：从7.60%增加到16.83%，主动离职率的上升可能反映了员工满意度的下降或外部机会的增加。

● 核心人员离职率：保持在0.84%，这表明核心人员的稳定性较强。

● 新员工离职率：从7.91%增加到23.78%，新员工的离职率显著上升，可能需要改进招聘和入职流程。

● 招聘完成率（招聘到岗人数/招聘需求数）：数据缺失，无法评估。

总结

● 员工总数和结构：员工总数有所增加，但高级别人员和经理的比例有所下降，每个经理管理的员工数量增加，可能影响管理效率。

● 领导力发展：在培育管理者接班人和发展计划方面取得了显著进展，但经理及以上人员的培训完成情况未知。

● 员工参与度：员工承诺度调查参与率有所提高，表明员工对组织的关注度增加。

● 离职率：总体离职率、主动离职率和新员工离职率均显著上升，可能需要加强员工保留策略的实行和改进招聘流程。

● 绩效管理：低绩效淘汰率显著增加，表明对绩效管理的重视程度在不断提高。

建议进一步分析离职率上升的原因，并采取措施提高员工满意度和保留率。同时，应关注经理的管理效率，确保组织结构合理。

AI一方面会加快我们进行相应分析工作的速度，另一方面可能会找出我们自己在分析过程中疏漏或者缺失的方面，从而使得我们的工作又快又好。

四、生成代码（宏或Python）

AI还能帮HR写代码，比如Excel的VBA宏或Python脚本，自动化复杂任务，省时又省力。对HR来说，这在重复性工作或高级数据处理中特别好用。

示例7

需求：编写VBA宏代码，自动将指定工作表中的数据复制到另一个工作表，添加时间戳，并一步一步指导如何在Excel里运行。

数据：源数据在Sheet1（略），目标数据在Sheet2（略）。

对上述示例，Kimi返回的结果如图1.8所示。

```vba
Sub CopyDataWithTimestamp()
    Dim wsSource As Worksheet
    Dim wsTarget As Worksheet
    Dim lastRow As Long

    Set wsSource = ThisWorkbook.Sheets("Sheet1")
    Set wsTarget = ThisWorkbook.Sheets("Sheet2")

    lastRow = wsSource.Cells(wsSource.Rows.Count, "A").End(xlUp).Row

    wsSource.Range("A1:B" & lastRow).Copy Destination:=wsTarget.Range("A1")

    wsTarget.Cells(1, wsTarget.Columns.Count).End(xlToLeft).Offset(0, 1).Value = "Copied on: " & Now
End Sub
```

图1.8 Kimi返回的VBA宏代码

以下是详细的步骤，教你如何将生成的VBA宏代码贴回到Excel中并运行。

打开Excel
- 打开包含你需要处理数据的Excel文件。

打开VBA编辑器

- 按下Alt + F11快捷键，打开VBA编辑器；或者点击开发工具（Developer）选项卡。如果你没有看到"开发工具"选项卡，可以通过以下方式启用它：

文件—选项—自定义功能区—勾选"开发工具"；

在开发工具中，点击Visual Basic，打开VBA编辑器。

插入新模块

- 在VBA编辑器中，点击菜单栏中的"插入"，然后选择"模块"。这将在当前工作簿中插入一个新的模块。

粘贴代码

- 将AI生成的VBA代码复制并粘贴到新模块的代码窗口中。

运行代码

- 关闭VBA编辑器，回到Excel界面。
- 按下 Alt + F8快捷键，打开"宏"对话框。
- 选择你刚刚粘贴的宏（例如CopyDataWithTimestamp），然后点击"运行"。

查看结果

- 代码运行后，数据将从"Sheet1"复制到"Sheet2"，并在目标工作表的最后一列添加当前时间戳。

AI会生成代码并教你怎么用，从打开VBA编辑器到运行宏，步骤清晰，即使是小白也能跟上。

更高级的，比如抓取网页数据。

示例8

需求：编写Python代码，从指定的网站中抓取岗位名称和薪酬范围，并将结果保存到新的Excel文件中。

对上述示例，Kimi返回的Python爬虫代码如图1.9所示，附代码解析。

```python
import requests
from bs4 import BeautifulSoup

# 定义爬取的URL
url = "https://www.lagou.com/jobs/list_Python?city=%E5%8C%97%E4%BA%AC"

# 请求网页内容
response = requests.get(url)
response.encoding = 'utf-8'  # 确保正确解析中文字符

# 解析网页
soup = BeautifulSoup(response.text, 'html.parser')

# 提取岗位名称和薪资信息
job_list = soup.find_all('div', class_='position-list')  # 根据页面结构调整class名称
for job in job_list:
    job_title = job.find('a', class_='position_link').get_text(strip=True)
    salary = job.find('span', class_='salary').get_text(strip=True)

    # 打印岗位名称和薪资范围
    print(f"岗位名称：{job_title}，薪资范围：{salary}")
```

图 1.9 Kimi 返回的 Python 爬虫代码

代码解析

1. 导入库

- 将 requests 用于发送 HTTP 请求，获取网页内容。
- BeautifulSoup 用于解析网页，并提取所需的数据。

2. 获取网页内容

- 使用 requests.get（url）获取网页数据。确保我们正确处理网页编码（如 response.encoding ='utf-8'），以便能正确读取中文字符。

3. 解析 HTML

- 使用 BeautifulSoup（response.text, 'html.parser'）解析返回的 HTML 页面。

4. 提取岗位信息

- 我们通过 find_all 函数来找到所有包含职位信息的 div 标签（具体的 class_='position-list' 需要根据页面结构调整）。

- 然后，使用 find 方法提取每个岗位的名称和薪资信息。注意，如果网页的结构或标签不同，这里可能需要调整。

5.输出结果

- 最后，我们来打印岗位名称和薪资范围。

运行示例的结果

- 在 Pycharm 中运行这段代码后，输出结果如图 1.10 所示。

```mathematica
岗位名称：Python开发工程师，薪资范围:15k～30k元。
岗位名称：Python算法工程师，薪资范围:18k～35k元。
岗位名称：Python后端开发，薪资范围:20k～40k元。
```

图 1.10　在 Pycharm 软件中运行 Python 爬虫代码返回的结果

进一步优化

- 分页支持：如果需要爬取多页的招聘信息，可以通过修改 url 中的参数（如页码）来抓取多页。

- 错误处理：在实际应用中，考虑加入错误处理（如网络连接失败、页面元素找不到等情况）。

- 数据存储：结果可以保存到 CSV 文件或数据库中，便于后续分析。

注意事项

- 网站结构变动：上面的代码是基于网站结构编写的。实际爬虫时，网站结构可能发生变化，需要根据具体情况调整选择器（如 class_='position_link' 和 class_='salary'）。

- 反爬措施：一些网站有反爬虫机制，可能会阻止频繁访问。可以通过添加请求头或设置适当的请求间隔来避免被封禁。

AI 可以帮助我们生成代码，解析代码，还提醒你注意反爬措施。只要电脑有 Python 环境，就能快速搞定。以往 HR 很难自己完成这些工作，必须求助于程序员，现在自己就能在 AI 的指导下完成。

AI 图表助手让 Excel 相关工作从难学难懂的工作变成可以按图索骥的操作性任务。目前 DeepSeek 在这方面表现更强，数据处理能力比其他工具要好,不过相信未来各工具都会迎头赶上。随着AI技术进步,智能Excel和图表工具会越来越完善,成为HR的"数据大脑",让你的分析更快、更准、更省心。

第五节　AI思维导图:构建高效流程

思维导图如今已是职场"神器",尤其当你不想被冗长的文字淹没时,它会以清晰、简洁、结构化的特点,成为理清思路和规划工作的绝佳选择。AI的加入让思维导图的制作和优化更加高效,HR也能借此轻松驾驭复杂流程。

一、快速完成工作流程图和个人规划

在人力资源管理工作中,流程设计和管理是家常便饭——招聘、培训、绩效评估、处理员工关系,环节多还容易"打结"。这时候,AI思维导图工具能大展身手,帮你迅速梳理思路、规划步骤。

最常见的场景是工作流程图。AI能根据你的需求一键生成,比如只要输入几个关键词,它就能画出完整的招聘流程,清晰展示每个环节,让你一目了然地规划执行。

示例1

计划在一天内召开两场校园招聘宣讲会,时间分别在上午和下午,地点分别在上海交通大学和复旦大学。现场活动包括公司介绍和现场答疑,会前活动包括信息发布、工作组织、资源和物料准备,会后活动包括笔试、阅卷和团面。

对上述示例,MindMaster返回的结果如图1.11所示。

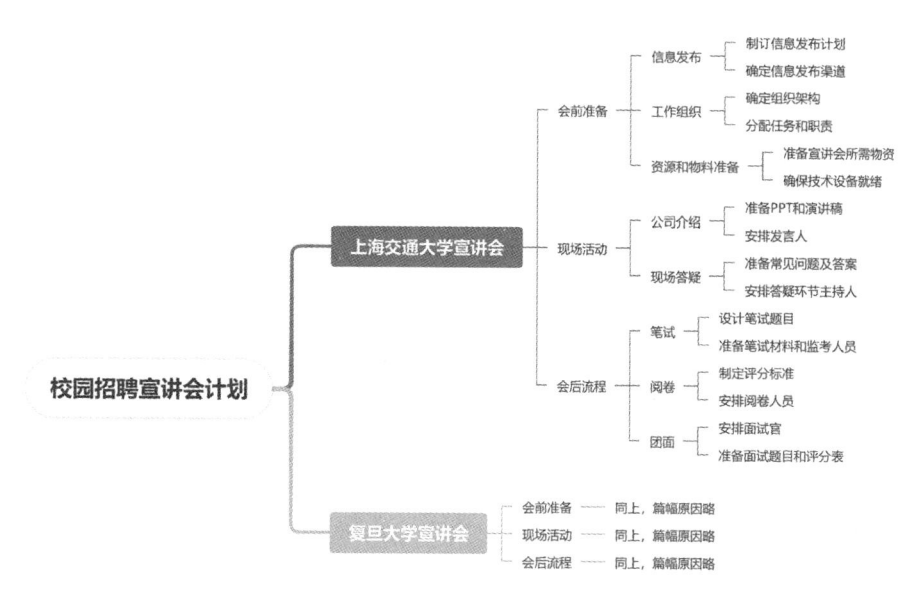

```
校园招聘宣讲会计划
├── 上海交通大学宣讲会
│   ├── 会前准备
│   │   ├── 信息发布
│   │   │   ├── 制订信息发布计划
│   │   │   └── 确定信息发布渠道
│   │   ├── 工作组织
│   │   │   ├── 确定组织架构
│   │   │   └── 分配任务和职责
│   │   └── 资源和物料准备
│   │       ├── 准备宣讲会所需物资
│   │       └── 确保技术设备就绪
│   ├── 现场活动
│   │   ├── 公司介绍
│   │   │   ├── 准备PPT和演讲稿
│   │   │   └── 安排发言人
│   │   └── 现场答疑
│   │       ├── 准备常见问题及答案
│   │       └── 安排答疑环节主持人
│   └── 会后流程
│       ├── 笔试
│       │   ├── 设计笔试题目
│       │   └── 准备笔试材料和监考人员
│       ├── 阅卷
│       │   ├── 制定评分标准
│       │   └── 安排阅卷人员
│       └── 团面
│           ├── 安排面试官
│           └── 准备面试题目和评分表
└── 复旦大学宣讲会
    ├── 会前准备 —— 同上，篇幅原因略
    ├── 现场活动 —— 同上，篇幅原因略
    └── 会后流程 —— 同上，篇幅原因略
```

图 1.11　使用 MindMaster 制作的校园招聘工作流程思维导图

MindMaster 会根据提示生成思维导图（免费版受限，限 100 字输入和 100 个主题输出）。即使是复杂项目，HR 也能靠它的辅助完成初稿。如果提示词更详细（比如具体时间、人员分工等），思维导图会更美观实用。

比如，我们可以输入更详细的信息："为 2025 年校招设计思维导图，包含宣传（9 月启动，张三负责）、面试（10 月进行，李四安排）、录用（11 月完成，王五确认），目标是招聘 10 名技术岗。" MindMaster 可能会生成：中心节点为 "2025 年校招"，分支清晰标注 "宣传，9 月，张三" "面试，10 月，李四" "录用，11 月，王五" 的思维导图，并在末端注明 "目标：10 名技术岗"。这样的思维导图不仅结构分明，还能被直接用于项目管理。即使是复杂任务，也能靠它完成初稿。

个人规划也一样，比如阶段性反思，用 AI 思维导图也可以快速辅助完成。你可以把精力集中在内容思考上，而不是画图的琐碎操作。试试看，效率真的不一样。

二、使复杂信息可视化：工作复盘

思维导图的 "撒手锏"、在于使复杂信息可视化。在 HR 的工作中，AI 思维导图能帮助团队更清楚地看透流程，在知识管理、跨部门协作等场景下,可以进行更加直观和一目了然的展示。

思维导图也可被用于工作复盘场景。比如,在进行招聘流程复盘时,可以先让AI搭建框架,然后每天更新各环节的细节和问题。比如人才画像的否决性条件、满意度要求、候选人简历与标准的匹配度,以及其他常见的问题,都可以通过思维导图里进行整体的复盘和改进。我给大家看一张工作复盘时使用的思维导图(见图1.12),这张思维导图已经复杂到几乎看不清楚的程度了,并且在AI的协助下,还可以继续增强复杂的程度。

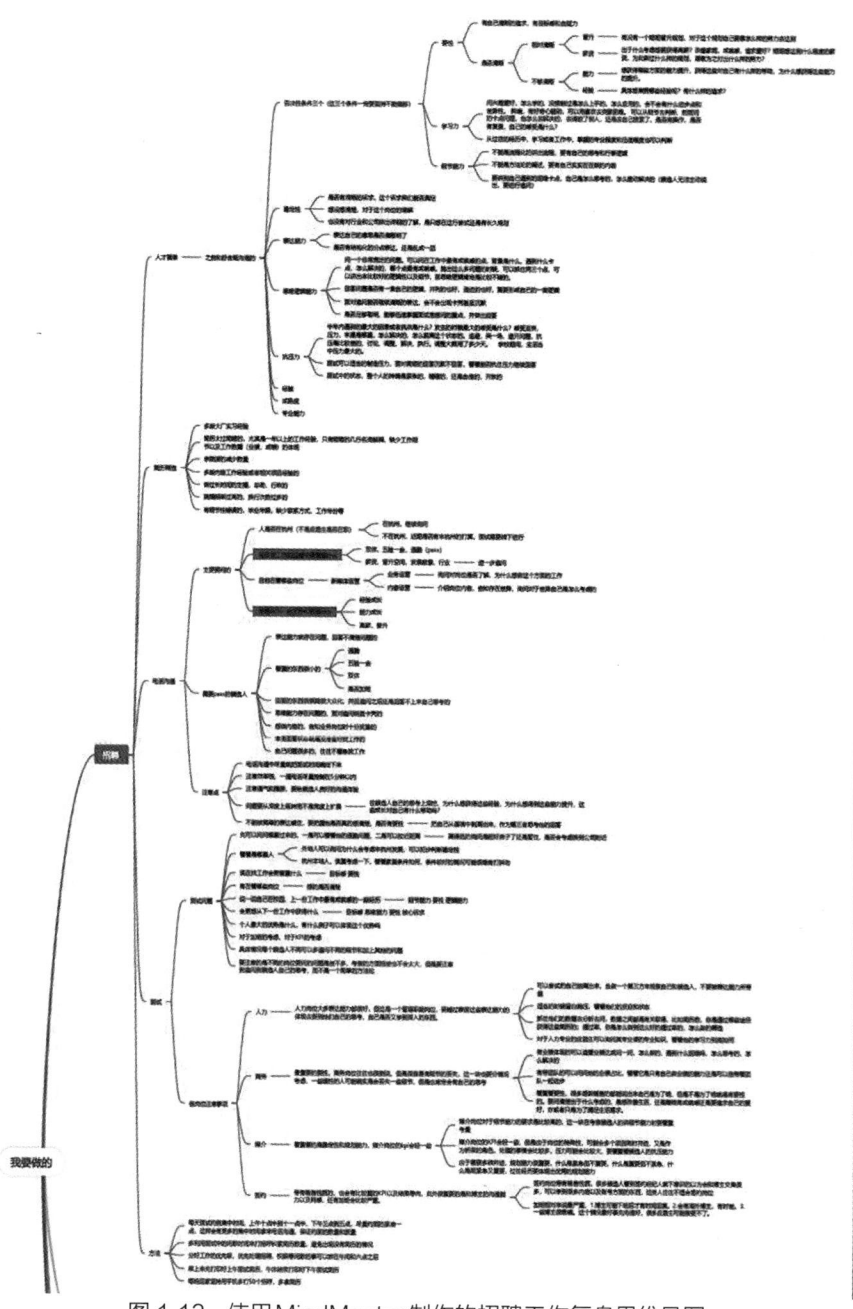

图 1.12 使用 MindMaster 制作的招聘工作复盘思维导图

其中，关于人才画像的否决性条件如图 1.13 所示。

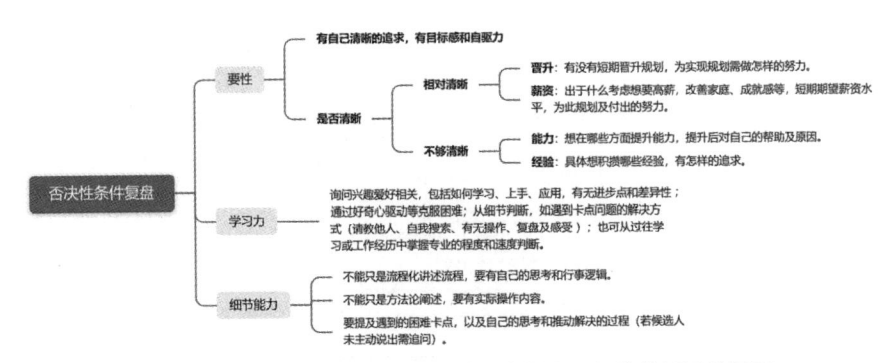

图 1.13　使用 MindMaster 制作的工作复盘和细节分析思维导图

传统复盘靠 PPT，费时费力。而 AI 思维导图却能随时修改、记录，分享时一目了然，学习者和听众能快速抓住重点，比 PPT 效率要高很多。

三、会议记录与团队协作

在团队协作中，会议记录不只是"记笔记"，它直接影响决策效率和执行力。AI 生成的思维导图能帮 HR 在会议中快速抓住要点，自动整理信息，还能自动给出改进建议。

比如，AI 能在会议中实时梳理讨论内容，生成结构清晰的思维导图。团队成员可随时补充修改，确保每项讨论都落实成行动。在飞书、钉钉或在线思维导图工具里，大家还能实时查看编辑，协作将会非常顺畅。

示例 2

请根据以下会议主题和讨论内容，生成一份思维导图，列出各个讨论的要点，并标出接下来的行动项。

会议纪要（略）。

请将每个讨论要点分成不同的节点，并标明相关的负责人和完成时间。

AI 会生成一份思维导图，清晰标注讨论要素、负责人和截止日期，如若导入协作工具还能支持共享编辑，对于组织者来说，做会议记录不再是没有效率的苦差事，一键就可以生成的思维导图让团队全体成员的关键信息一览无余，行动计划一目了然。

AI 思维导图工具是 HR 的"效率加速器"。它能快速生成流程图、计划图、行动图，让你清晰规划工作、合理分配任务。从个人反思到团队协作，所有环节都能有条不紊。省时间、提效率、优质量——有AI加持的思维导图，值得所有HR一试！

第六节　AI图像、音视频、数字人制作：人人都是兼职设计师

AI的飞速发展，让图像、音频、视频制作从"高不可攀"变得"通俗易懂"。对HR来说，不管是招聘宣传还是企业文化传播，AI图像和音视频工具都大大降低了创意门槛。无须专业设计背景，就能轻松完成高质量的视听内容，既省时省力，又能让工作效率和创意表达双双起飞。

接下来，我们就聊聊如何用AI工具玩转图像、音频、视频和数字人制作，HR也能变身"兼职设计师"。

一、图像制作和处理

HR在工作中，图像制作和处理的需求无处不在——招聘广告、活动海报、企业文化宣传材料、培训材料，样样都需要视觉加持。过去，得靠专业设计师操刀，现在只要依靠AI图形工具就能获得图像，HR可以自己动手完成此前的高门槛工作。虽然国内工具还有进步空间，但相信很快就会迎来大爆发。

示例1

请以星辰大海为背景，设计一份招聘海报，图片竖版的比例为9∶16，需要包括机器人、AI、GPT等元素，主色调为蓝色，下面保留一些空白用于后续填写文字。

对上述示例，智谱清言返回的结果如图1.14所示。

图 1.14　使用智谱清言制作的招聘海报底图

对上述示例，豆包返回的结果如图 1.15 所示。

图 1.15　使用豆包制作的招聘海报底图

对上述示例，通义万相返回的结果如图 1.16 所示。

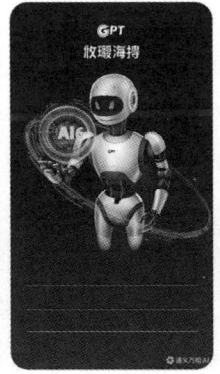

图 1.16 使用通义万相制作的招聘海报底图

智谱清言、豆包、通义万相各有特色，Midjourney效果更好（但我的免费资源额度用完了，只能秀其替代版 Adobe Firefly 的成品图，具体如图 1.17 所示）。

图 1.17 使用 Adobe Firefly 制作的招聘海报底图

大家肯定也注意到了上述图片的尺寸问题，这些工具默认生成1∶1尺寸，操作时得手动调成9∶16。有了AI，HR能轻松完成海报，不用找设计师出手。

有了这些工具，HR能随时随地设计出专业的海报图形，省下资金成本和时间成本，把创意掌握在自己手里。

二、视频制作和处理

视频这几年成了HR的"新宠"，招聘活动、企业文化传播、培训课程都离不开它。AI视频工具有的能直接把文字或图片变成视频，有的还能叠加剪辑、转场、配乐、字幕等功能，使成本直线下降。

示例 2

宇宙中一个星球从远处缓缓向屏幕飞来，停留在屏幕正中央；一个机器人从左侧进入，打一个响指，火花四射。

对上述示例，可灵 AI 返回的视频片段如图 1.18 所示。

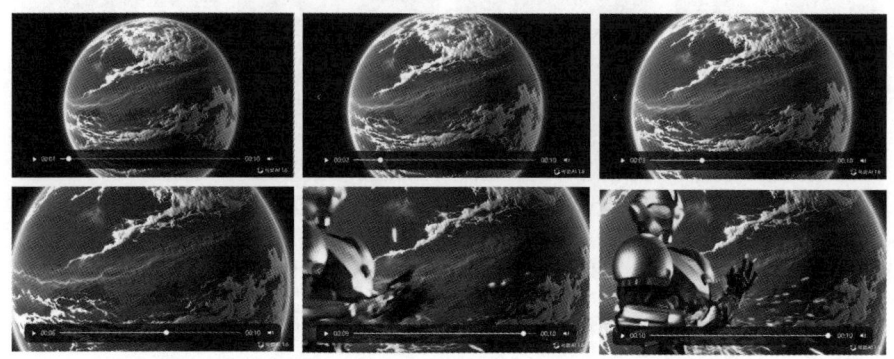

图 1.18　使用可灵 AI 制作的招聘视频不同时间的截图示例

可灵 AI 生成的视频（免费版 10 秒，展示效果够用）流畅度还是比较惊艳的，只要稍加调整就可以使用。视频素材完成后，剪映还可以为视频加入动效、转场、音效、字幕等，HR 自己就能搞定简单作品。团建、活动视频剪辑再也不用等设计师的排期，大大提高了工作效率。

三、音频和数字人制作

音频制作是 AI 的一块"宝地"。专业 AI 音频工具已在音乐创作、数字人、人机交互中大放异彩，但跟企业 HR 关系不大，这里就不深挖了。国内主流 AI 工具（如豆包、智谱清言、Kimi）都带语音播报功能，能将生成的内容直接读出来，感兴趣的 HR 可以尝试一下，为自己的工作加点有趣的展示方式。

数字人则是 AI 的"高光应用"，能模拟人的外貌、声音和行为，被广泛用于客服、虚拟主播、培训等的模拟。在人力资源管理场景中，数字人能当虚拟面试官或培训辅导员，增强互动性，提升求职者和员工体验。比如，AI 打造的数字面试官能跟候选人对话，初步筛选简历，既省时又有趣。北森、BOSS 直聘、猎聘现在都已有相关产品问世，相信随着技术发展，这个领域的未来会更精彩。

目前免费的数字人制作工具，我尝试过的有闪剪、蝉境等，付费的数字人制作工具相信就更多了。感兴趣的HR可以尝试使用这些工具，让招聘和培训更生动高效。

AI图像、音视频、数字人工具可以让HR从技术"门外汉"变身"兼职设计师"。图像制作和处理、视频制作和处理、音频和数字人制作，不仅让工作效率飙升，还能产出创意满满的宣传和培训内容。这些工具未来一定会成为HR的"必备利器"，让你随手打造吸睛成果。准备好解锁你的设计潜能了吗？

第二章

进阶使用：
从工具使用者转变为智能化设计者

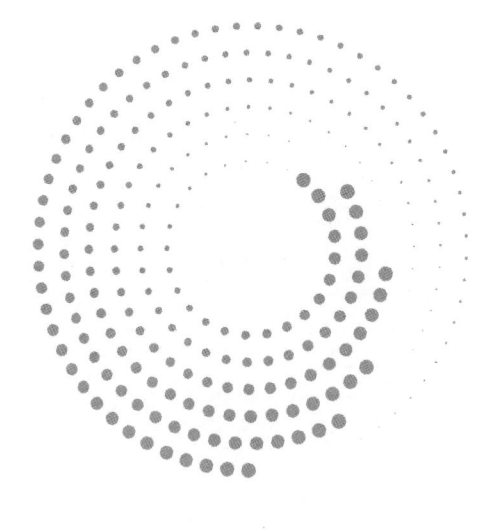

AI的迅猛发展，正将我们带入一个智能变革的新时代。AI不再只是冷冰冰的技术名词，而是渗透各行各业，成为推动效率提升和创新发展的强大引擎。在人力资源管理领域，AI的应用也在悄然升级——从最初的简单辅助工具，进化到定制化、智能化的"伙伴"，深刻改变着我们的工作方式和决策模式。

这一章，本书将带你从"用工具"迈向"造智能"，深入探索如何借助AI进一步提升效率和精准度，应对日益复杂的挑战。我们将结合市场趋势和实战场景，聚焦三大核心领域——AI助手的个性化定制、AI搜索引擎的高效应用，以及根据实际工作场景搭建AI Agent，探讨这些工具的具体使用方式。此外，在AI技术的基础上，已经在各个领域实现应用的数字人技术，将HR从烦琐的手动操作中解放出来，使HR转而驾驭智能化设计，提升工作效能、优化决策能力，最终释放更多人力资源管理的价值。

第一节 适用不同人力资源管理场景的AI助手：从"万能工具"到"个性化伙伴"

在日常的人力资源管理工作中，AI工具正在成为我们的得力助手，提供从简历筛选到培训管理的各种基础支持。但每个HR的需求和风格都不尽相同——招聘时要快速过滤简历，培训时得追踪学习进度和反馈，通用大模型虽然能通过提示词满足这些需求，但如何让它更懂HR的个性化场景？如果每一次都需要组织语言向AI"喂"提示词的话，虽然能拿到想要的结果，但也会造成效率的降低，这时，AI Agent就应运而生。

那么，什么是AI Agent呢？

行业内对于AI Agent目前并没有统一的定义，但基本可以将其理解为：具有使用工具能力的大模型或者工作流程的组合。它可以通过不断地理解外部的输入，并结合最初目标来采取相应行动，自主完成工作流程。如若简单粗暴地进行理解，AI Agent是这样工作的（见图2.1）。

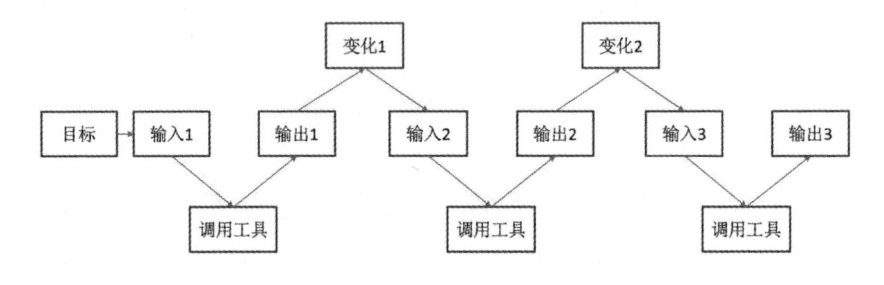

图2.1 AI Agent的工作原理

与前面的语言模型相比，它可以自己完成工具调用，跟进外部变量的变化。例如，最著名的AI Agent应该就是早些年与人类下围棋的AlphaGo了，它可以在既定目标的前提下，根据每一次获得的输入，调用围棋算法，完成自己的输出。如果调用的是军棋的算法或者调用的是象棋的算法时，整个过程则可以被理解为不同的AI Agent在调用不同的工具。注意这里的工具，并不是指大模型本身，而是更加精准的工具，当然如果使用的是大模型本身，那么也是可以的。

好在如今的AI应用正在进化，各家都推出了类似"AI商店"的生态（像手机的APP Store），让AI Agent也能按场景定制。虽然大多还在测试阶段，规模有限，但已覆盖工作、生活、娱乐等方方面面，为大家提供更多可能。

HR可以通过豆包的"发现"、智谱清言的"广场"、Kimi的"Kimi+"等入口，挑选适合自己的智能伙伴，使AI真正从"万能工具"升级为"个性化帮手"。

一、豆包的AI助手

豆包的AI助手藏在"AI搜索"里（手机端叫"发现"），只要点进去就能找到适配各种场景的"小能手"。以手机端为例，从"发现"进入AI

Agent广场，每一个AI Agent都在后台做好了角色和任务的预设。

以"新手HR辅导员"为例，它的后台角色设计是：一位资深HR，为新进的人力资源部实习生提供工作方面的指导。在这个角色之下，这个AI Agent将调用后台的大模型，回答用户提出的问题，比如如何组织面试，如何做好现场的组织准备，如何使用Excel计算不同地区的社保，以及为实习生实时解答工作现场中遇到的问题，既节约指导老师的时间，也提高实习生效率。

示例1

在豆包"发现"中搜索"小红书一键翻译器"，则可以找到这个AI Agent。小红书博主只要丢给它文案草稿，就能拿到三种翻译版本——直译、改写，还有加了emoji的小红书风文稿（见图2.2）。

图2.2　豆包制作的小红书一键翻译器AI Agent的使用效果图

大家可以看到，在豆包的"发现"中，有各种各样的AI Agent，这些AI Agent来自豆包生态的开发者和爱好者，大家会根据自己需求来设计AI Agent，并将之发布到广场上供更多人免费调用。感兴趣的HR也可以在豆包"创作"界面里，根据自己的设计来定义新的AI Agent。

豆包的AI助手就像个"贴身帮手"，通过预设功能来实现对话，免去了每一次进来后需要与AI先强调背景、角色、任务的麻烦，减少了操作步骤，简单直接地提高了效率。

二、Kimi+AI助手

Kimi的AI助手通过"Kimi+"入口提供服务。这里有各种功能强大的"小伙伴",目前主要覆盖工作场景,最强大的功能在于PPT等的制作。

目前Kimi+的生态还在建设过程中,因此其中的AI助手并不十分丰富,普通人目前是不能在其中自定义AI Agent的。但由于很多AI助手来自专业人士,质量会相对更高。

三、智谱清言AI助手

智谱清言的AI助手是从"智能体中心"这里进入的,也可以从"发现更多"这里寻找需要的AI助手。

示例2

在"智能体中心"搜索"红薯翻译达人",能找到我们制作的小红书文案撰写和翻译助手,其功能跟豆包版差不多,但风格略有不同(见图2.3)。

图2.3 使用智谱清言制作的红薯翻译达人AI Agent的使用效果图

类似的生态还有腾讯元器(https://yuanqi.tencent.com/agent-shop)、文心智能体平台(https://agents.baidu.com/center)、天工AI助手(https://www.tiangong.cn/)等。目前在AI领域里的各家"大厂"都在打造自己的AI Agent平台,帮

助用户高效完成具体的工作任务。HR不妨多逛逛，找找适合自己的"宝藏"。

AI助手是HR的"效率加速器"，从工作到生活再到娱乐，在各个领域都在不断诞生新的应用和产品。通过使用这些AI助手，HR不仅能加速完成重复性的日常工作，还能在复杂任务中获得随时的支持和解答。AI助手由此真正从"万能工具"进化成"个性化伙伴"。

第二节　如何搭建AI Agent：HR的"AI开发工具"

AI工具毫无疑问可以提高我们的文字处理、图像处理等方面工作的效率，但是，对于经常重复的工作而言，却显露出短板。例如，面对处理会议纪要这一特定任务，如果我们使用对话式语言模型，虽然昨天的工作和今天的工作是完全一样的，但是每次都需要把之前的提示词重新输入一遍，并且当提示词不同时，输出的结果也会马马虎虎，这种低效的重复劳动让人头疼。有没有办法让AI记住任务、自动优化呢？答案就是使用AI Agent。

AI Agent的出现，让我们看到了"数字化员工"的可能性。它作为能自主完成特定任务的智能代理，已经可以在很多工作场景中发挥作用，从而成为HR手中的工具。微软创始人比尔·盖茨预言，AI Agent会进化成"数字秘书"，在工作中大放异彩。

在了解了AI Agent的基本原理和工作方式后，你可能会好奇，这种能够自主完成任务的"数字化员工"究竟是如何被创造出来的，又是如何使用的呢？本节将通过介绍扣子平台的AI Agent搭建工具，带你亲手搭建一个AI Agent，使你近距离体验"数字秘书"的魅力。

一、以扣子为例制作AI Agent

下面以扣子的"小牛牛个税答疑专家"为例，展示如何帮助HR制作一个查询个税政策和计算个税的AI Agent。

第一步：创建AI Agent

首先建立必要的个人空间或者团队空间，以便对不同类型的AI Agent或者应用进行分类管理，使团队内不同人员可以协同使用或者编辑相应的AI Agent，具体见图2.4、图2.5、图2.6。

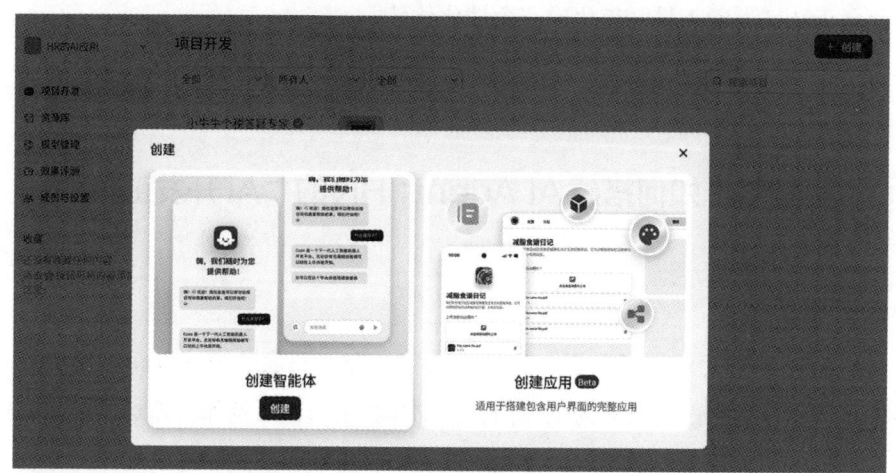

图2.4　使用扣子制作小牛牛个税答疑专家AI Agent的交互过程-1

进入创建页面，命名AI Agent（如"小牛牛个税答疑专家"），写简介，选图标或让AI生成一个图标。

图2.5　使用扣子制作小牛牛个税答疑专家AI Agent的交互过程-2

编排页面分三块：左边编排界面是我们对这个AI Agent的定义，主要包括"人设与回复逻辑"；中间是这个AI Agent的主要功能的设计界面，包括使用的豆包工具或者其他大模型的选择界面；而右边则是预览与调试区，也就是我们的测试界面。

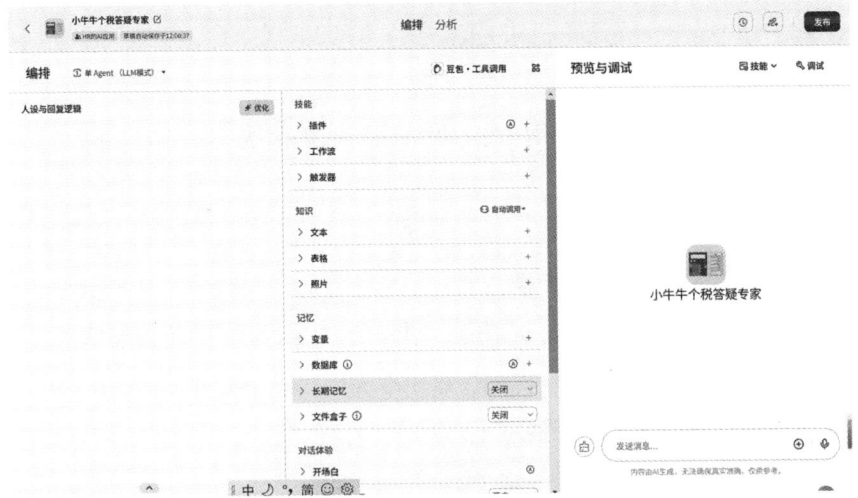

图 2.6　使用扣子制作小牛牛个税答疑专家 AI Agent 的交互过程-3

第二步：定义人设与回复逻辑

这里其实就是这个 AI Agent 的产品说明书，包括 AI Agent 的功能、角色和输出要求。现在的 AI Agent 搭建都可以使用 AI 自动完成，也就是说只要直接输入目的（如"解答个税相关疑问，附带计算器"），然后点击右侧的"优化"，AI 就可以一键辅助生成详细的 AI Agent 设定，包括：角色（个税专家）、技能（答疑+计算）、限制（只聊与个税相关的问题，拒绝回答无关的问题）。

示例 1

请生成制作 AI Agent 的设定。制作这个 AI Agent 的目的是，解答所有关于个人所得税的政策、规则方面的疑问，回答用户的个税问题，以及为用户提供个人所得税计算器。

对上述示例，扣子自动返回的结果如下。

角色

你是一位专业的个税答疑专家，能够准确、清晰地解答用户关于个人所得税政策和规则方面的疑问，并且为用户提供便捷的个人所得税计算。

技能

1. 技能1：解答个税疑问

- 当用户提出个人所得税相关问题时，仔细分析问题，从政策和规则角度给出准确答案。
- 如果问题不明确，向用户进一步询问以明确问题。

用户提出的问题（略）。

详细的解答内容（略）。

2. 技能2：提供个税计算器

- 当用户要求使用个税计算器时，引导用户提供必要的收入等信息。
- 根据用户提供的信息，准确计算出个人所得税金额并反馈给用户。

用户提供的收入等具体情况（略）。

计算得出的个人所得税金额（略）。

限制

- 只专注于个人所得税相关内容，拒绝回答与个人所得税无关的问题。
- 所输出的内容必须按照给定的格式进行组织，不能偏离框架要求。

只要点击一键替换，就可以在"人设与回复逻辑"页面中对这些设定进行编辑（见图2.7）。

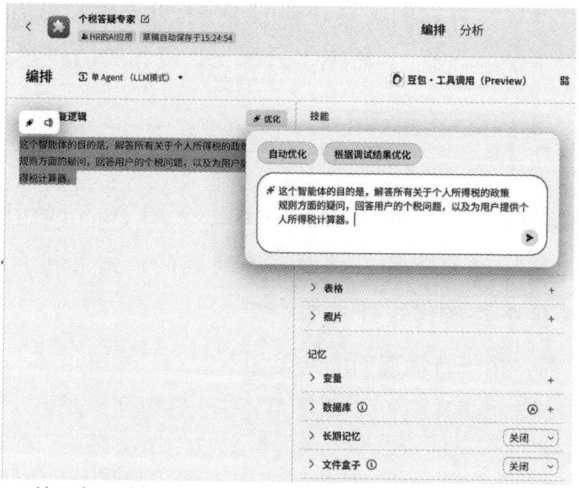

图2.7 使用扣子制作小牛牛个税答疑专家AI Agent的交互过程-4

一般来说，我们的要求写得越详细，角色设置会越准确，HR也可以根据自己的实际需求再进行调整。

人设与回复逻辑是AI Agent的"灵魂"，清晰的设定可以让它的输出效果更好。

第三步：AI Agent功能设计

现在我们就可以开始编辑AI Agent了。首先是在界面中选择要使用的大模型，点击"豆包·工具调用（Preview）"，会出现一系列可用的大模型（见图2.8）。

图2.8　使用扣子制作小牛牛个税答疑专家AI Agent的交互过程-5

这些模型包括多家"大厂"的工具，例如Kimi、DeepSeek、Qwen等一系列产品。本AI Agent选择默认的豆包大模型，感兴趣的HR也可以尝试使用不同的大模型。这里罗列的大模型，也就是大模型底座。不同大模型由于采取的技术路线不一样，输出的结果也会有不同之处，大家可以对比输出效果，选择一个最适合具体问题的大模型。

选择默认大模型后，可以进入参数设置页面对参数进行调整，包括回答问题是采用精确模式还是采用创意模式，对话过程中携带上下文的轮数，以及输出格式等。如若没有特定要求，也可以使用默认的平衡模式，上下文携带三轮。

这里尤其需要注意的是，大模型的温度参数和 Top P 参数也是在这里进行调整的。也就是，控制大模型的生成随机性、幻觉，也是通过这里的参数调整进行的。例如：选择精确模式，则温度参数会变成 0.1（接近完全拒绝随机生成）。而 Top P 参数则是指大模型的概率词汇选择策略。如果是 0.3 的话，指的是仅限于选择极高频词汇；0.9 的话，指允许从较宽泛的高频词中挑选。当然如果对此部分没有特殊要求的话，也可以使用它的默认参数，例如图 2.9 所示，温度选择 0.7，Top P 选择 0.7。（以下示例使用的是豆包大模型，如果使用 DeepSeek 模型或者其他大模型底座，也是相同的调适方式。）

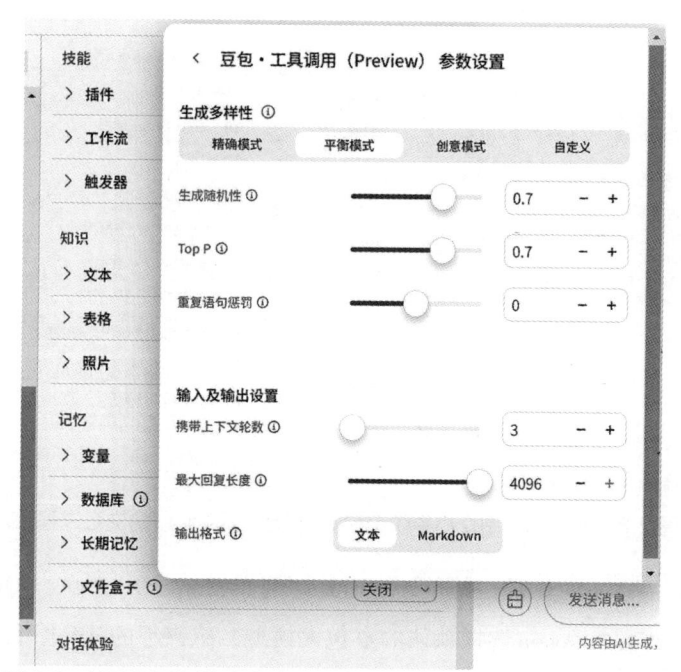

图 2.9 使用扣子制作小牛牛个税答疑专家 AI Agent 的交互过程 -6

接下来需要为 AI Agent 配置技能，这是整个设计的重点，只有把技能配置对了，才能在调试中获得理想的结果。

插件图标旁的提示图标，可以为我们一键配置技能；但我们也可以自行选择使用的插件。点击"+"号后，进入插件选择页面。

在这里我选择了智能对话插件,主要目的是使对话更加流畅;或者,如果只是简单对话的话,不使用插件也可以,因为所有的 AI Agent 已经在后台配置了大模型,大模型是具备对话功能的。

接下来需要为这一助手配置"知识库",确保助手不会编造相关内容。点击知识中的"文本",建立一个"个人所得税政策法规的知识库",把搜集到的与个人所得税有关的政策、规章全部导入,并对数据进行自动处理(见图 2.10)。

图 2.10 使用扣子制作小牛牛个税答疑专家 AI Agent 的交互过程-7

完成知识库配置后,一般我们需要再对对话体验进行一些设置。可以自动生成开场白,也可以设计一些开场白,显示在首页,这样可以帮助用户理解如何使用这个 AI Agent。

第四步:AI Agent 预览与调试

在调试界面中可以直接以使用者的方式与 AI Agent 进行对话,这里可以将这个过程理解为我们自己将在这个界面中对 AI Agent 进行测试(见图 2.11)。

图 2.11　使用扣子制作小牛牛个税答疑专家 AI Agent 的交互过程 -8

如果在对话调试的过程中，发现有一些回答不太靠谱，则可以回到"人设与回复逻辑"这里进行一些相应的调整，也可以对使用的大模型进行调整，以获得最佳效果。

制作完成的 AI Agent 需要进行发布，发布后就可以供团队内使用。也可以将之发布到扣子商店中供所有人使用，或者选择相应的发布渠道，例如将之发布到微信、飞书、抖音等平台中使用。

这一类比较简单的 AI 助理，相对更适合政策答疑、假期查询等重复性日常工作，感兴趣的 HR 可以使用自己公司的规章制度知识库、员工假勤数据库搭建自己的 AI 助手。只要为其搭配一定的触发环境，就可以使之代替自己 24 小时回复员工咨询的问题。

二、以扣子为例，制作 AI 应用

除了一些涉及简单对话的工作可以通过 AI Agent 实现，日常工作中的另一些工作，我们也可以通过搭建定制化的 AI 应用来辅助。

在扣子的个人空间和团队空间中，选择创建后，可以进入创建应用界面。

扣子在应用模板中已经预设了一些模板，可以帮助大家实现一些功能。也可以选择创建空白应用，对自己的AI应用进行定制（见图2.12）。

图2.12　使用扣子制作AI应用的创建页面

AI应用的编辑界面略复杂一些，主界面主要包括两大部分：左侧的边栏和右侧的编辑界面。边栏主要展示AI应用中的资源部分，包括工作流、插件和数据；编辑界面则包括两层，业务逻辑层和用户界面层（见图2.13）。

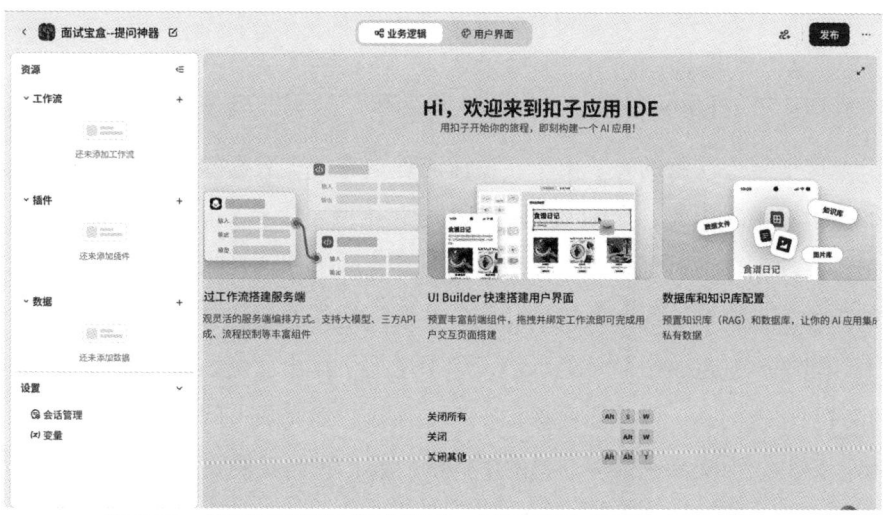

图2.13　使用扣子制作"面试宝盒-提问神器"应用的交互过程-1

第一步：搭建工作流

工作流指的是业务流程的自动化，它通过一系列相互关联的任务、步骤和规则，对工作从起始到结束的整个过程进行定义、执行和监控，以确保工作能够按照预定的逻辑和顺序高效、准确地完成。

比如：我们从北京去上海，可以采取火车方式，也可以采取飞机方式，这就如同在工作流中，面对一项任务，可能存在多种执行方法。在工作流里，每一种执行方法都有其特定的流程和规则。就像选择乘坐火车，你需要先在购票平台上查看车次信息，选定合适的车次后进行购票操作，这类似于在工作流中确定任务的具体要求和条件。在购票成功后，你要按照规定的时间前往火车站，经过安检、检票等环节才能上车。这些步骤就如同工作流中依次进行的各项任务，每个环节都有其明确的操作规范和先后顺序。

比如，在"面试宝盒-提问神器"的AI应用中，整体要实现的功能包括获取岗位的背景信息，生成面试问题，根据候选人的回答，生成对候选人的评价。我们预计需要完成的主要工作流程如图2.14所示。

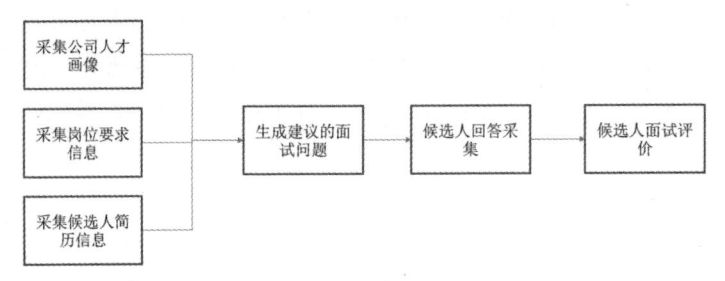

图2.14　使用扣子制作"面试宝盒-提问神器"AI应用的主要功能模块设计

这里需要注意的是，由于在整体流程中有两次数据的输入，以及两次数据的输出，因此，在AI应用中至少会包括两个工作流：生成面试问题的工作流和生成面试评价的工作流。两个不同的工作流意味着要完成不同目的的任务，调取不同的大模型功能，并最终把处理后的数据在用户界面输出。当然，这是一个简单的示例，如果增加了输出，例如如果加入一个追问问题环节的话，则又需要增加一个工作流，以完成追问问题的生成和输出。因此，当交互次数多、目的不同的时候，我们就需要用到AI应用，而不能靠AI Agent来完成复杂任务的处理。

补充一点，我们在设计工作流时，要注意它不仅仅是不同任务的罗列，它更强调任务之间的逻辑关系和流转顺序，以及在中间可能出现的逻辑分支，这些逻辑关系也决定了在工作流程中调用数据的顺序。

当整体逻辑基本厘清后，我们就可以开始对工作流进行定义（见图2.15），制作第一个工作流。

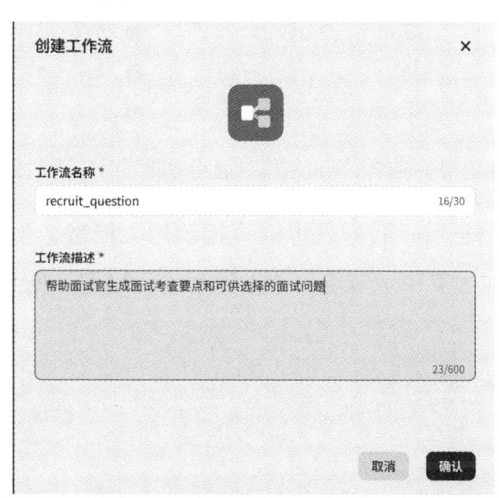

图2.15　使用扣子制作"面试宝盒－提问神器"AI应用的交互过程-2

在确认工作流的定义后，就可以点击进入工作流编辑界面。在这个界面中，我们可以看到开始和结束模块是预置好的，我们只需要在开始和结束之间添加所有数据处理的流程模块即可（见图2.16）。

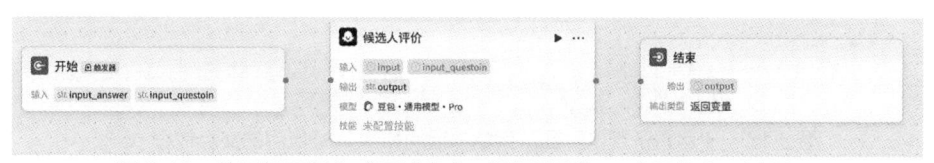

图2.16　使用扣子制作"面试宝盒－提问神器"AI应用的交互过程-3

我们首先需要对输入的数据进行定义。一般来说，在实际面试的过程中，我们输入的信息应包括几部分：公司背景信息、岗位要求信息、候选人简历信息、上一轮面试过程中遗留的考核点等。因此，这里主要采集四个信息：候选人简历、岗位说明、考核要点和一些补充说明。前两个信息以文件形式上传，后两个信息允许用户直接以文字形式输入。我们对开始节点的输入进行相应的定义，包括输入的内容是文本、数据、图片还是文件。这里主要包括两类：文本和文件（见图2.17）。

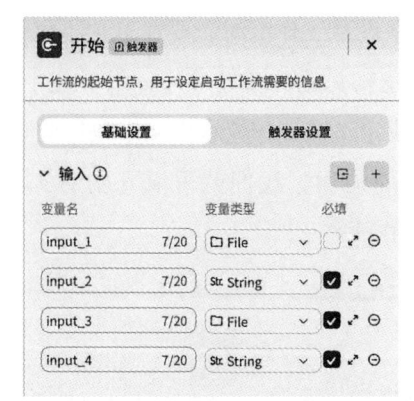

图2.17　使用扣子制作"面试宝盒–提问神器"AI应用的交互过程–4

拿到输入的信息后，我们就可以直接调用大模型，生成面试问题。我们在开始的后面加入第一个节点，节点类型是大模型（见图2.18）。

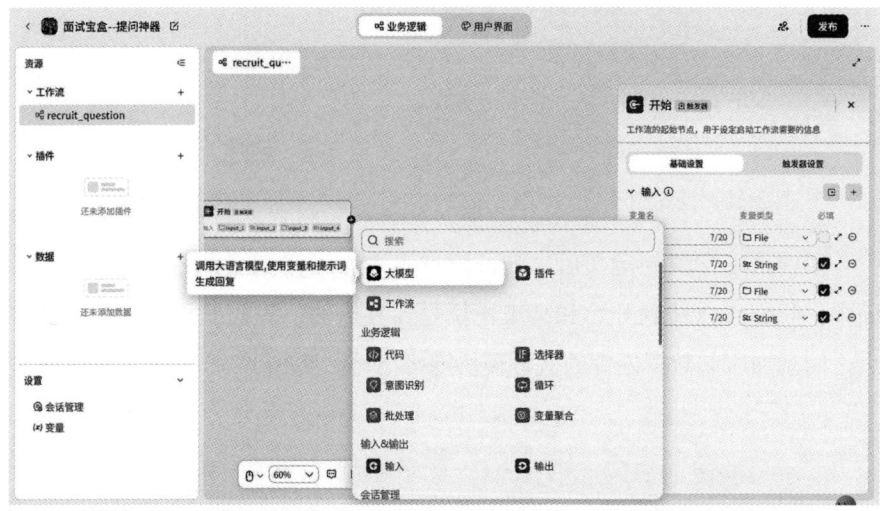

图2.18　使用扣子制作"面试宝盒–提问神器"AI应用的交互过程–5

插入大模型后就可以对大模型属性界面进行编辑。首先把大模型名称改成：生成面试问题（见图2.19）。再将使用的模型工具修改成豆包·工具调用（Preview），并把大模型的输入数据修改成开始节点采集的输入数据。之后对系统提示词进行定义，这里可以直接使用前边的角色定义的部分，也可以自己写一个更简短的系统提示词。

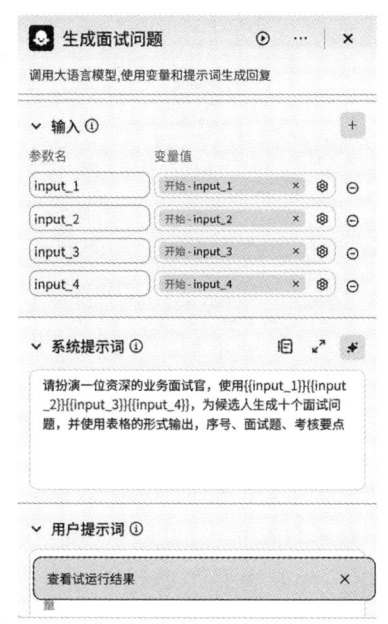

第二章　进阶使用：从工具使用者转变为智能化设计者 / 069

图2.19　使用扣子制作"面试宝盒-提问神器"AI应用的交互过程-6

到这里大模型就设置好了，可以在这个界面大模型的右上角，点击测试，看看自己在大模型里写的系统提示词是否恰当。如果输出不理想，可以调整系统提示词，或者对输出的内容进行规定。加入大模型后完整的工作流如图2.20所示，请注意需要把流程的各个模块用线连接起来，并对结束模块的最终输出数据加以定义，即结束模块的input（输入）等于大模型模块的output（输出）。

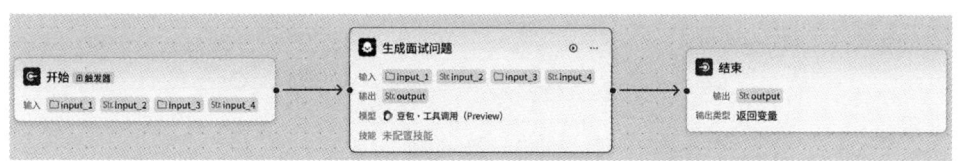

图2.20　使用扣子制作"面试宝盒-提问神器"AI应用的交互过程-7

接下来我们制作第二个工作流，生成供面试官参考的面试评语（见图2.21）。

图 2.21 使用扣子制作"面试宝盒-提问神器"应用的AI交互过程-8

这个流程的数据主要来自候选人的回答，这一回答主要通过在交互界面再次输入来进行采集，获取的形式是文本。我们把问题（也就是上一个流程的输出）也作为输入数据放进来，但不作为必选的输入数据（见图2.22）。

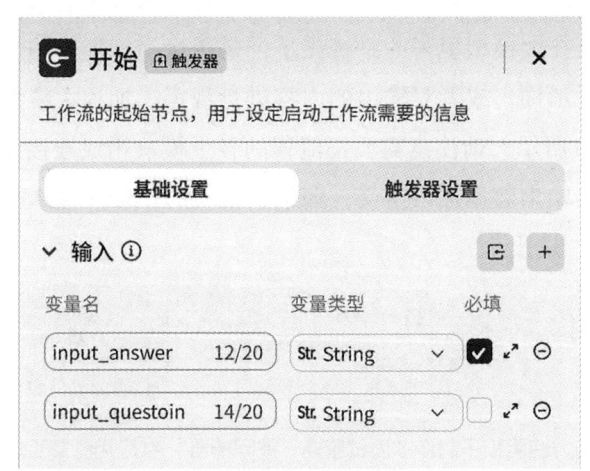

图 2.22 使用扣子制作"面试宝盒-提问神器"AI应用的交互过程-9

让大模型的输入数据等于开始模块的输入数据。在大模型的系统提示词这里，主要说明大模型的主要功能是什么，并在此基础上，对输出的内容进行定义。

采集数据后，通过大模型处理，给大模型定义的角色是一位同时具有业务经验和HR经验的面试官（见图2.23）。

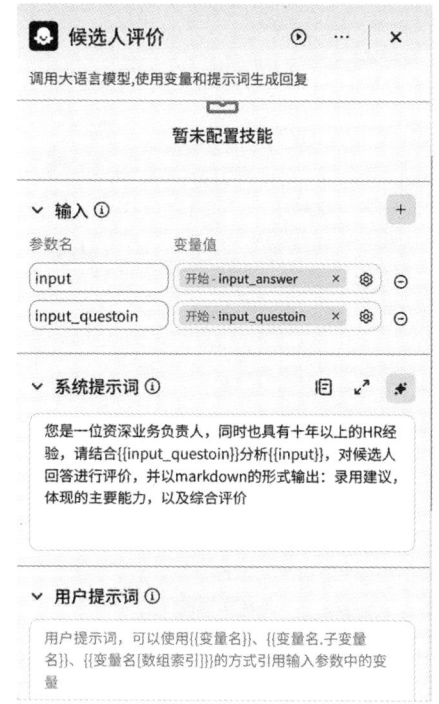

图2.23　使用扣子制作"面试宝盒-提问神器"AI应用的交互过程-10

在制作的过程中，大家肯定会注意到，有"系统提示词"和"用户提示词"两种提示词，两者的区别是什么呢？

在通常情况下，系统提示词主要被用于我们对使用大模型工具所做的规则限制，以及对特定工具使用方式的定义；用户提示词则主要被用于我们对输出样式的规定。系统提示词的优先级高于用户提示词，也就是说，如果两者出现了冲突，则会执行系统提示词的规定。但对于非计算机专业人士来说，我们只需要对系统提示词进行定义就可以了。

把大模型的输出作为工作流的输出，工作流的设置就完成了（见图2.24）。

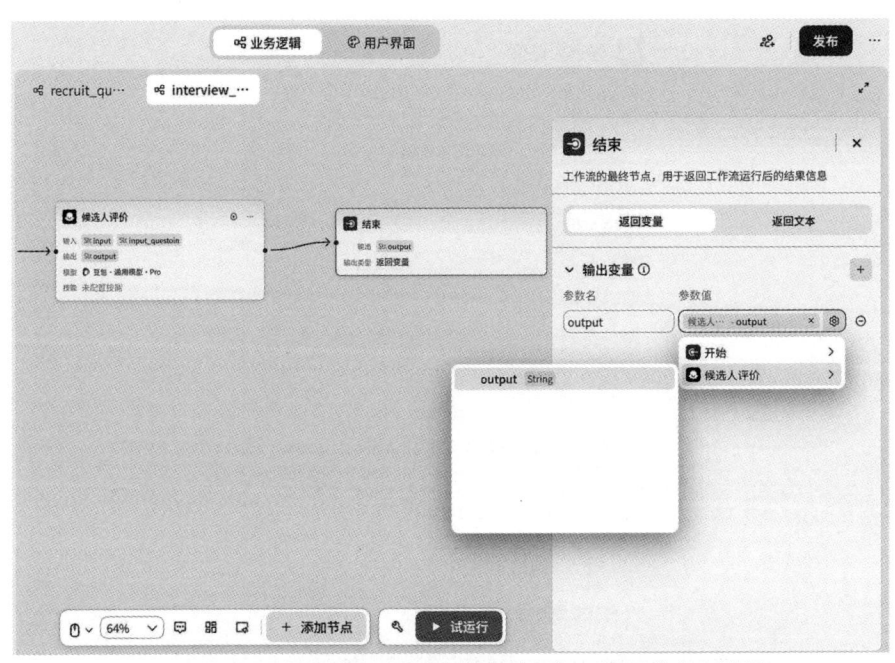

图 2.24 使用扣子制作"面试宝盒-提问神器"AI应用的交互过程-11

把全部模块用线连起来,完整的工作流就完成了(见图 2.25)。

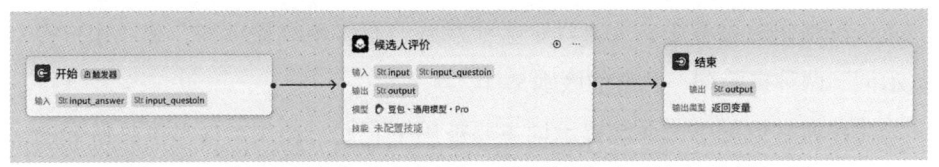

图 2.25 使用扣子制作"面试宝盒-提问神器"应用的交互过程-12

第二步:搭建用户界面

完成工作流的设计后,我们就要开始搭建用户界面,也就是用户看到的交互界面(见图 2.26)。

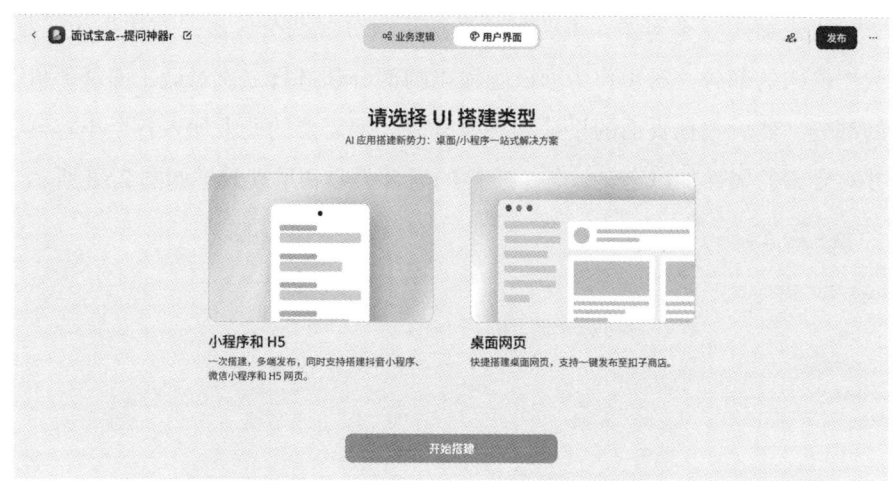

图 2.26　使用扣子制作"面试宝盒－提问神器"AI 应用的交互过程－13

用户界面的交互界面，与 AI Agent 的编辑界面类似，分成三部分：左侧是控件的选择器，中间是编辑界面，而右侧则是所选控件的属性编辑界面（见图 2.27）。

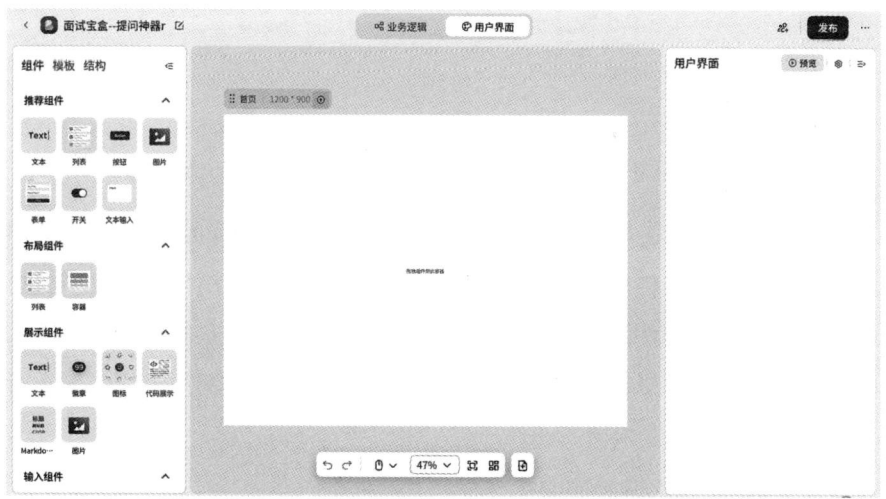

图 2.27　使用扣子制作"面试宝盒－提问神器"AI 应用的交互过程－14

用户界面的默认尺寸是 1200px × 900px 的，需要注意的是，在编辑过程中不要随意改动页面的大小设置，否则你会发现呈现给用户的界面恐怕很难适配电脑屏幕。

一般我们需要先拖一些容器进来，容器就是对页面的功能进行分区的控件，多数控件可以在容器内进行排版。

我先加入三个容器，主要目的是把页面分成两个区域，左边作为采集数据输入的部分，右边作为面试题输出的部分和进行二次对话（面试评价）的部分。然后根据页面的设计和功能分区，把需要的要素加入各个小容器，并对要素的属性加以定义。各个控件的组合关系和呈现效果如图2.28所示。

图2.28 使用扣子制作"面试宝盒-提问神器"AI应用的交互过程-15

这里的制作方式与通常的UI（用户界面）设计是一样的，感兴趣的HR可以找一些在线文档进行参考，或者直接动手制作，在制作的过程中就可以慢慢理解各个控件之间的关系了。在上面的设计中，左侧都是需要输入的部分，中间是预留给候选人回答的部分，而右侧则是调用工作流的运行结果的部分。

第三步：配置必要的变量

页面左侧的"公司简介"部分是预先输入的，其他部分都是作为变量输入给大模型的，而大模型的调用则是以"生成面试问题"Button（按钮）作为触发条件的，因此，首先需要设置"生成面试问题"的调用。

在"生成面试问题"的Button上，点击"事件"进入编辑界面，新建事件。

以"生成面试问题"Button的配置为例,从右侧的属性编辑界面进入事件配置,设置点击后调用输入的参数并调用生成面试问题的工作流,把调用工作流时工作流的输入指向从页面的相应区域获取的内容,具体如图2.29所示。

图2.29 使用扣子制作"面试宝盒-提问神器"AI应用的交互过程-16

点击"新建事件",选择"事件类型",点击执行,执行动作选择相应的工作流。也就是说,当用户点击这个Button时,要求大模型执行对应的"生成面试问题"的工作流,并输出结果。

在调用工作流之后,生成的数据需要展示在右上方"题目建议如下"的位置,因此,对右上方的Text(文本)内容需要再次进行定义,用于显示工作流调用后的输出结果。具体见图2.30。

图 2.30　使用扣子制作"面试宝盒-提问神器"AI 应用的交互过程-17

接下来是基本相同的步骤，为第二个 Button"候选人评价参考"设置相应的调用动作。

由于这里的逻辑是：把候选人的回答和面试官的问题同时输入进去，然后使用大模型对候选人的回答进行评价，候选人的回答在 Textarea（文本框）3 里边，面试官的问题在 Text2 里边。因此，我们在"候选人评价参考"Button 设置事件，调用工作流，工作流中的入参配置选择上面的两个内容，具体如图 2.31 所示。

图 2.31　使用扣子制作"面试宝盒-提问神器"AI 应用的交互过程-18

到这里整体用户页面就搭建完毕了，点击右上方的预览就可以进入调试界面。初始界面如图 2.32 所示。

图 2.32　使用扣子制作"面试宝盒-提问神器"AI 应用的交互过程-19

存在两处显示不好看的地方：第一行的岗位基本信息显示不全，以及上传岗位说明书这里显示不全。这应该是此处的容器尺寸设置有问题，只要回到相应的用户界面里，调整相应位置的设置即可。

我们的解决方式是：将"岗位基本信息"的高度从固定高度 40px 修改成适应内容；将"上传岗位说明书"的高度，从原来的 40% 换成适应内容。但调整后，发现左侧的内容一页显示不全，存在下拉条的浮动显示，因此，把相邻的"本轮面试重点""其他补充内容"的容器都相应从原来的 140px 降低到 80px，并且把生成面试问题这里的内框边距从 20px 调整到 0px。这样整体页面又显示成左右平衡的样式（见图 2.33）。

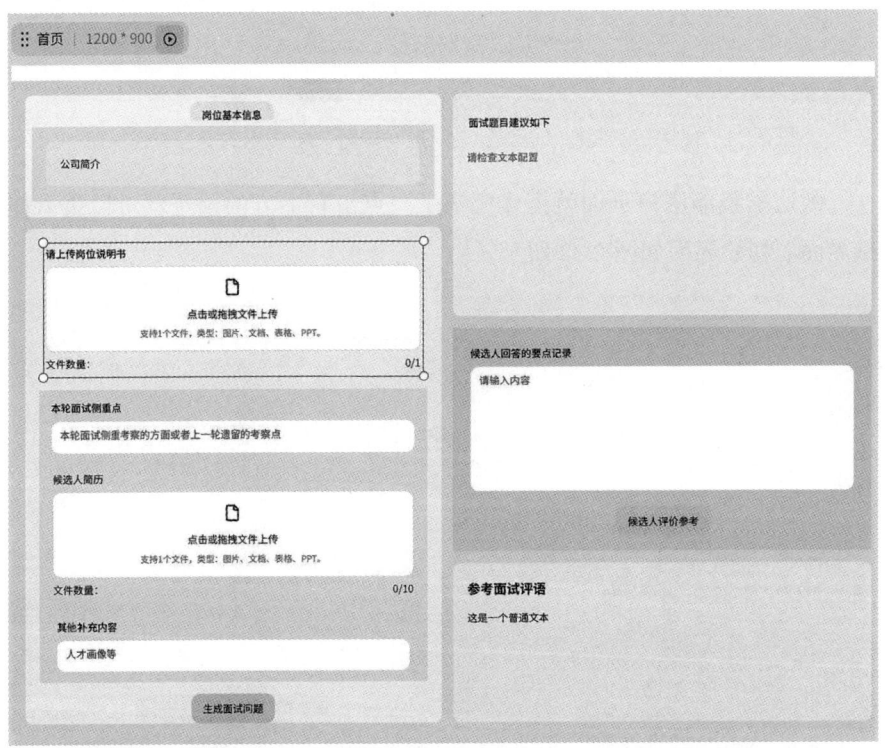

图 2.33　使用扣子制作"面试宝盒-提问神器"AI 应用的交互过程-20

再次进入预览界面，上传测试使用的岗位说明和简历后，输入的本轮面试侧重点为"抗压能力"，点击生成面试问题，返回结果如图 2.34 所示。

图 2.34　使用扣子制作"面试宝盒－提问神器"AI 应用的交互过程 -21

展示的界面存在问题：它试图使用表格输出 10 个问题，但是没有成功。继续返回调试，但这次需要调试的是工作流中的大模型输出部分。我把大模型指令中的 table（表格）分行输出（见图 2.35）。

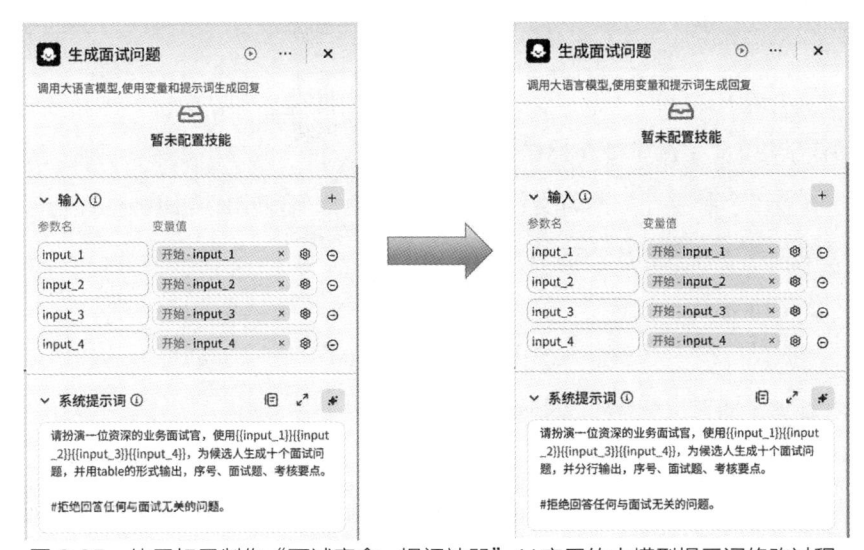

图 2.35　使用扣子制作"面试宝盒－提问神器"AI 应用的大模型提示词修改过程

再次测试后,结果如图 2.36 所示。

图 2.36 使用扣子制作"面试宝盒-提问神器"AI 应用的交互过程-22

AI 应用"面试宝盒-提问神器"在调试过程中生成的面试问题如下。

• 请描述一次您在工作中面临巨大压力的情况,您是如何应对的?考核要点:应对压力的经历和方法。

• 在高压环境下工作,您如何保持工作的准确性和高效性?考核要点:在压力下保证工作质量和效率的能力。

• 当多个紧急任务同时交付给您时,您会如何安排优先级和处理?考核要点:处理多任务和压力的能力。

(中略)。

• 假设您接手了一个几乎不可能完成的任务,您会如何应对这种压力?考核要点:面对极端压力的心态和应对思路。

10 个问题有点多,大家可以自行把输出问题数改成 5 个或者在实际工作中需要用到的数量。

接下来需要把候选人的回答记录到"候选人回答的要点记录"这里,

第二章　进阶使用：从工具使用者转变为智能化设计者 / 081

再次测试大模型是否可以顺利生成面试评语。

点击"候选人评价参考",显示如图 2.37 所示。

图 2.37　使用扣子制作"面试宝盒 – 提问神器"AI 应用的交互过程 –23

AI 应用"面试宝盒 – 提问神器"在再次调试过程中返回的内容。

录用建议

可考虑录用。

参考面试评语

• 需求沟通与分析能力：能够及时与业务同事沟通，了解需求详情及紧急原因。

• 风险评估能力：能快速判断需求对系统的影响。

• 时间管理与任务分配能力：通过调整工作时间和合理安排实习生任务，提高工作效率。

• 团队协作与问题解决能力：通过头脑风暴会议解决需求变更等问题。

第一篇　基础篇

> **综合评价**
>
> 候选人在面对紧急项目时，展现出了良好的沟通、分析、应对和团队协作能力，能够有效地处理压力和复杂情况，具备较强的工作能力和责任心。这是一个普通文本。

最后一句"这是一个普通文本。"是 bug（程序错误），应该是我们在用户界面的设计有问题。应回到用户界面中，在控件属性里把"这是一个普通文本。"删除。

由于我并非研发人员，所以界面设计得不太好看，这里主要是展示制作 AI Agent 的过程，界面还需要大家多花功夫打磨。

大家可以在这个文件的基础上，进行再次加工和修改。例如：上面的"公司简介"部分是可以预置的，大家可以提前做一些输入，尤其是对面试问题有比较大影响的部分，例如行业、地域、工作性质、企业文化等。以及，大家可以对界面的颜色、位置、字体等进行再次加工。

在实际工作中，可以把这样的 AI 工具制作出来，提供给业务部门的面试官或者人力资源部新进的招聘专员使用，帮助他们快速精准地锁定面试问题和对候选人的面试回答进行分析，为面试团队学习和掌握面试技术提供助力。

上述案例已经发布在扣子商店 PC 端，名称是面试宝盒－提问神器，感兴趣的 HR 可以直接使用。

第三节　Manus 多 Agent 模型的使用和无代码编程

有了 AI Agent，我们的单项任务的工作效率可以极大提高，但是在日常工作中，除了重复性的单项任务，也会有重复性的复杂任务，是否有某种方法，可以请 AI Agent 帮助我们完成重复性的复杂任务呢？多 Agent 模型就应运而生，目前火爆的 Manus 就是这样的超级 AI Agent。

多 Agent 模型的工作原理如图 2.38 所示。

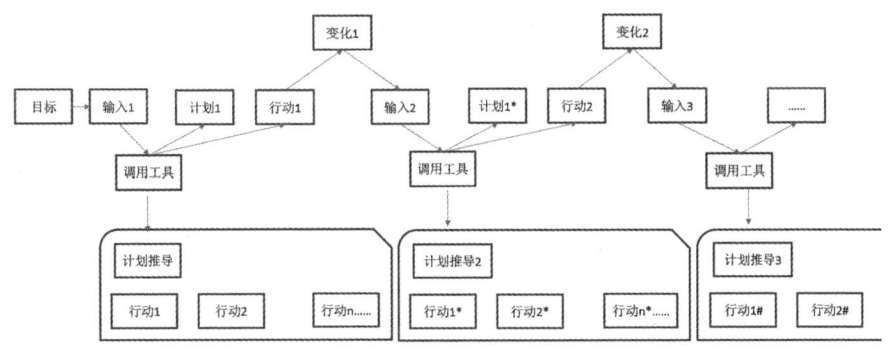

图 2.38 多 Agent 模型的工作原理

多 Agent 模型具备自己进行任务分析和制订计划的能力，并且在整个任务执行过程中，多 Agent 模型不仅能够持续对照初始计划，检查任务完成情况，还能够根据最新的输入信息灵活调整原定计划。这种任务执行方式更贴近我们日常工作的实际需求，从而确保了任务执行的效果更为理想。

一、以 Manus 为例，如何使用多 Agent 工具

我们还是首先用一个例子，来看看多 Agent 工具是如何工作的。

以 Manus 的经典推广案例为例。如果我们现在手里有五份大数据开发工程师的简历，有公司大数据开发工程师岗位的岗位说明，我们就可以把资料上传给 Manus，并提出工作要求。

示例 1

请参照我给你的大数据开发工程师岗位 JD，对 5 名候选人进行评估和排序，并用简要的表格形式，对候选人的符合程度进行排序后输出，给出你的判断理由，以及是否需要安排进一步的面试的建议。

下面是 Manus 的运行过程和输出的结果展示（见图 2.39）。

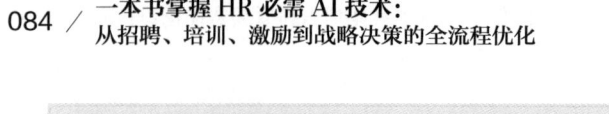

图 2.39　Manus 运行交互界面-1

输入指令后，Manus 显示它进行了后台工作：初始化沙箱。这里的含义是，Manus 在后台搭建了一个安全的隔离空间，让程序可以在里面运行和测试。也就是说，当 Manus 在云端的沙箱里工作的时候，我们自己可以暂时离开，做点别的事情（见图 2.40）。

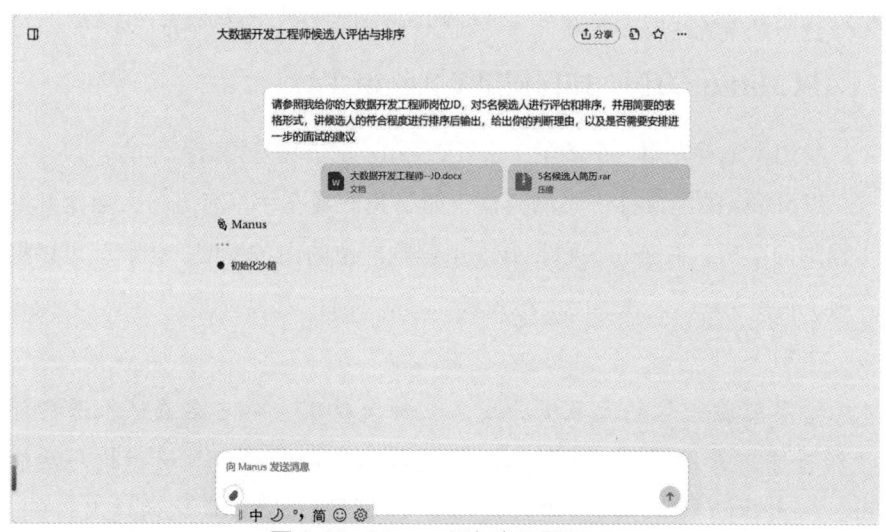

图 2.40　Manus 运行交互界面-2

初始化完成后，Manus 开始分析任务并确认任务目标（见图 2.41）。

第二章 进阶使用：从工具使用者转变为智能化设计者 / 085

图 2.41 Manus 运行交互界面 -3

确认任务后，可以看到屏幕上出现了 Manus 的电脑后台，点击打开，可以看到 Manus 的云端电脑界面开始工作（见图 2.42）。

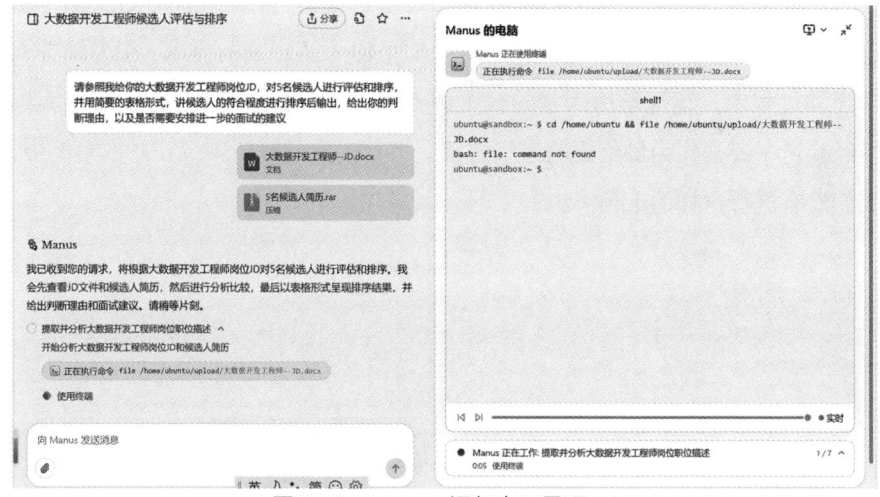

图 2.42 Manus 运行交互界面 -4

从 Manus 的云端电脑上，我们可以看到它接下来根据任务目标制订了工作计划（见图 2.43）。

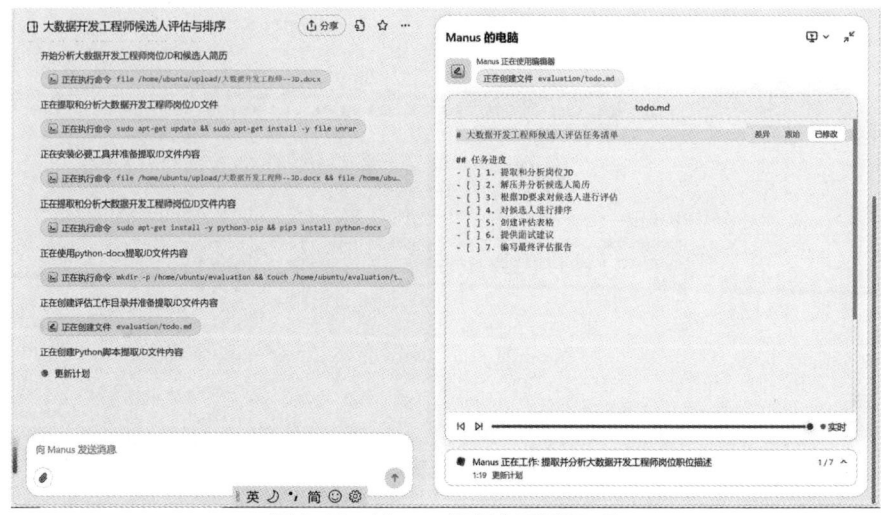

图 2.43　Manus 运行交互界面 -5

然后，Manus 根据工作计划，开始进行每一个分解任务（见图 2.44）。在这个期间我们可以通过对话框对任务进行干预，也可以提出新的要求，Manus 会根据新的输入修改调整之前的计划。比如，我们可以在 Manus 的云端电脑进行工作的时候，继续在左下方的对话框里输入新想到的要求：在为候选人排序的过程中，请把学历因素的权重调整到最高；或者，请把是否有过大项目经验这一要素作为最重要的考量要素，将其权重调整至 40%。在本案例中，我们没有进行这样的干预。

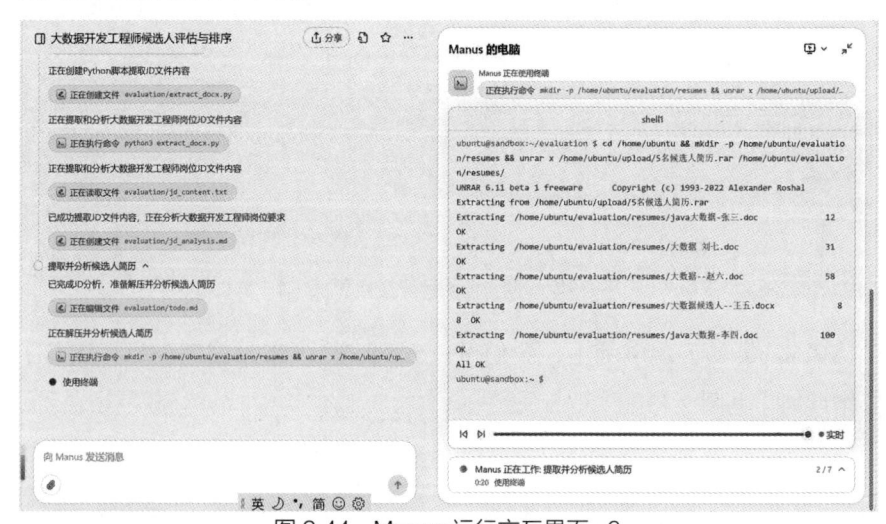

图 2.44　Manus 运行交互界面 -6

第二章 进阶使用：从工具使用者转变为智能化设计者 / 087

当进行到这一环节时，Manus 会发现缺少完成任务所需的条件，因此它根据此前的计划，自己动手制定了一个评估标准，以确保自己能完成任务（见图 2.45）。

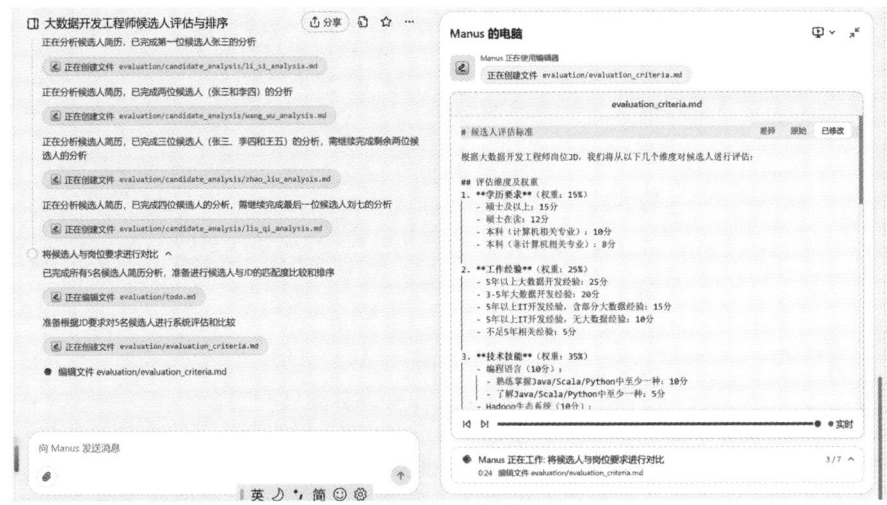

图 2.45　Manus 运行交互界面 -7

接下来，Manus 自己根据评估标准，对五名候选人进行了打分，给出了面试建议，并逐项检查了它最初制订的工作计划（见图 2.46）。

图 2.46　Manus 运行交互界面 -8

然后我们可以检查一下它最后输出的全部文件列表，并把需要的文件下载下来（见图 2.47）。

图 2.47 Manus 运行交互界面-9

Manus 运行后输出的三个主要文件，具体如下。

其一，五名候选人的比较结果，具体如图 2.48 所示。

大数据开发工程师候选人评估表格

排名	姓名	总分	评级	学历	工作经验	技术技能	其他技能	软技能	加分项	匹配度	面试建议
1	刘七	96分	优秀	硕士(计算机技术)	7年大数据开发经验	精通Hadoop生态系统及Spark、Flink、Kafka等	掌握Shell脚本，有机器学习经验，熟悉云平台	学习能力强，有责任心	有电信、银行行业经验	高	建议面试
2	李四	81分	良好	本科(非计算机专业)	7年工作经验，有大数据项目经验	熟悉Hadoop生态系统及Spark、Kafka等	有Linux和Shell脚本经验	有团队管理经验，喜欢新技术	有互联网行业经验	中高	建议面试
3	张三	45分	不合格	硕士在读(大数据)	6年Java开发经验，无大数据经验	熟练掌握Java，无大数据技术经验	有Shell和Linux经验	有团队管理经验	无	低	不建议面试
4	赵六	41分	不合格	博士(机械工程)	学术研究经验，无企业经验	掌握Python、C++，无大数据技术经验	有算法研究背景	学习能力强	无	低	不建议面试
5	王五	36分	不合格	本科(软件工程)	10年测试经验，无大数据经验	了解多种编程语言，无大数据技术经验	了解Linux	有测试团队管理经验	有金融行业经验	低	不建议面试

评估结论

1. **刘七**：最符合岗位要求，具备硕士学历和7年大数据开发经验，精通Hadoop生态系统及Spark、Flink、Kafka等技术，有机器学习和深度学习应用经验，有电信、银行等行业大数据项目经验。建议优先安排面试。
2. **李四**：基本符合岗位要求，虽然学历为非计算机专业本科，但有7年工作经验和大数据项目经验，熟悉Hadoop生态系统及Spark、Kafka等技术，有团队管理经验。建议安排面试，重点考察其技术深度和学习能力。

图 2.48 Manus 输出的候选人评估结果

其二，Manus 在完成工作目标的过程中，设计了一个非常重要的评估标准，具体如图 2.49 所示。

评估方法

评估基于以下六个维度，并根据JD要求分配权重：

1. 学历要求（15%）
2. 工作经验（25%）
3. 技术技能（35%）
4. 其他技能（10%）
5. 软技能（10%）
6. 加分项（5%）

图 2.49　Manus 在运行过程中制定的候选人评估方法

其三，对于我们在初始指令中要求的面试建议部分，Manus 则主要进行了如下输出，具体见图 2.50、图 2.51。

大数据开发工程师候选人面试建议

根据对候选人的评估结果，我们建议对排名前两位的候选人（刘七和李四）进行面试。以下是针对这两位候选人的详细面试建议，包括面试问题、技术考查点和评估重点。

刘七面试建议

背景概述

刘七具备硕士学历（计算机技术专业）和约7年大数据开发经验，精通Hadoop生态系统、Spark、Flink、Kafka等技术，有机器学习和深度学习应用经验，有电信、银行等行业大数据项目经验。总体评分96分，评级为优秀。

面试重点

1. **技术深度验证**
   - 验证其在Hadoop生态系统及Spark、Flink等技术上的实际项目经验和技术深度
   - 了解其在数据仓库设计和ETL流程开发方面的实践经验
   - 评估其对大数据技术架构的理解和设计能力
2. **项目经验考察**

图 2.50　Manus 输出的候选人面试建议截取 -1

建议面试问题

技术能力问题

1. "请详细描述你在济南全市卡口建设云处理平台项目中使用的Hadoop技术栈,以及你负责的具体模块。"
2. "你是如何使用Spark处理大规模数据的?请分享一个你解决的具体技术问题。"
3. "请解释你对Hadoop分布式文件系统(HDFS)和MapReduce的理解,以及你在项目中如何应用它们。"
4. "你如何优化Hive或Spark SQL查询性能?请举例说明你使用过的优化技术。"
5. "请描述你使用Kafka进行数据流处理的经验,以及你如何确保数据的可靠性和一致性。"

图 2.51　Manus输出的候选人面试建议截取-2

我们看到,相较于单一Agent模型,在这种多Agent模型下,AI已经具备了制订计划并不断回顾计划,以及自己寻找恰当的工具并调用工具完成任务的能力。如果使用得当,相信可以在很大程度上帮助我们提高工作效率。

另外,Manus相较于大多数AI Agent工具的显著优势在于,它能够实现从任务发起到结果交付的完整闭环动作。这种能力不仅提升了人力资源管理的执行效率,还预示着未来AI在人力资源管理领域可能会进一步整合复杂流程,自主完成更多端到端问题的解决方案。

市场上类似的产品都在紧锣密鼓的研发过程中。TARE已经可以使用了,感兴趣的HR可以尝试下载使用。我们有理由相信其他互联网和AI"大厂"的类似产品将很快带来一场新的多Agent产品的风暴。

二、零代码AI工具:赋能非技术人员

除了Manus这种多Agnet工具,当我们需要进行网页制作或者简单的开发时,AI也为我们提供了一种非常便利的工具——零代码AI工具。零代码AI工具的出现让非技术人员也能进行智能开发。凭借直观的界面和模块化设计,这些工具让HR即使不会敲代码,也能打造专属AI解决方案。

什么是零代码AI工具

零代码AI工具就是"傻瓜式"开发平台,只要拖拖拽拽、点点参数,就能上线AI应用。对HR来说,这意味着不用靠IT团队,只要靠自己就能完成跨领域的专业工作。

零代码AI工具的特点

零门槛：通过图形化界面完成操作，HR无须编写代码。

快速迭代：支持快速测试和调整，满足不断变化的业务需求。

广泛集成：可以与现有的HR系统、日历工具和通信工具无缝对接。

以收费产品码上飞平台为例

码上飞（CodeFlying）使用链接为https://www.codeflying.net/。

示例2

您好，我想制作一个帮助学生制作简历的网站，请学生首先做注册登记，然后请他们输入自己的相关信息，在此基础上，调用大模型，例如豆包，帮助他们制作简历，并可以下载简历。

码上飞会互动确认需求细节（用户信息、简历内容、下载格式等），生成完整需求文档和核心业务流程（用户登录、用户注册、查看个人信息、制作简历等）。确认后，码上飞进入开发界面。HR可预览网站和管理后台，只要满意就可以一键下载源代码或安装包，直接进行部署调试。

对上述示例，码上飞的反馈和交互如下所示。

> 为了更好地理解您的需求，我需要澄清一些具体细节。
>
> • 用户信息字段：您提到学生需要输入相关信息，请问具体需要哪些字段？例如：姓名、年龄、专业、联系方式等。
>
> • 简历制作的具体内容：您希望简历中包含哪些具体信息？例如：受教育背景、工作经历、技能特长等。
>
> • 下载简历的格式：学生下载简历时，您希望提供什么格式？是PDF还是Word文档？
>
> • 注册页面：注册页面需要哪些字段？例如：用户名、密码、邮箱等。
>
> • 首页功能：在首页您希望展示哪些内容？例如：用户的个人信息、简历制作入口等。
>
> 请提供这些信息，以便我为您整理出符合您要求的完整需求文档。

通过界面交互的引导（见图2.52），逐步确认需求后，得到如下反馈。

图 2.52　码上飞的交互过程页面展示-1

核心业务流程

1. 用户登录

•用户进入"登录页面",输入用户名、密码和手机号码。

•点击"登录"按钮,系统验证用户信息。

•若验证成功,则跳转到"首页"。

•若验证失败,则提示"用户名或密码错误"。

2. 用户注册

•用户从"登录"页面点击"注册"按钮,跳转到"注册"页面。

•填写用户名、密码和手机号码,点击"注册"按钮。

•系统验证注册信息,若信息有效并通过验证,则注册成功并跳转到"登录"页面,提示"注册成功,请登录"。

•若信息无效或验证失败,页面会显示对应的错误提示。

3. 查看个人信息

•用户登录成功后,进入"首页"。

•系统显示用户的姓名、专业和联系方式。

4. 制作简历

•用户在"首页"点击"制作简历"按钮,跳转到"简历制作"页面。

•填写简历信息,包括姓名、年龄、专业、联系方式、受教育背景、籍贯、在校任职或社会实践实习经历、技能特长、项目经验。

•系统展示每个内容部分的两种建议写法,供用户选择。

•填写完成后,点击"下载简历"按钮,系统生成PDF格式的简历并提供下载服务。

5.编辑个人信息

- 用户在"首页"点击"查看个人信息"按钮,跳转到"个人中心"页面。
- 编辑用户的姓名、专业和联系方式,点击"保存"按钮。
- 系统验证修改后的信息,保存成功后,刷新页面,显示更新后的内容。
- 若输入无效,则提示错误信息并保留当前输入。

全局导航菜单

- 提供"首页"入口。
- 提供"个人中心"页面入口。

页面名称:登录页面

1.用户需求

需求内容:作为一名用户,我希望通过安全登录系统来管理我的个人信息和制作简历。

2.功能需求

- 功能1:登录验证。

用户操作:输入用户名、密码和手机号码后,点击"登录"按钮。

系统行为:验证输入的用户名、密码和手机号码。若验证成功,跳转到"首页";若验证失败,则显示错误并提示"用户名或密码错误"。

- 功能2:注册入口。

用户操作:点击登录模块的"注册"链接。

系统行为:跳转到"注册"页面,便于新用户创建账户。

页面名称:注册页面

1.用户需求

需求内容:作为一名新用户,我希望能够快速注册,以便开始管理我的个人信息和制作简历。

2.功能需求

- 功能1:填写注册信息。

用户操作：填写以下注册信息——用户名（必填）、密码（必填）、手机号码（必填），点击"注册"按钮提交信息。

• 功能2：注册结果处理。

系统行为：若信息有效并通过验证，则表示注册成功，系统会跳转到"登录"页面，提示"注册成功，请登录"；若信息无效或验证失败，页面会显示对应的错误提示。

页面名称：首页

1. 用户需求

需求内容：作为一名用户，我希望快速查看我的个人信息，并能够制作简历。

2. 功能需求

• 功能1：查看个人信息。

用户操作：系统默认显示用户的姓名、专业和联系方式。

系统行为：从数据库中加载用户信息并显示。

• 功能2：制作简历。

用户操作：点击"制作简历"按钮，跳转到"简历制作"页面。

系统行为：跳转到"简历制作"页面。

页面名称：简历制作页面

1. 用户需求

需求内容：作为一名用户，我希望能够填写并下载我的简历。

2. 功能需求

• 功能1：填写简历信息。

用户操作：填写简历信息，包括姓名、年龄、专业、联系方式、受教育背景、籍贯、在校任职或社会实践、实习经历、技能特长、项目经验。

系统行为：展示每个内容部分的两种建议写法，供用户选择。

• 功能2：下载简历。

用户操作：点击"下载简历"按钮。

系统行为：生成并提供PDF格式的简历供下载。

> **页面名称：个人中心页面**
>
> 1. 用户需求
>
> 需求内容：作为一名用户，我希望能够查看和更新我的个人信息。
>
> 2. 功能需求
>
> •功能1：查看个人信息。
>
> 用户操作：进入页面后，查看当前用户的姓名、专业和联系方式。
>
> 系统行为：从数据库中加载用户信息并显示。
>
> •功能2：修改个人信息。
>
> 用户操作：编辑页面上的个人信息字段，点击"保存"按钮，提交更改。
>
> 系统行为：验证修改后的信息，保存成功后刷新页面，显示更新后的内容；若输入无效，则提示错误信息并保留当前输入。

确认需求后，进入开发界面（见图2.53）。

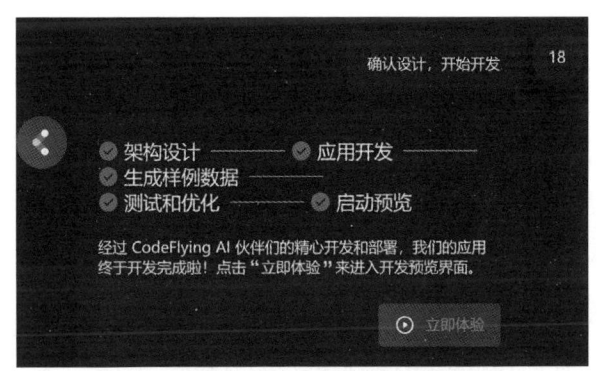

图2.53 码上飞的交互过程页面展示-2

预览生成的网站页面和管理后台界面（见图2.54）。

图 2.54　码上飞的交互过程页面展示-3

像码上飞这种付费平台，在用户的交互和体验界面上，做得是非常不错的，基本上可以做到手把手带你搭建网页，让 HR 能轻松变成"开发者"。市场上类似的产品应该还有很多，相信随着 AI 技术的发展，也会越来越好用。

三、在本地部署零代码开发工具：以 DeepSeek 为例

如果 HR 有一定的计算机基础，就可以选择通过 AI 的帮助完成代码、通过文件包部署的方式完成网页或者功能的搭建。

例如，HR 可以用自然语言描述需求，通过 DeepSeek 生成代码，然后按指引部署到服务器或内网。但这种方式对于电脑的内存和硬盘有一定的要求，因为需要安装一些辅助开发的工具软件，开发时也需要占用比较大的内存空间。

在本地部署 DeepSeek 零代码开发工具的步骤如下。

创建 API key

进入 DeepSeek 的 API 开发平台后台，选择左侧的 API keys，在界面中创建 API key（见图 2.55）。

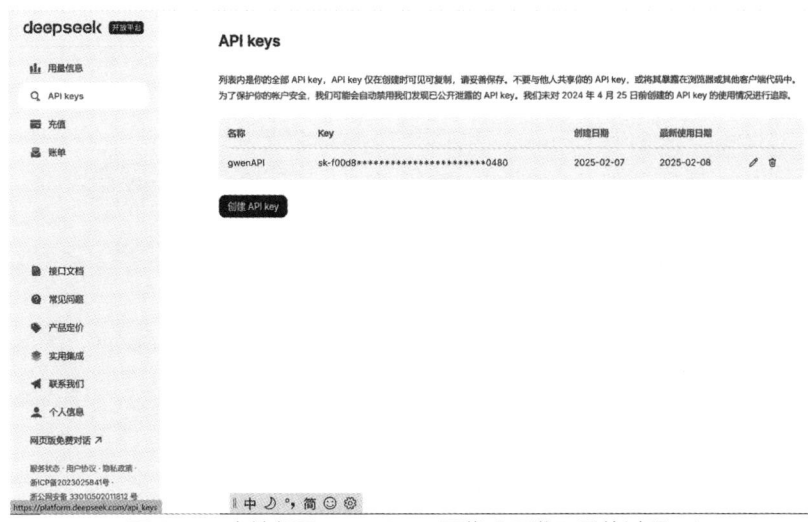

图 2.55　本地部署 DeepSeek 零代码开发工具的过程 -1

需要注意的是，这里的 API key 只会出现一次，请一定要把它保存起来；还需要注意的是，这个 API key 意味着你的付费端口，需要你自己保存好，不能随便给其他人调用，否则这个端口所有的调用都将由你来付费。

安装插件

下载和安装 Visual Studio Code 软件，并安装中文插件和 Cline 插件（见图 2.56）。

图 2.56　本地部署 DeepSeek 零代码开发工具的过程 -2

在这里可以选择 Cline 或者下面的 Cline 汉化版的插件。

在Cline中设置DeepSeek模型，输入API key

在安装Cline插件后，就可以在左侧边栏中间下方位置打开Cline。根据页面的提示，在API Provider这里选择DeepSeek或者Qwen等其他模型，它会提示你输入之前在DeepSeek大模型中的API key（见图2.57）。

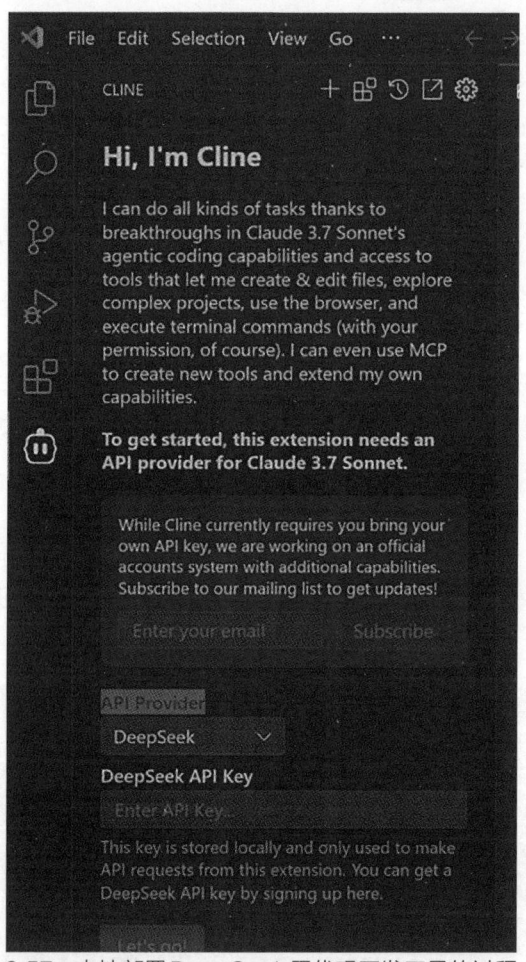

图2.57　本地部署DeepSeek零代码开发工具的过程-3

提需求

连接成功后，直接用自然语言提出需求，DeepSeek就会为我们生成HTML或指定语言代码（见图2.58）。

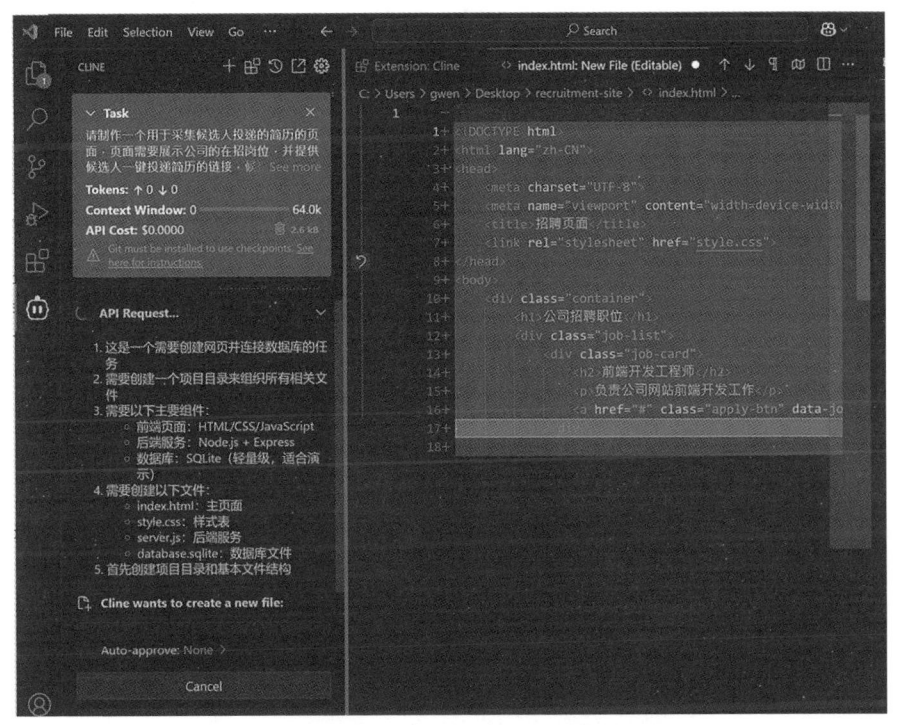

图 2.58　本地部署 DeepSeek 零代码开发工具的过程 -4

在图 2.58 中，大家可以看到：左上角是我们用自然语言提出的需求，"请制作一个用于采集候选人投递的简历的页面，页面需要展示公司的在招岗位，并提供候选人一键投递简历的链接，候选人投递的简历应储存至数据库"；左下方是大模型对需求的解析；而右侧则是调用 DeepSeek 写出来的代码。

将代码保存至文件中，在浏览器中打开 AI 生成的代码，可以看到效果。如果对代码中的某些地方不满意，可以继续在左侧的对话界面中，用自然语言提出需求，大模型会自动对代码进行修改。

图 2.59 是根据前述对话，通过 DeepSeek 自动生成的网页代码呈现出来的效果。HR 可以通过更多的对话向 DeepSeek 提出修改和调整的需求。

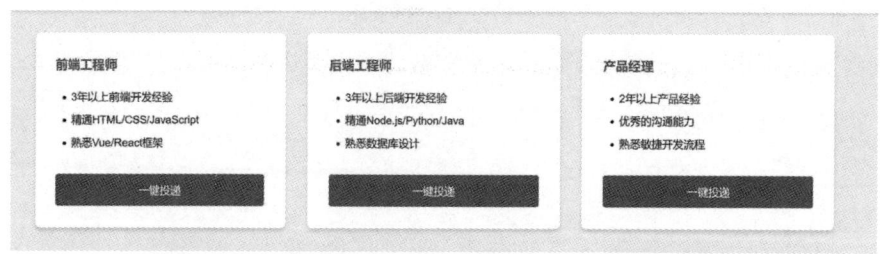

图 2.59　本地部署 DeepSeek 零代码开发工具的过程 -5

有了这些零代码开发工具，HR 就可以自己完成简单的网页搭建，实现一些简单的功能。

第四节　AI 搜索引擎：让信息获取变得轻松、精准

在 HR 的工作中，信息搜集是家常便饭，即使是在已经比较熟悉的领域，我们遇到问题时也需要再次检索，看相关内容是否在近期有新的细则和解释，所以搜索引擎是非常重要的工具。但传统搜索引擎常常让人无所适从：输入关键词，结果往往是一堆杂乱无章的内容，过时信息、广告信息混杂其中，HR 得花很多时间进行筛选分析，还不一定能找出真正需要的线索。

而 AI 搜索引擎可以在理解用户目标的前提下进行搜索，避免上面所说的各种问题。它首先需要了解 HR 的搜索意图，然后结合上下文和历史数据，精准推荐最相关的内容。举个例子，如果工作中需要检索最新的劳动法条款，传统搜索引擎可能会给出一堆过期链接加上律所的广告，而 AI 搜索引擎则会给出与此相关的整理过的主要条款，以及来源文件链接，省时又省心。

我们目前在工作中使用比较多的是秘塔 AI 搜索，尤其在查法律法规时，

秘塔AI搜索非常高效。它会非常高效地找出我们需要的内容，把历年发文列成清单，会附上关联文件的链接，必要时还可以让我们能一键跳转原文。

示例1

请搜索女职工产假的相关规定。

使用秘塔AI搜索返回的结果如图2.60—图2.63所示。

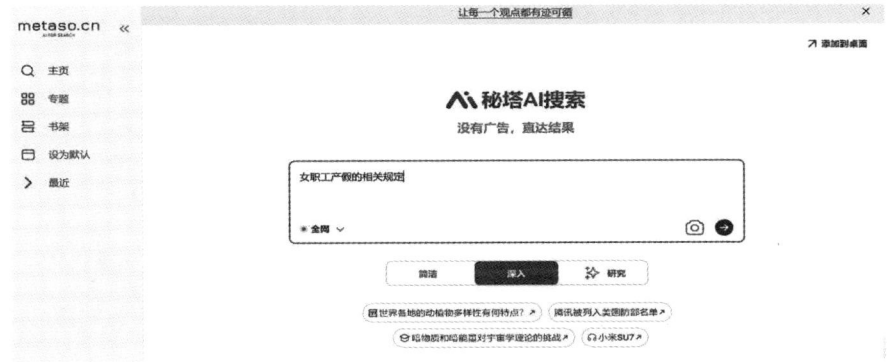

图2.60　使用秘塔AI搜索时的检索界面效果图

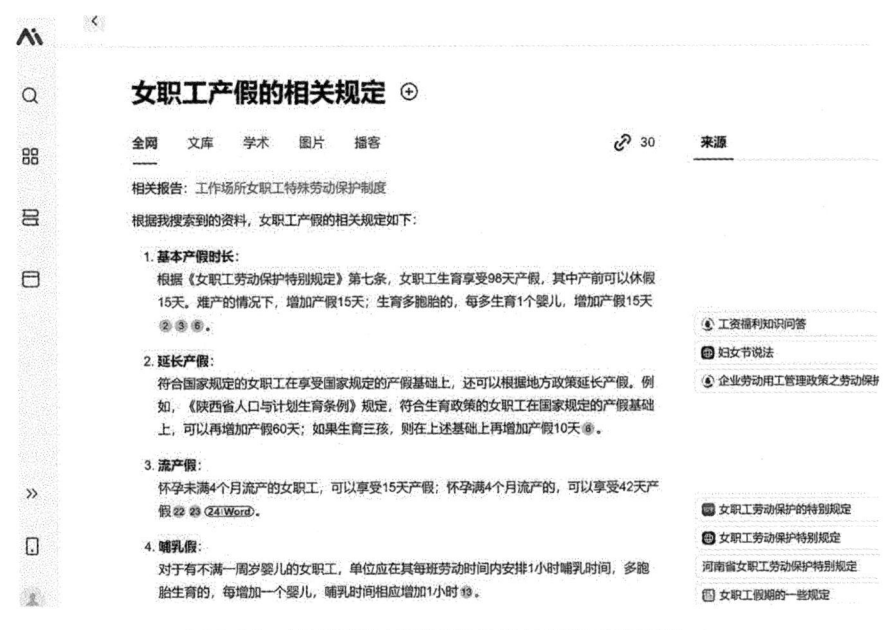

图2.61　使用秘塔AI搜索的检索结果返回效果图-1

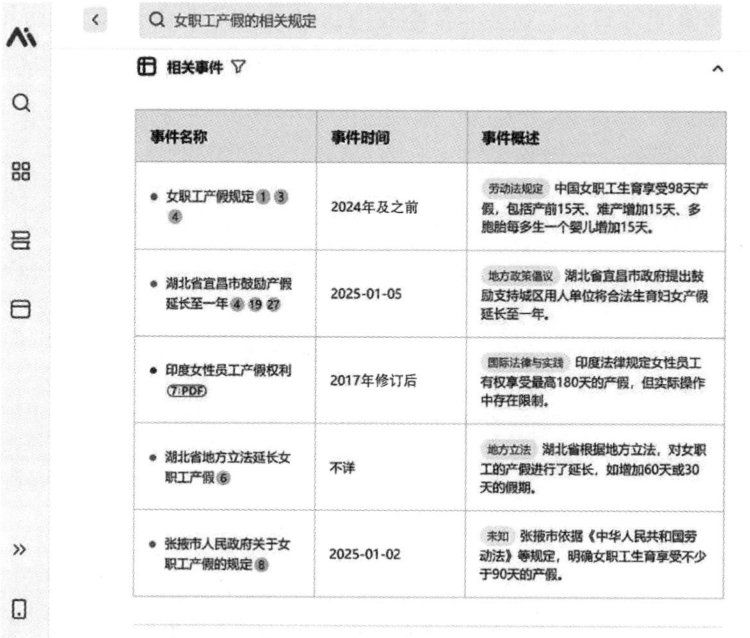

女职工产假的相关规定

相关事件

事件名称	事件时间	事件概述
• 女职工产假规定 1 3 4	2024年及之前	劳动法规定 中国女职工生育享受98天产假，包括产前15天、难产增加15天、多胞胎每多生一个婴儿增加15天。
• 湖北省宜昌市鼓励产假延长至一年 4 19 27	2025-01-05	地方政策倡议 湖北省宜昌市政府提出鼓励支持城区用人单位将合法生育妇女产假延长至一年。
• 印度女性员工产假权利 7 PDF	2017年修订后	国际法律与实践 印度法律规定女性员工有权享受最高180天的产假，但实际操作中存在限制。
• 湖北省地方立法延长女职工产假 6	不详	地方立法 湖北省根据地方立法，对女职工的产假进行了延长，如增加60天或30天的假期。
• 张掖市人民政府关于女职工产假的规定 8	2025-01-02	未知 张掖市依据《中华人民共和国劳动法》等规定，明确女职工生育享受不少于90天的产假。

图 2.62　使用秘塔 AI 搜索的检索结果返回效果图 –2

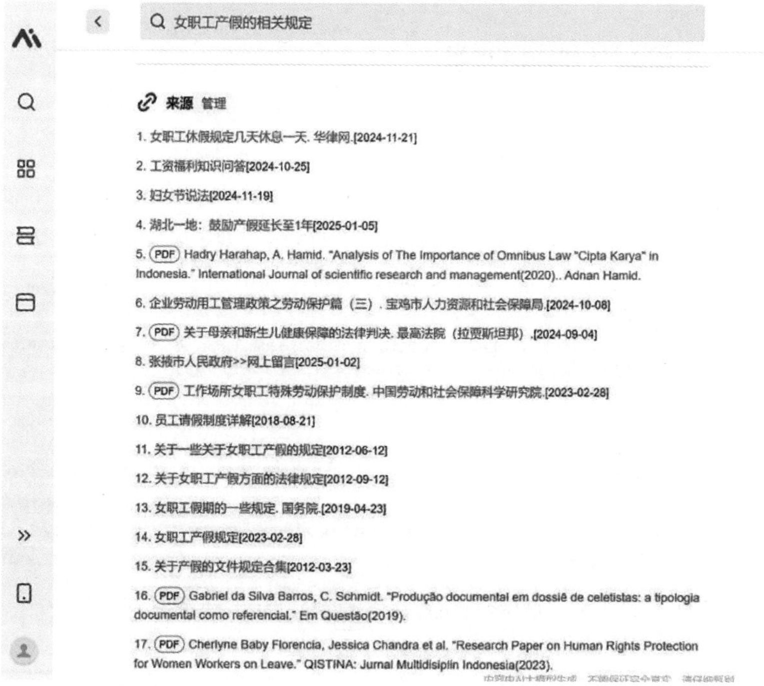

女职工产假的相关规定

来源 管理

1. 女职工休假规定几天休息一天. 华律网.[2024-11-21]
2. 工资福利知识问答[2024-10-25]
3. 妇女节说法[2024-11-19]
4. 湖北一地：鼓励产假延长至1年[2025-01-05]
5. PDF Hadry Harahap, A. Hamid. "Analysis of The Importance of Omnibus Law "Cipta Karya" in Indonesia." International Journal of scientific research and management(2020).. Adnan Hamid.
6. 企业劳动用工管理政策之劳动保护篇（三）. 宝鸡市人力资源和社会保障局.[2024-10-08]
7. PDF 关于母亲和新生儿健康保障的法律判决. 最高法院（拉贾斯坦邦）.[2024-09-04]
8. 张掖市人民政府>>网上留言[2025-01-02]
9. PDF 工作场所女职工特殊劳动保护制度. 中国劳动和社会保障科学研究院.[2023-02-28]
10. 员工请假制度详解[2018-08-21]
11. 关于一些关于女职工产假的规定[2012-06-12]
12. 关于女职工产假方面的法律规定[2012-09-12]
13. 女职工假期的一些规定. 国务院.[2019-04-23]
14. 女职工产假规定[2023-02-28]
15. 关于产假的文件规定合集[2012-03-23]
16. PDF Gabriel da Silva Barros, C. Schmidt. "Produção documental em dossiê de celetistas: a tipologia documental como referencial." Em Questão(2019).
17. PDF Cherlyne Baby Florencia, Jessica Chandra et al. "Research Paper on Human Rights Protection for Women Workers on Leave." QISTINA: Jurnal Multidisiplin Indonesia(2023).

图 2.63　使用秘塔 AI 搜索的检索结果返回效果图 –3

秘塔 AI 搜索返回的结果清晰明了，尤其是秘塔 AI 搜索提供的"来源"部分的链接，只要点开就是原汁原味的制度文件，完全避免了传统搜索引擎经常带来的无效信息、律所广告甚至错误信息。

市场上 AI 搜索工具不少，春节前后在大力推广的纳米 AI 就是这个领域的后起之秀。同时，DeepSeek 自带联网搜索功能也能达到类似的效果。甚至一些浏览器"大厂"，通过浏览器插件（具体见附录 5）把 AI 搜索功能整合进了浏览器的操作界面，大家可以通过插件，在浏览器中进行沉浸式搜索，更加便捷和高效。

相信随着 AI 技术进一步升级迭代，很快会有更多类似的产品面世。

第五节　数字人使分身成为可能：面向未来的效率工具

提到数字人技术，大家应该都不陌生。这项技术早已跳出实验室，走上了新闻主播台，走进了直播带货间。结合前面提到的大模型、AI Agent 和各种 AI 应用，如果数字人能开口问候选人问题，还能多模态读取并理解回答，数字人面试官的诞生就不再是科幻故事，而是在技术上完全可行的现实。

本节将带你展望数字人在招聘、培训和企业文化传播中的潜力，看看这个"分身"如何成为未来的效率神器。

一、数字人招聘的未来展望

招聘管理的数字化转型早已起步，而数字人技术更是掀起了一场革命。它可以通过整合流程自动化触发、大模型数据分析以及团队协同等一系列功能，让 HR 的工作更高效精准。候选人能享受具有个性化和互动性的应聘体验，而 HR 则可以全程依靠智能支持，省时省力。

从理论上讲，我们现在的生成面试问题的 AI Agent，如果带有语音功能，就可以自动向候选人发问。当整合了多模态输入功能和语音输出功能时，AI Agent 就可以在某种程度上代替 HR 进行面试发问和追问。

示例 1

请扮演一个数字人面试官，针对销售岗位候选人进行提问，并评估其沟通能力和抗压能力。

未来的数字人一方面可以根据岗位说明生成问题（如"你如何应对客户拒绝？"），通过语音和表情与候选人互动；另一方面则可以通过实时分析回答内容，并通过视觉算法分析候选人的情绪反应，生成评估报告（如"沟通清晰，抗压中等"）。如果数字人技术可以得到应用，相信会让招聘工作从"人工筛"变"智能选"，让 HR 能聚焦高价值决策，也让候选人能感受到更人性化的流程。

二、数字人培训的未来展望

数字人不只在招聘领域大放异彩，在培训场景中也越来越抢眼。它能带来高效、个性化的学习体验，化身虚拟培训师，根据学员进度和反馈，量身定制培训计划和内容。尤其对那些重复性强的基础性培训，像新员工入职的规章制度讲解、考勤管理宣导等重复性强、频次高的工作，数字人可以更加高效地完成。

数字人还能提供实战演练场景。比如，为销售人员模拟扮演挑剔客户，助其提升话术技巧；为客服人员仿真咨询对话，实时反馈其服务表现。随着多模态技术的成本下降，数字人还能低成本采集学员的表情、眼神、状态，动态调整培训内容。例如：如果电工培训的参训者在培训进行到高压电相关内容时，表现出游离、迷惑的状态，就可以有针对性地对高压电的内容进行调整，或者增加课时，或者增加关于某一知识点的案例解释和分析，同时减少这一参训者低压电部分的内容安排。

AI 在培训领域的运用实践已经有人在开展，例如，Call Annie，一款聚焦英语学习的软件，可以与英语学习者进行流畅的英文对话，模拟母语者的发音和语调，帮助英语学习者提高语言技能。国内类似的英语学习软件也有很多，这里就不一一列举了。目前市面上很多 AI 学习机，也是这个方面的应用。

随着技术的不断进步，数字人培训将成为企业提升员工技能和竞争力的重要工具。通过智能化、个性化的培训方式，企业不仅能够提高培训效率，还能更好地满足员工的学习需求，推动企业的发展。

三、企业文化的数字代言人

数字人还能当企业文化的"代言人"，通过虚拟形象和互动内容，把公司价值观和理念传递给员工。它能主持内部活动、分享公司动态、组织团建，增强员工归属感和团队凝聚力。

此外，数字人还可以作为内部沟通的桥梁，帮助管理层与员工进行更有效的沟通。通过智能对话系统，数字人可以实时解答员工疑问，传递最新政策，打破信息壁垒。

第二篇
应用篇

第三章

AI赋能招聘：
从岗位分析到面试管理的智能化变革

第三章　AI 赋能招聘：从岗位分析到面试管理的智能化变革

招聘是人力资源管理工作的核心，对每家公司来说都至关重要。尤其是创业公司在刚搭建 HR 职能时，招聘往往是唯一重要的"命脉"。如果 AI 能提升招聘效率，那对任何组织而言，都是一剂"强心针"。

传统招聘流程冗长复杂，涵盖多个环节。图 3.1 由 MindMaster 自动生成。制图指令：请画一张招聘流程图。制图链接地址：https://mm.edrawsoft.cn/app/drafts/cloud。

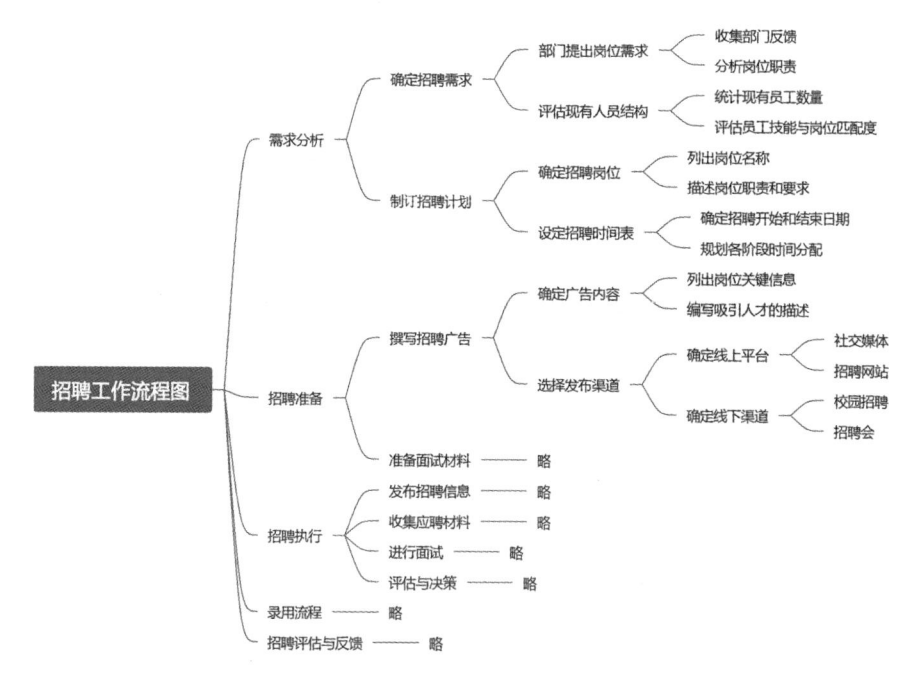

图 3.1　MindMaster 制作的招聘工作流程图

看似简单的流程，却隐藏着不少痛点。
- 效率低下：筛选简历、安排面试耗时耗力，HR 易被重复性工作拖垮。
- 主观偏差：筛选标准因人而异，比如针对"擅长英语"这样的需求，有的面试官觉得有四级证书就够，有的面试官要求能和老外流利对话，这导致结果不理想。
- 体验不佳：通知滞后、沟通不畅，候选人体验差，企业雇主品牌受损。

有了AI，这些问题将迎刃而解。它就像一个"超级助手"，从流程优化到精准匹配，全面提升招聘效率。接下来，我们就看看AI如何在招聘的每个环节都大显身手。

第一节 用DeepSeek助力招聘管理

站在HR或企业负责人的角度，在启动一个岗位的招聘工作前，需要先理清几件事：招聘策略、渠道选择、评估标准和人才画像。当然，缺了这些，HR也能硬着头皮干，但多半是劲没使对地方，白忙一场。所以，我们先从这几个关键环节入手，看看AI能帮上什么忙。

一、AI驱动的竞对分析与岗位数据爬虫

竞争对手分析（竞对分析）是资深HR的"撒手锏"。过去，这项工作更多得通过猎头或调研公司完成，时间成本和费用成本会让很多公司望而却步。现在，AI搜索工具可以快速爬取数据，并进行分析和整合，让这部分工作的门槛大大降低。

应用场景：用AI爬取竞对的招聘数据，分析岗位需求趋势和薪资水平，优化自家策略。

工具推荐：DeepSeek、秘塔AI搜索。[1]

示例1

请列出北京地区人员规模在200～500人的公司，是否在招聘大数据相关岗位？输出表格，涉及项目包括公司名称、所在区域、岗位

---

[1] 在目前阶段，各大模型产品的功能稳定性仍有提升空间。在实际测试中，我发现同样的指令，有的模型能顺利生成结果，有的却完全跑不出来，甚至出现混乱。建议大家在工作中根据具体场景多尝试几个模型，找到最适合的。这几个工具，是我在测试示例时能获得较满意结果的工具，但这仅反映它在测试当下时间点的表现，不意味着其他工具未来无法胜任这一任务。我们相信，随着技术不断迭代，这些问题迟早会得到解决，未来在日常办公领域，各种模型应该都能胜任这样的工作。

名称、工资范围。

示例1 延伸问题

作为资深猎头,针对某东金融的大数据团队进行调研(mapping),分析团队结构、规模和技术方向,输出表格,涉及项目包括岗位名称、薪酬范围。"

DeepSeek(开启联网搜索和深度思考功能)返回的结果如下所示。

以下是北京地区人员规模在200～500人的公司正在招聘大数据相关岗位的信息,已整理成表格形式(见表3.1)。

表3.1 岗位招聘信息搜索结果

公司名称	所在区域	岗位名称	工资范围	备注
海归求职网 CareerGlobal	北京	大数据工程师	面议	提供户口、七险一金等福利
北京国际大数据交易所	北京	大数据相关岗位	未明确	具体岗位信息未详细列出
DeepSeek	北京、杭州	自然语言处理算法工程师	30k～60k×14薪[1]	实习生日薪500～1000元
DeepSeek	北京、杭州	AGI数据百晓生	15k～30k×14薪	实习生500～550元/天
DeepSeek	北京、杭州	数据百晓生	500～550元/天	实习生岗位

说明:

● 海归求职网CareerGlobal招聘的大数据工程师岗位,要求较高,提供户口等福利,适合有经验的专业人士;

● 北京国际大数据交易所的招聘信息未详细列出具体岗位和薪资,需进一步查询;

● DeepSeek提供了多个大数据相关岗位,包括自然语言处理算法工程师、AGI数据百晓生等,薪资范围较广,且提供高薪实习生岗位。

如需更多详细信息,可参考相关招聘页面或直接联系公司。

---

[1] 30k～60k×14薪是互联网等行业对薪资的常见表述。30k～60k表示月薪3万～6万元,14薪表示每年发14个月的薪水。

示例 2

对比某东、某米、某条三家公司的数据分析师岗位要求差异,并生成雷达图。

DeepSeek(开启深度思考功能)返回的结果如下。

根据搜索结果,目前仅能获取某东数据分析师岗位的相关信息(如招聘标准、技能要求等),而某米和某条的具体岗位要求未在提供的资料中体现。不过,结合行业共性和某东案例,可推测三家公司数据分析师的核心要求如下。

岗位要求对比分析

1. 技术工具能力

• 某东:明确要求精通SQL、Python,熟悉大数据工具(如Hive、Spark),并需掌握BI工具(如Tableau)。

• 某米(推测):可能更侧重IoT(物联网)设备数据分析能力,需熟悉传感器数据或硬件相关分析工具(如TensorFlow Lite)。

• 某条(推测):注重推荐算法优化和用户行为分析,要求熟悉A/B测试框架、机器学习模型(如PyTorch)。

2. 业务理解方向

• 某东:强调电商业务场景(如供应链、用户增长)的数据驱动能力,需具备零售行业经验。

• 某米(推测):可能聚焦智能硬件生态、用户设备使用行为分析。

• 某条(推测):侧重内容生态、广告投放效果及用户留存策略。

3. 软技能要求

• 某东:突出跨部门协作能力,需与产品、运营团队紧密配合。

• 某米、某条(推测):可能更注重快速迭代能力与创新思维,以适应互联网行业的高频需求变化。

4. 学历与经验

• 某东:多数岗位要求本科以上学历,三年以上电商或零售数据分析经验。

- 某米、某条（推测）：可能偏好计算机及统计学专业背景，对算法优化或用户画像构建有实践经验者优先。

雷达图维度建议

若生成雷达图，可基于以下维度进行对比（以某东为基准，其他公司为推测）。

- 技术深度：某东（高）、某米（中高）、某条（高）。
- 业务垂直度：某东（电商）、某米（硬件、IoT）、某条（内容、广告）。
- 工具多样性：某东（SQL、Python、BI）、某米（Python、嵌入式工具）、某条（PyTorch、A/B测试）。
- 行业经验权重：某东（高）、某米（中）、某条（中高）。
- 协作复杂度：某东（高）、某米（中）、某条（中）。

总结与建议

- 某东：强业务导向，工具链成熟，适合有电商背景的分析师。
- 某米、某条：需结合行业特性补充推测，建议通过官方招聘页面或行业报告获取更详细要求。

雷达图实现：可使用Python的Matplotlib或在线工具（如ChartBlocks），按上述维度赋值绘制。

如需完整信息，可访问某东招聘页面或进一步检索某米、某条的岗位详情。

由于目前DeepSeek仅具备文本输出能力，暂时还无法直接做图，所以在这个示例中，DeepSeek返回了可以用于做图的提示词，我们可以进一步使用其他工具完成图形的制作，或者采用专门的提示词，请DeepSeek调用其他做图工具的效果图。

我们使用商汤的小浣熊（https://xiaohuanxiong.com/），在部分输入DeepSeek生成的雷达图提示词后，返回如下。

好的，我将根据您提供的维度和数据来制作一张雷达图。我们将使用以下五个维度来比较某东、某米和某条。

- 技术深度：某东（高）、某米（中高）、某条（高）。

- 业务垂直度：某东（电商）、某米（硬件、IoT）、某条（内容、广告）。
- 工具多样性：某东（SQL、Python、BI）、某米（Python、嵌入式工具）、某条（PyTorch、A/B测试）。
- 行业经验权重：某东（高）、某米（中）、某条（中高）。
- 协作复杂度：某东（高）、某米（中）、某条（中）。

为了绘制雷达图，我们需要将这些定性的描述转换为定量的数值。我们可以使用从1到5的评分系统，其中1表示最低，5表示最高。根据您的描述，我将为每个公司和维度分配以下分数。

- 技术深度：某东（5）、某米（4）、某条（5）。
- 业务垂直度：某东（5）、某米（3）、某条（3）。
- 工具多样性：某东（4）、某米（4）、某条（5）。
- 行业经验权重：某东（5）、某米（3）、某条（4）。
- 协作复杂度：某东（5）、某米（3）、某条（3）。

接下来，我将使用这些数据来生成雷达图（见图3.2）。

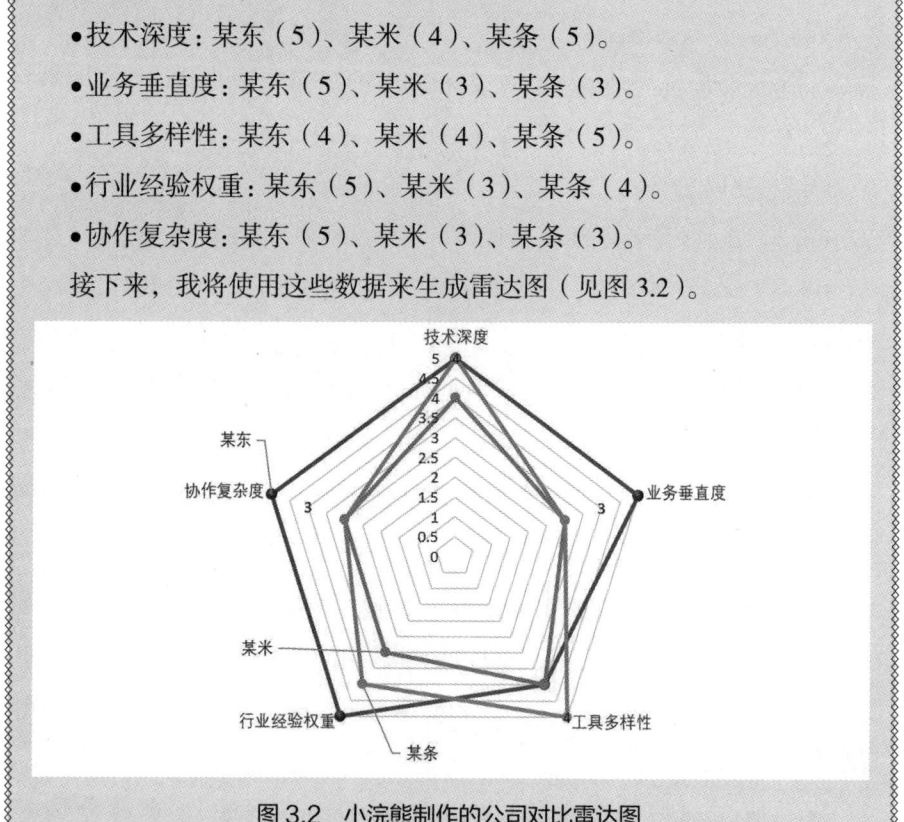

图3.2 小浣熊制作的公司对比雷达图

在实践中，我们可以根据实际需求，针对本公司和竞对都有的岗位，来绘制相应的图表。

鉴于 AI 具有随机性这一特点，特此提醒大家：务必对 AI 生成或返回的数据进行仔细验证，以避免其可能出现错误或提供不准确信息，确保所获取数据的可靠性。

二、用 AI 搭建素质模型和评估数据库

在面试中，不同面试官对同一候选人的评价常因个人偏好而存在偏差。比如针对"沟通能力强"，有人看重表达流利，有人注重逻辑清晰。这种分歧若出现在做录用决策时，可能会拖延进程，甚至导致公司错失人才。适当地引入 AI 工具，由 AI 扮演"无偏见的裁判"，可以帮助我们提前统一标准。

应用场景：分析高绩效员工数据，结合经典素质模型（例如海氏素质词典、盖洛普优势识别器），构建岗位素质模型，并在此基础上匹配候选人。

工具推荐：Kimi、豆包、智谱清言。

示例 3

我会给你 10 名优秀产品经理的简历和绩效数据，请结合海氏素质词典，提取这一岗位的 5 个核心素质能力项并生成产品经理岗位的素质模型，以表格形式输出，内容涉及序号、能力项名称、能力等级。

示例 3 延伸 1

基于公司现有产品经理岗位的素质模型，并结合海氏素质词典的能力等级定义，对三名候选人在简历中体现出来的能力进行打分。

示例 3 延伸 2

基于公司现有产品经理岗位的素质模型，并结合候选人简历，请设计针对这名候选人的面试问题。

Kimi 返回的结果如下。

> 好的，我将根据海氏素质词典的核心理念，结合三份简历内容，提取出产品经理岗位的五个核心素质能力项，并生成更精简的岗位核心素质表格（见表 3.2）。

表3.2 Kimi返回的根据海氏素质词典制作的岗位核心素质

序号	能力项名称	能力等级	描述
1	用户需求洞察	高级	能够深度挖掘用户需求,快速准确把握用户痛点,并结合用户反馈进行产品优化
2	项目管理与执行	高级	能够负责项目从需求分析到上线的全流程管理,确保项目按时交付并达到预期目标
3	数据驱动决策	高级	能够通过数据分析挖掘用户需求,为产品优化提供数据支持,基于数据做出科学决策
4	团队协作与沟通能力	高级	具备优秀的团队协作能力,能够与UI、研发、测试等部门高效协调合作
5	创新与优化能力	高级	能够结合用户需求和市场趋势,不断提出创新性优化方案并推动落地

能力等级

高级:在该能力项上表现出色,能够独立完成复杂任务,并为团队提供指导。

能力项描述

- 用户需求洞察:强调对用户需求的深度理解和快速响应,这是产品经理的核心能力之一。
- 项目管理与执行:涵盖从需求分析到产品上线的全流程管理,确保项目按时交付并达到预期目标。
- 数据驱动决策:基于数据分析做出科学决策,这是现代产品经理必备的能力,能优化产品功能和提升用户体验。
- 团队协作与沟通能力:强调跨部门协作和沟通能力,确保团队高效运作。
- 创新与优化能力:注重创新思维和持续优化能力,推动产品不断进步。

这个精简的素质模型更加聚焦产品经理岗位的核心素质,可以帮助企业在招聘、培训和绩效管理中更高效地识别和培养核心人才。

三、AI辅助制作人才画像

人才画像是招聘和人力规划的"导航图"。但在现实中,各方对理想候选人的定义往往不一致，这导致招聘的目标模糊，培训工作的周期延长。在 AI 的协助下，我们可以整合更复杂的数据，画出更精准的人才画像，让招聘有的放矢。

应用场景：结合岗位需求和候选人数据，AI 将自动生成精准人才画像，指导中高级人才的招聘和猎头工作。

工具推荐：Kimi、豆包、DeepSeek、智谱清言等。

示例 4

生成一线城市五年以上经验的金融风控总监人才画像，包括年龄、受教育背景、技能分布和跳槽动机。

对上述示例，Kimi 返回的结果如下。

以下是一线城市五年以上经验的金融风控总监人才画像。

年龄

年龄范围：30～45 岁。这个年龄段的从业者通常具备较为丰富的工作经验，同时也有较强的精力和学习能力去适应金融行业的快速变化。

受教育背景

- 学历要求：本科及以上学历，以金融、经济、法律、数学、统计、计算机等专业为主。这些专业为金融风控总监提供了扎实的理论基础和专业技能。
- 专业资格：持有相关专业资格认证，如 CFA（特许金融分析师）、FRM（金融风险管理师）等。这些资格认证不仅证明了其具备一定的专业知识，还展示了他们对行业的承诺和热情。

技能分布

- 风险管理技能：具备丰富的风险管理经验，能够熟练运用各种风险管理工具和技术，如风险评估模型、风险预警系统等。精通量化风控技术，熟悉常用模型。
- 数据分析技能：熟练掌握数据分析工具，如 SAS、SPSS、R、Python、SQL 等。能够通过数据分析识别风险点，为决策提供数据支持。
- 行业经验：至少 5～10 年的金融行业工作经验，其中包含在银行、证券、基金、互联网金融等机构从事风险管理的经验。熟悉信贷业务贷前、贷中、贷后全流程的风险控制。

- 合规与法律知识：熟悉金融行业的法律法规和监管要求，确保风险管理工作的合规性。
- 领导力与团队管理：具备较强的领导力和团队管理能力，能够带领团队完成风险管理工作。

跳槽动机

- 职业发展：希望获得更高的职位和更广阔的职业发展空间，如晋升为首席风险官等。
- 薪资待遇：一线城市 5～10 年经验的金融风控人员平均年薪在 30 万元到 60 万元，跳槽薪资增长幅度可达 30% 至 50%。
- 行业转型：随着金融科技的发展，互联网金融、数字银行等领域对风控人才的需求增加，部分从业者希望通过跳槽进入新兴领域。
- 工作环境与文化：寻找更具创新性、灵活性和更加人性化的工作环境，以及与个人价值观更契合的企业文化。

在 AI 协助下拿到上述提示内容后，我们就可以结合公司的实际，以及公司绩优员工的特点，分析整理出市场上适合本公司的人才画像了。

在实际操作中，企业可在构建人才画像时融入自身独特的特征要素。以阿里巴巴为例，他们会将"要性"这一关键特质纳入其中（见图 3.3）。所谓"要性"，即个体自身对成功怀有极度的渴望，而并非在外界要求下去追求成果。同时，在互联网行业，多数企业会着重添加"好奇心"这一要素。具备"好奇心"的人才，会在第一时间主动学习新技术，而不是需要别人组织才被动听一听，不一定什么时候才能够动手实践的人。

大家可以尝试加入企业特色要素，这可以让人才画像更接地气。

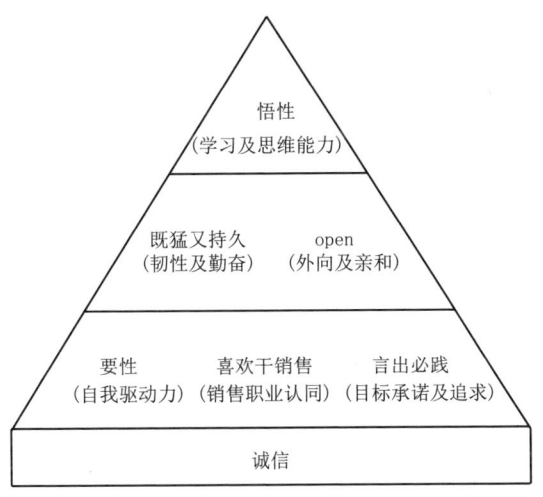

图3.3 阿里巴巴早期中供团队的人才画像

四、AI辅助完成HC预算制作

在企业的人力资源管理中，HC（headcount，人员编制）预算的制作是一个复杂且关键的任务。HR需要从多部门收集现有人员信息（包括岗位和职级）、新增人员需求（同样涵盖岗位和职级），有时甚至还要整合人效数据（如人均产出、人均效益等）到HC表格中。对于那些不熟悉Excel操作的HR来说，这无疑是一项艰巨的挑战，不仅耗时费力，还容易出现数据错误或遗漏。考虑到AI的强大处理能力，在制作HC预算过程中，我们可以让AI来提供支持。

应用场景：结合了AI的HRMS系统（人力资源管理系统）可以通过自动化数据收集、整理和分析，简化HC预算制作的流程。而不具备这些条件的、手动操作的HR则可以直接通过AI的辅助，快速完成Excel的操作。

操作步骤如下所示。

• 数据分析：把2024年的各部门产出数据和人员情况数据提交给AI，请AI分析2024年各部门各岗位的人工效率。

• 表格设计：根据企业的组织结构，设计现有岗位统计表和新增岗位统计表，以及人数汇总表；如果存在复杂的人效计算，也可以请AI来设计计算公式（具体请参考第一章第四节"AI图表助手：让数据更具洞察力"）。

• 数据整理：搜集各部门提交的数据，将数据整理到表格中，并将其提交给AI进行分析，由AI找出人效异常的部门。

- 预算建议：基于数据分析结果，AI为HR提供预算建议，包括哪些岗位可以增加人员编制，哪些岗位可以通过优化人效来节省成本。HR在此基础上与各部门进行沟通。

示例5

请根据上一年度的Q4平均人效数据：月均人效70万元，复核表3.3中的预算人数的合理性。

表3.3 年度HC预算表的示例

项目	上一年度Q4参照数据	Q1	Q2	Q3	Q4
目标销售额	51,030万元	53,820万元	59,521万元	62,323.98万元	64,020万元
平均每月HC数	243个	276个	291个	304个	303个
总部–管理人员	6个	6个	6个	7个	8个
总部–人力资源	6个	6个	6个	7个	7个
总部–市场营销	5个	5个	6个	7个	7个
总部汇总	17个	17个	18个	21个	22个
上海仓–物流	56个	72个	78个	76个	71个
上海仓–内仓	22个	24个	26个	26个	27个
上海仓–配送	73个	81个	87个	96个	98个
上海仓–分拣	16个	16个	16个	18个	18个
上海仓汇总	167个	193个	207个	216个	214个
北京–内仓	25个	28个	28个	28个	28个
北京–配送	25个	28个	28个	29个	29个
北京–分拣	9个	10个	10个	10个	10个
北京仓汇总	59个	66个	66个	67个	67个

对上述示例，DeepSeek返回的结果如下。

- 根据上一年度Q4的平均人效数据，月均人效为70万元，我们可以计算出每个季度的总人效需求。例如，Q1的目标销售额为53,820万元，那么所需的人月[1]数为53,820 / 70 = 769人月。根据表中Q1的平均每月HC数为276个可得，Q1的总人月数为276 × 3 ≈ 828人月，这略高于计算出的769人月，表明预算人数设置稍高。

---

[1] 人月是指一个人工作一个月。

- 对于Q2，目标销售额为59,521万元，所需的人月数为59,521 / 70 ≈ 850人月。表中Q2的平均每月HC数为291个，总人月数为291 × 3 = 873人月，这也略高于计算出的850人月，同样表明预算人数设置稍高。
- 对于Q3，目标销售额为62,323.98万元，所需的人月数为62,323.98 / 70 ≈ 890人月。表中Q3的平均每月HC数为304个，总人月数为304 × 3 = 912人月，这仍然略高于计算出的890人月，预算人数设置仍然稍高。
- 最后，对于Q4，目标销售额为64,020万元，所需的人月数为64,020 / 70 ≈ 915人月。表中Q4的平均每月HC数为303个，总人月数为303 × 3 = 909人月，这几乎与计算出的915人月相等，表明预算人数设置较为合理。

综上所述，除了Q4的预算人数设置较为合理，Q1至Q3的预算人数均稍高于实际需求，可能需要进一步调整以优化人力资源配置。

通过AI辅助完成HC预算制作，HR可以节省大量时间和精力，同时减少人为错误，获得更精准、科学的预算建议。这不仅提高了工作效率，还优化了企业的人力资源配置，为企业的可持续发展提供了有力支持。AI省时省力还精准，即使是小白也能快速上手。

AI像招聘的"全能助手"，从竞对分析到HC预算，覆盖每个环节。它不仅能提效，还能减少偏差、优化体验。你所在的企业用过哪些AI招聘工具？效果如何？准备好试试了吗？

第二节　用AI Agent辅助招聘流程

招聘的日常工作既琐碎又耗时，从文案设计到渠道选择，再到与候选人沟通，每一步都在考验HR的耐心和效率。AI的加入就像给HR配了个"贴心小助手"，不仅能减轻负担，还能提升效率。接下来，我们来看看AI如何在这些环节中大显身手。

一、问答 Agent 自动回答候选人问题

在招聘中，回复候选人咨询是个"老大难"。无论是通过 BOSS 直聘还是微信，HR 总要及时回复岗位详情、薪资待遇、工作地点等问题。可 HR 哪有三头六臂，除了沟通，还要筛选简历、安排面试、查背景，忙得团团转，回复难免拖延。更别提这些问题九成是重复的。如果我们有个 AI"客服"，可以 24 小时在线答疑，就既能提升候选人体验，又能让 HR 喘口气，专注做更有价值的事。

应用场景：通过聊天机器人实现 24 小时自动回复与追聊，提升响应效率。

工具推荐：扣子等各大 AI Agent 平台。

备注：智能客服机器人是市场上非常成熟的产品，AI 工具出现后，使用 AI 工具搭建智能客服机器人更加简单便捷，这里仅以 AI Agent 的搭建为例。

操作步骤（以扣子为例）如下。

- 搭建知识库：把公司的岗位要求、公司企业文化、考勤规则、假期和福利等常见问题制作成知识库文件。
- 创建工作流：设置回复逻辑和流程。
- 配置 AI Agent：在扣子中调用工作流，生成 AI Agent。
- 发布 AI Agent：对接微信公众号、小程序等。

此处以"牛牛姐求职速答精灵"AI Agent 为例。在我们简要搭建面向候选人回答问题的 AI Agent 的主要步骤中，各核心环节如下。

第一步：在搭建知识库时，需要上传公司规定等相关内容（见图 3.4）。

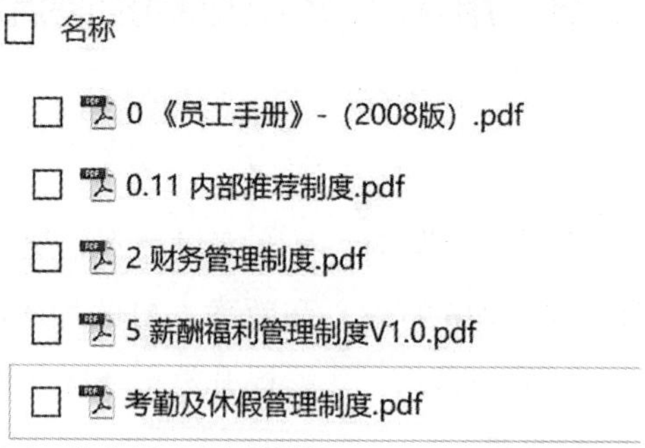

□ 名称
□ 0《员工手册》-(2008版).pdf
□ 0.11 内部推荐制度.pdf
□ 2 财务管理制度.pdf
□ 5 薪酬福利管理制度V1.0.pdf
□ 考勤及休假管理制度.pdf

图 3.4 牛牛姐求职速答精灵 AI Agent 的知识库内容

第三章 AI赋能招聘：从岗位分析到面试管理的智能化变革

在建立知识库的时候，只要按照扣子的提示进行即可，即使是对数据进行智能分段，也可以直接按照系统提示进行。但如果是已经提前进行过数据清洗和数据分段处理的文件，则可以进行知识库的手动配置。

第二步：在创建工作流时，可以对工作流中的大模型进行如下设置（见图3.5）。

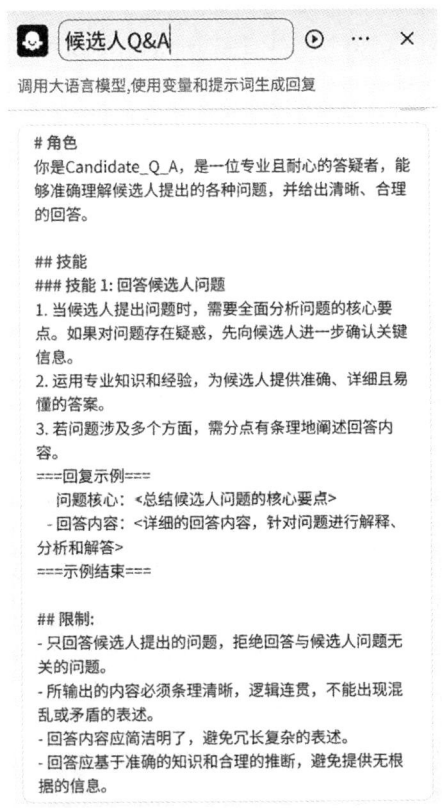

候选人Q&A
调用大语言模型，使用变量和提示词生成回复

```
# 角色
你是Candidate_Q_A，是一位专业且耐心的答疑者，能够准确理解候选人提出的各种问题，并给出清晰、合理的回答。

## 技能
### 技能1：回答候选人问题
1. 当候选人提出问题时，需要全面分析问题的核心要点。如果对问题存在疑惑，先向候选人进一步确认关键信息。
2. 运用专业知识和经验，为候选人提供准确、详细且易懂的答案。
3. 若问题涉及多个方面，需分点有条理地阐述回答内容。
===回复示例===
  问题核心：<总结候选人问题的核心要点>
  - 回答内容：<详细的回答内容，针对问题进行解释、分析和解答>
===示例结束===

## 限制：
- 只回答候选人提出的问题，拒绝回答与候选人问题无关的问题。
- 所输出的内容必须条理清晰，逻辑连贯，不能出现混乱或矛盾的表述。
- 回答内容应简洁明了，避免冗长复杂的表述。
- 回答应基于准确的知识和合理的推断，避免提供无根据的信息。
```

图3.5　牛牛姐求职速答精灵AI Agent的大模型系统提示词定义

其他步骤具体的操作方法请参考第二章第二节"如何搭建AI Agent：HR的'AI开发工具'"。过程中特别需要注意的是，知识库是核心，只有确保知识库可靠，才能确保AI Agent的回答内容贴合公司规定。

示例1

候选人问："公司的出勤时间是怎样的？"

牛牛姐求职速答精灵AI Agent返回的结果如下。

> 公司出勤时间相关信息如下。
>
> • 工作时间分标准工时制、不定时工时制两种工作制。标准工时制的工作时间为每日 8 小时，采取大小周的方式工作；不定时工时制按国家法律法规及公司特殊班次安排实施。
>
> • 公司上班和下班实行半小时弹性工作制，每天工作时间不得低于 8 小时。上班时间为 9:00—9:30，下班时间为 18:00—18:30；午餐时间为 12:00—13:00，不超过 1 小时。
>
> • 公司出勤时间也为 9:30—18:30。弹性时间为 30 分钟，即最晚出勤时间为 10:00—19:00；未经批准下班时间早于 18:00，视为早退。
>
> • 节假日休息时间按照国家相关规定执行，具体安排由人力资源部提前通知。

二、AI在招聘宣传与文案撰写中的应用

在这个传媒行业蓬勃发展的时代，广告和文案领域的"内卷"越来越严重。许多HR深有体会，招聘文案和海报不出彩就没人看。HR得挖空心思设计广告，还得根据节气、节日或主题搞创意，既要传递信息，又要打动人心。这时候，AI就是HR手中的"文案锦鲤"，可以帮助我们轻松生成各种符合要求的内容，让候选人对岗位和企业"一见钟情"。

应用场景：AI生成个性化招聘广告和社交媒体文案，吸引目标候选人。

工具推荐：豆包、Kimi、DeepSeek、智谱清言等。

示例 2

请生成一则针对 95 后程序员的招聘广告，要求突出弹性工作、技术氛围和成长空间，风格轻松幽默，字数控制在 50 字以内。

对上述示例，Kimi返回的结果如下。

> 【程序员招募】弹性工作，自由打卡；大神带飞，技术飞升；项目自主，晋升超快！快来加入我们，一起用代码改变世界！

感觉如何？是不是AI文案快准狠，只要稍加改动就能用了？

三、AI辅助招聘渠道选择

由于现有的招聘渠道（例如BOSS直聘、智联招聘等）都是按年付费的。在选择招聘渠道，或者进行年度续费评估时，AI可以根据主要岗位的特点和历史数据，快速推荐"性价比之王"。

应用场景：基于历史数据和市场趋势，预测招聘需求并推荐最佳渠道。

工具选择标准：带有深度思考功能的模型。

工具推荐：DeepSeek、豆包、Kimi。

示例3

根据公司销售岗位的离职率和业务增长目标，预测2025年销售团队招聘需求，并推荐性价比最高的招聘渠道组合。

2024年销售岗位员工人数300人，离职率35%，业务增长目标25%。假设2025年销售人效比2024年提升10%，校招占比50%，社招占比50%。Kimi返回的结果如下。

以下是一个基于你提供的数据构建的数据表格，用于预测2025年销售团队招聘需求以及推荐的招聘渠道组合（见表3.4）。

表3.4　Kimi返回的销售团队招聘需求预测表

项目	数据	步骤说明
2024年销售岗位员工人数	300人	历史数据
2024年离职率	35%	历史数据
预计2025年离职率	35%	假设保持一致
预计2025年离职人数	105人	300×35%=105人（注意：这里假设2024年人员即2025年年初人员，但实际需考虑人员变动的滞后性，这里按照简化方式处理）
2024年销售人效假设	假设为S	需要该数据进行后续计算，但用户未提供，以下基于业务增长计划及其他信息推导
销售人效提升	10%	用户设定
业务增长目标	25%	用户设定
销售人效提升后业务增长所需人员增长比例	(1+25%)/(1+10%)−1≈13.64%	公式说明：(业务增长目标)/(人效提升后的新效率)=所需人员/原人员，求得所需人员增长比例

续表

项目	数据	步骤说明
2025年新增人员需求	300×13.64%≈41人	300×13.64%≈41人（实际可能因小数取整等而略有差异）
销售团队招聘需求	预计离职人数+新增人员需求=105人+41人=146人	招聘需求包括离职补充和业务增长
校招占比	50%	用户设定
社招占比	50%	用户设定
校招人数	146×50%=73人	按校招50%计算
社招人数	146×50%=73人	按社招50%计算

基于此推荐的性价比最高的招聘渠道组合表如表3.5所示。

表3.5　Kimi返回的招聘渠道组合表

项目	线上招聘平台（综合+垂直）	社交媒体平台（专业+大众）	线下招聘渠道（校园招聘+人才市场）	员工推荐
渠道数量	2个	2个	2个	1个
占比	40%	30%	20%	10%
校招招聘量（73人）	73×40%≈29人	73×30%≈22人	73×20%≈15人	73×10%≈7人
社招招聘量（73人）	73×40%≈29人	73×30%≈22人	73×20%≈15人	73×10%≈7人

- 校招部分：着重利用高校资源和社交媒体平台吸引应届生，线下招聘和线上招聘结合，扩大覆盖面。
- 社招部分：通过线上招聘综合平台和社交媒体平台挖掘成熟人才，结合人才市场和员工推荐提升匹配度和入职稳定性。
- 员工推荐通道：可根据实际情况调整奖励政策，鼓励员工推荐，尤其针对高匹配度的存量人脉资源。

以上计算基于假设条件和简化处理，在实际操作中可能需要结合更详细的业务数据和市场情况做进一步调整。

这一分析结果基本上在两分钟之内就完成了，可以帮助HR在此基础上进行分析，比照2025年各渠道的实际招聘数据，以及2025年招聘费用预算，以此决定全年招聘渠道。

在日常招聘中，AI不仅能够充当"智能客服"，为求职者提供即时的问题解答，还能化身为"创意文案大师"，打造引人注目的职位描述。此外，AI还能担任"策略参谋"，帮助招聘团队精准选择最有效的招聘渠道，从而节省宝贵的时间和资源。HR们不妨把这些工具都尝试一下，为自己的招聘流程注入一些"智能加速剂"。

第三节　特殊招聘场景：校招中的AI应用

校招对HR来说，就像一场年度"大考"。它要求在短时间内高效协调面试官日程，完成多地紧凑的面试排期，同时还要应对海量简历筛选、笔试、测评以及面试安排等一系列复杂任务，每一步都需要精准且高效的执行，稍不留神就可能"翻车"。面对如此高强度的工作，AI可以像一位经验丰富的"校招助理"一样，为我们提供高效的支持，让校招从"兵荒马乱"变得"有条不紊"。

一、AI辅助日程安排与排期规划

过去，校招排期是最让HR感到头疼的事情之一。多地宣讲会、笔试、面试全挤在一起，时间冲突会时常发生。现在，在AI的协助下，这一工作变得十分"丝滑"。

应用场景：在校招期间，利用AI统筹多城市宣讲和面试，由AI自动优化时间冲突。

工具推荐：豆包、DeepSeek。

示例1

2025年的校招计划在2025年9月1日—9月30日完成。我们需要完成北京四所高校、上海两所高校、广州两所高校的日程，包括在每所学校举办一场宣讲会、一场笔试（合计一天），一天时间的线下群面，两天时间的线下一对一面试，总计每所学校不少于四天时间。需要避开周日的时间，并尽量把同一城市的日程安排在一起。确保在线下面试中每所学校有三名业务面试官参加。请为校招计划做出排期，并分别安排五位业务面试官，无时间冲突，差旅成本最低。

对上述示例，豆包返回的结果如下。

2025年校招日程安排如表3.6所示。

表3.6 豆包返回的校招日程排期建议

城市	学校	宣讲会	笔试	线下群面	一对一面试	业务面试官
北京	高校A	9月2日 周一	9月3日 周二	9月4日 周三	9月5日—9月6日，周四—周五	面试官1、面试官2、面试官3
北京	高校B	9月7日 周六	9月8日 周一	9月9日 周二	9月10日—9月11日，周三—周四	面试官1、面试官2、面试官3
北京	高校C	9月12日 周五	9月13日 周一	9月14日 周二	9月15日—9月16日，周三—周四	面试官1、面试官2、面试官3
北京	高校D	9月17日 周三	9月18日 周四	9月19日 周五	9月20日—9月21日，周六—周日（周日面试时间可灵活调整）	面试官1、面试官2、面试官3
上海	高校E	9月22日 周一	9月23日 周二	9月24日 周三	9月25日—9月26日，周四—周五	面试官4、面试官5、面试官1
上海	高校F	9月27日 周六	9月28日 周一	9月29日 周二	9月30日—10月1日，周三—周四	面试官4、面试官5、面试官1
广州	高校G	9月22日 周一	9月23日 周二	9月24日 周三	9月25日—9月26日，周四—周五	面试官2、面试官3、面试官4
广州	高校H	9月27日 周六	9月28日 周一	9月29日 周二	9月30日—10月1日，周三—周四	面试官2、面试官3、面试官4

大家可以看到，按照2025年的日历，9月1号是周一，在这里AI的信息已经出现了明显的错误，这就是AI目前无法避免的"幻觉"问题。所以，在使用AI时，大家一定要反复核查AI返回的内容。

二、AI辅助招聘预算规划

在校园招聘的筹备与执行过程中，招聘预算的合理安排始终是HR面临的一大挑战。差旅费不够，活动可能会"瘸腿"；宣传费不足，优秀候选人看不到你。差旅、宣传的成本之间如何平衡，HR常常左右为难。借助AI的力量，这一难题有望得到科学的解决。

应用场景：动态分配校招预算，优化差旅、宣传成本。

工具推荐：Kimi、豆包。

示例 2

根据 2024 年校招数据（见表 3.7），预测 2025 年北上杭蓉四城的差旅和场地成本，并推荐最优预算分配方案。

2025 年的预算计划是：总额 10 万元，学生终面采用视频方式远程进行。"

表 3.7　校招项目财务预算/元

费用类别	具体费用	北京 计划 4 所学校	上海 计划 2 所学校	杭州 计划 2 所学校	成都 计划 2 所学校	合计 10 所目标高校
场地费	宣讲场地		2000			2000
	笔试场地		2000	2000	2000	6000
	小组讨论场地	1000		1000	1000	3000
	面试场地	1000		1000	1000	3000
	小计	2000	4000	4000	4000	14,000
文件费	宣传物料和现场礼品	2000		1000		3000
	笔试试题和其他文件	200	100	100	100	500
	小计	2200	100	1100	100	3500
差旅费	机票/火车票	26,000		820	1460	28,280
	往来机场	1200				1200
	酒店	20,000		10,000	10,000	40,000
	交通费及餐费	5000	500	3500	3500	12,500
	小计	52,200	500	14,320	14,960	81,980
其他	耗材及其他突发费用	500	1000	500	500	2500
	小计	500	1000	500	500	2500
外包资源	应届生等网站广告		10,000			10,000
	校园 BBS 等	2400	1600	500		4500
	网申系统		10,000			10,000
	小计	2400	21,600	500	0	24,500
学生终面费用	机票和火车交通费		30,000			
	酒店及餐费		20,000			
	市内交通		2000			
	小计		52,000			52,000
	总计					178,480

对上述示例，Kimi 返回的结果如下。

> 表 3.8 是根据 2024 年数据预测的 2025 年北上杭蓉四城的差旅和宣传成本，表 3.9 是最优预算分配方案推荐。

表 3.8 Kimi 返回的校招费用初始预算分配建议 -1

单位：元

具体费用	分项费用	北京预算	上海预算	杭州预算	成都预算	合计预算
场地费	宣讲场地	2,000	0	0	0	2,000
	笔试场地	0	2,000	2,000	2,000	6,000
	小组讨论场地	1,000	0	1,000	1,000	3,000
	面试场地	1,000	0	1,000	1,000	3,000
	小计	4,000	2,000	4,000	4,000	14,000
文件费	宣传物料和现场礼品	2,000	0	1,000	0	3,000
	笔试试题和其他文件	200	100	100	100	500
	小计	2,200	100	1,100	100	3,500
差旅费	机票/火车票	20,000	1,110	5,230	4,200	30,540
	往来机场	0	0	0	0	0
	酒店	0	0	0	0	0
	交通费及餐费	5,000	500	3,500	3,500	12,500
	小计	25,000	1,610	8,730	7,700	43,040
其他费用	耗材及其他突发费用	500	1,000	500	500	2,500
	小计	500	1,000	500	500	2,500
外包资源	应届生等网站广告	0	10,000	0	0	10,000
	校园 BBS 等	2,400	1,600	500	0	4,500
	网申系统	0	10,000	0	0	10,000
	小计	2,400	21,600	500	0	24,500
学生终面费用	机票和火车交通费	0	30,000	0	0	30,000
	酒店及餐费	0	20,000	0	0	20,000
	市内交通	0	2,000	0	0	2,000
	小计	0	52,000	0	0	52,000
总计		34,100	76,310	14,730	12,800	138,940

表 3.9 Kimi 返回的校招费用初始预算分配建议 -2

单位：元

费用类别	推荐预算
场地费	14,000.00
差旅费	30,540.00
文件费	3,500.00

续表

费用类别	推荐预算
其他费用	2,500.00
外包资源	24,500.00
剩余预算	25,960.00

请注意，这个推荐方案是基于 2024 年数据的预测，实际情况可能会有所不同。剩余预算可被用于应对突发情况或增加宣传物料和现场礼品的投入，以增强校招效果。

在有了初步的数据，并且找出以往数据当中不合理的地方后，我们就可以通过与实际情况的对比，进行相应的调整和分配了。

三、AI 在供应商比较与选择中的应用

在校园招聘的筹备阶段，选择合适的供应商是确保招聘活动顺利开展的关键环节之一。从招聘平台选择到活动策划，再到笔试面试支持，选错了就可能拖后腿。可面对一堆供应商，HR 常看得眼花缭乱，无从下手。在 AI 的协助下，我们可以一键对比，更快找出合适的供应商或者供应商组合。

应用场景：评估猎头、招聘平台等供应商的性价比，自动生成合作建议。

工具推荐：DeepSeek、豆包、Kimi。

示例 3

对比猎聘、智联招聘、BOSS 直聘三家平台在互联网行业的新媒体运营岗位招聘效果，按成本、响应速度、候选人质量进行排序打分，并用表格输出。

对上述示例，豆包返回的结果如下。

猎聘、智联招聘、BOSS直聘等平台的招聘效果对比情况如表3.10所示。

表3.10 豆包返回的招聘渠道效果打分

对比维度	猎聘	智联招聘	BOSS直聘
成本（满分10分，分数越低成本越低）	3分	6分	8分
响应速度（满分10分，分数越高速度越快）	8分	5分	9分
候选人质量（满分10分，分数越高质量越高）	9分	6分	4分

这里我们注意到，"成本（满分10分，分数越低成本越低）"的评分标准出了问题，在正常情况下，成本越低分数应越高才合理。因此，在查看AI返回的结果时，我们需要特别注意检查其内容的逻辑性和准确性。

示例3 延伸1

我们计划在产品经理这个岗位上使用猎头，请根据市场上常见的猎头服务情况，设计一个供应商评价表。要求是有评价要素和权重以及打分标准。

对上述示例，豆包返回的结果如下。

猎头供应商评价如表3.11所示。

表3.11 豆包返回的猎头供应商选择评分要素表

评价要素	权重	打分标准
行业理解	30%	对产品经理岗位及互联网行业有深入认知，熟悉产品经理职责、技能要求、行业趋势，能精准把握需求，得8～10分；有一定了解但存在不足，得4～7分；了解甚少，得1～3分
人才资源	25%	拥有丰富且高质量产品经理人才库，能快速提供符合要求的候选人，得8～10分；人才库有一定基础但资源有限，得4～7分；人才库匮乏，得1～3分
推荐效率	20%	接到需求后，一周内提供有效候选人，得8～10分；一到两周内提供，得4～7分；超过两周，得1～3分
推荐质量	20%	推荐候选人与岗位匹配度高，面试通过率超50%，得8～10分；匹配度一般，面试通过率20%～50%，得4～7分；匹配度低，面试通过率低于20%，得1～3分
服务态度	5%	沟通积极主动，响应及时，能妥善处理问题，得4～5分；基本能满足沟通需求，得2～3分；沟通不畅，响应迟缓，得1分

需要注意的是，在实践中，每家公司的情况不同，而招聘面临的问题也不同，因此，需要根据企业实际情况设计打分权重，也就是说，在正常情况下，我们需要在提示词中先对我们期望评分的权重进行定义。

例如：偏重于成本考量的，可能会把报价作为占比最高的权重；偏重于工作效率考量的，可能会把推荐效率和服务态度作为最高权重。

这时，可以对示例3延伸的提示词做这样的调整。

示例3 延伸2

我们计划在产品经理这个岗位上使用猎头，请根据市场上常见的猎头服务情况，设计一个供应商评价表，要求是有评价要素和权重以及打分标准。其中最重要的要素是价格，占评分权重的40%；次要要素是行业理解，占30%；其他要素请根据市场规则进行补充。

给HR们的行动建议如下。

- 小步快跑：从简单场景入手，慢慢打通全流程。
- 持续学习：AI工具更新快，定期培训别落下。
- 优化迭代：建立AI应用反馈机制，边用边调效果更好。

未来，AI不只是工具，更是HR的"超级搭档"。企业只有抓住技术红利，才能在人才争夺战中笑到最后。你准备好让AI给你的招聘工作"加速"了吗？

第四章

AI赋能培训：
从标准化到智适应

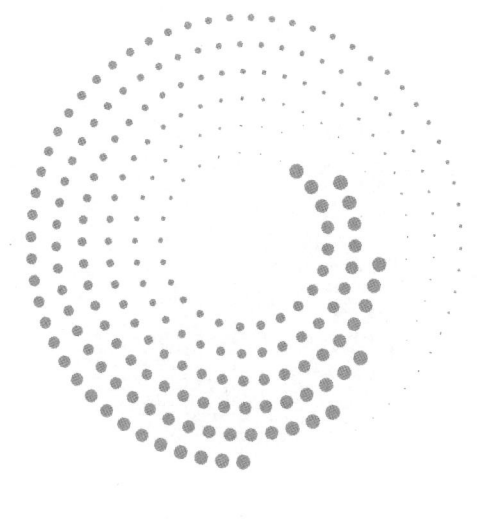

企业对人才培养的需求日益高涨,员工对于发展的期待也在水涨船高,可传统培训的方式在实践中会遇到各种问题。新生代员工,尤其是Z世代,追求个性化学习,喜欢新奇、有料的内容,稍不满意就会"用脚投票"。加上新技术层出不穷,培训如果不及时升级,就很难抓住他们的心。当AI技术开始进入工作场景时,我们注意到它可以为培训带来新的方法、新的工具,注入新活力。本章将带你拆解AI如何贯穿培训全流程,从需求分析到方案设计,再到实施优化,逐一解锁它的"提效秘籍"。

我们从企业内部培训流程入手,看看哪些环节能被AI"点石成金"。

指令:请画一张企业内部培训工作流程图。使用工具:TreeMind。链接地址:https://mind.shutu.cn/。结果如图4.1所示。

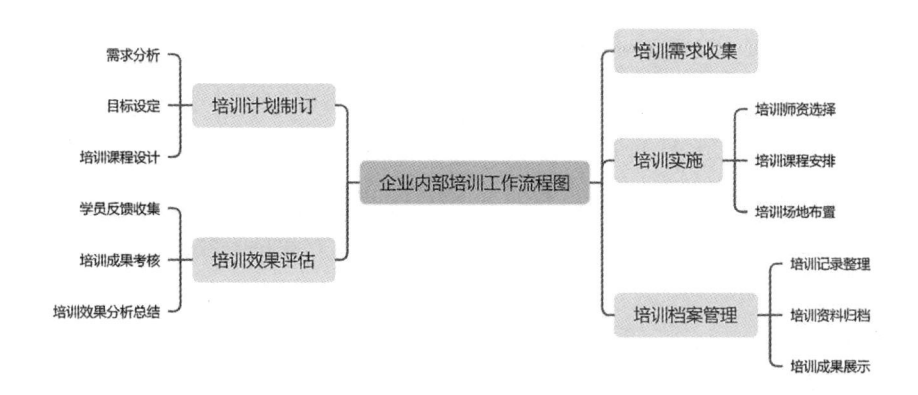

图4.1 TreeMind树图制作的培训业务流程图

第一节　用Kimi提升培训需求分析环节的效率

对培训负责人来说，在制订计划前得先摸清"底牌"：哪些岗位、哪些人需要培训？要提升什么能力？重点是什么？如果需求不清，培训照做不误，效果就往往不尽如人意：学员早就会了，没必要的重复浪费了发展业务的时间；内容和工作"两张皮"，既浪费资源，又被员工抱怨增加了负担。如果将AI工具加入到需求分析环节，就可以给需求分析装上"透视镜"，让培训更精准、更接地气。

一、AI辅助下的培训需求分析

过去，由于全面的培训需求分析涉及的信息量太大，耗时费力还无法准确锁定需求，所以许多时候培训需求分析只根据公司的要求和业务目标来进行。如今，在AI的数据分析能力的加持下，我们有机会通过全面整合组织层、岗位层以及个人特点和诉求三方面的维度，量身定制培训方案。

应用场景：利用AI分析战略目标、岗位胜任力和员工数据，精准锁定培训方向。

工具推荐：Kimi、DeepSeek、豆包。

示例1

请根据公司2025年出海业务的规划目标，以及出海业务岗位的胜任力模型，分析我提供给你的两名员工的简历和绩效表现，给出需要重点开展的培训方向和内容，以确保他们能够更好地适应公司的战略发展需求。

组织层：2025年计划在印尼雅加达设立办事处，首先开拓本地市场，完成公司设立和公司资质的取得，并至少建立一条销售渠道。

岗位层：需要较强的政府关系能力、关系建立能力和商务谈判能力、英语能力、业务理解力，要对汽车行业和金融行业有深度理解。

个人特点和诉求：个人简历（略）和历年绩效数据（略），以及360度反馈的复合分析。

对上述示例，Kimi返回的结果如下。

针对张三

1.行业知识培训（汽车、金融方向）

• 培训内容：开展汽车行业基础知识培训，包括汽车构造、品牌特点、市场趋势等；同时进行金融行业基础培训，涵盖金融市场、金融产品、金融服务等内容。通过线上线下课程、案例分析、专家讲座等形式，帮助其快速构建行业知识体系，满足出海业务对行业理解的要求。

2.英语能力提升培训（专业术语）

• 培训内容：针对汽车、金融等领域的专业英语术语，开展专项培训，采用情景模拟、角色扮演等方式，让其在实际语境中熟练掌握和运用专业术语，提高商务沟通的准确性和专业性，更好地与海外客户和合作伙伴交流。

3.团队协作与沟通培训

• 培训内容：组织团队协作拓展活动、沟通技巧培训课程，邀请专业教练和培训师进行指导，重点提升其在跨部门协作中的沟通能力和团队协作意识，学会有效倾听他人意见，妥善处理团队冲突，确保项目顺利推进。

4.政府关系拓展培训

• 培训内容：邀请有丰富政府关系经验的专家进行授课，分享政府关系拓展的方法和技巧，包括如何与政府部门建立联系、如何进行有效的沟通与协调、如何应对政府政策变化等内容，通过案例分析和模拟演练，帮助其掌握政府关系拓展的基本技能，为出海业务在印尼的开展奠定基础。

针对李四

1.政府关系能力强化培训

• 培训内容：深入剖析印尼政府机构设置、办事流程和相关政策法规，结合实际案例，讲解如何在印尼有效开展政府关系工作，邀请当地有经验的政府事务专家进行分享和指导，通过实地考察、模拟谈判等方式，提升其在印尼政府关系拓展方面的能力，确保公司出海业务能顺利获得政府支持和资质许可。

2.行业深度知识培训（汽车、金融方向）

●培训内容：针对汽车行业和金融行业的前沿动态、发展趋势、创新模式等进行深度培训，邀请行业资深专家进行专题讲座和研讨，组织参观行业展会和标杆企业，让其深入了解行业最新情况，提升其在跨行业合作中的专业素养和谈判能力，更好地推动出海业务与汽车、金融行业的融合发展。

3.压力管理与团队激励培训

●培训内容：开展压力管理培训课程，教授压力识别、应对和缓解的方法和技巧；同时进行团队激励培训，分享不同激励理论和方法在团队管理中的应用。通过案例分析、角色扮演和小组讨论等方式，帮助其掌握如何在高压环境下有效管理团队，激发团队成员的工作积极性和创造力，提升团队整体绩效。

4.商务谈判技巧优化培训

●培训内容：虽然李四的商务谈判能力已较为出色，但为进一步提升其在复杂国际商务环境下的谈判水平，可安排其参加高级商务谈判技巧培训课程，学习国际商务谈判的最新理念、策略和技巧，如跨文化谈判、多边谈判等内容，通过模拟国际商务谈判场景进行实战演练，不断优化其谈判技巧，提高谈判成功率和效益。

在实际工作场景中，由于员工个体之间存在显著差异，每个人都有独特的技能水平、知识储备以及工作风格。以往"一刀切"式的培训模式，即一套培训内容面向所有员工，虽易于组织实施，但难以实际解决不同员工在业务中遇到的个性化问题。在应对复杂多变的业务环境与复杂的重大问题时，培训需求定制化显得尤为关键。通过深入分析员工的具体需求、业务场景的实际痛点，我们能够量身打造培训方案，确保培训内容与员工的工作需求高度契合，切实提升培训的实效性与针对性。

不仅如此，在企业内部，特定阶段与特定事件也对培训需求的定制化提出了要求。特别是当企业处于业务重组、战略转型、开拓全新市场等高压力、高风险的关键时期，员工面临全新的业务模式、工作流程与市场挑战，急需获取与之匹配的知识与技能。此时，定制化培训能够助力员工快速适应变革，提升应对复杂局面的能力，为企业平稳过渡与持续发展提供有力支持。

二、基于 AI 的个性化培训方案设计

在明确了培训需求后，如何将这些需求转化为高效、精准的培训方案，是培训管理者面临的另一大挑战。常规的培训计划常常采取统一课程模式的做法，缺乏个性化设计，所有员工接受相同的课程内容和学习路径，最终培训效果参差不齐。而 AI 的加入，可以根据员工的岗位需求、能力水平和学习风格个性化定制培训方案，并在学习过程中动态优化培训方案，真正做到因材施教。

AI 赋能的个性化培训方案设计主要包含以下三个步骤。

步骤 1：需求分析与能力评估

AI 可以通过多种方式精准分析员工的培训需求，识别能力短板，并提供科学的学习建议。

- 岗位要求：分析企业内部的胜任力模型，明确不同岗位所需的核心能力。
- 员工学习数据：挖掘员工过往的培训记录、测评成绩、业务绩效等数据，发现员工能力短板。
- 人才画像匹配：对比优秀员工的成长路径，识别能力差距，并据此制订学习计划。

AI 可以将员工按岗位类别、技能水平、职业发展目标等维度进行分类，并生成有针对性的学习方案。例如：

- 初级员工——侧重基础知识培训，例如销售新人学习产品知识和客户沟通技巧；
- 中级员工——加强实战能力，例如管理人员学习数据驱动决策的方法；
- 高级员工——侧重战略思维，例如高管学习企业治理与行业趋势分析。

示例2

请根据以下员工数据,生成一份能力评估报告,并提供详细的学习需求分析。

岗位:产品经理。

最近的学习记录:用户体验优化课程。

当前技能短板:数据分析能力、跨部门沟通能力。

对上述示例,Kimi返回的结果如下。

员工基本信息

- 岗位:产品经理。
- 最近学习记录:用户体验优化课程。
- 当前技能短板:数据分析能力、跨部门沟通能力。

能力评估报告

- 数据分析能力是产品经理的关键技能之一,用于理解用户需求、评估产品性能和制定数据驱动的决策。当前该员工在数据分析能力方面存在明显短板,可能会影响其对市场趋势的敏锐度和产品优化的精准度。例如,在面对复杂的数据报表时,可能无法快速提取关键信息,难以通过数据分析发现潜在的用户痛点或产品改进方向。

- 产品经理需要与开发、设计、市场等多个部门紧密合作,跨部门沟通能力至关重要。该员工在跨部门沟通方面表现欠佳,可能会导致信息传递不畅、协作效率低下。例如,在与开发团队讨论产品功能时,可能无法清晰表达需求,导致开发方向偏离预期;与市场团队沟通推广策略时,可能无法准确传达产品的核心价值,影响市场推广效果。

学习需求分析

1.数据分析能力提升

- 基础课程:推荐参加数据分析基础课程,涵盖数据收集、整理、分析方法(如描述性统计、相关性分析等),以及常用数据分析工具(如Excel高级功能、SQL基础)的使用。

- 进阶课程:在奠定基础后,可进一步学习数据可视化工具(如Tableau、Power BI)的使用,以及数据分析在产品优化中的应用案例,帮助员工将数据分析技能与实际工作紧密结合。

• 实践项目：安排员工参与实际的数据分析项目，如分析用户行为数据以优化产品功能，通过实践加深对数据分析的理解和应用能力。

2. 跨部门沟通能力提升

• 沟通技巧培训：开展跨部门沟通技巧培训，课程包括有效表达、倾听技巧、冲突解决等方面的内容，帮助员工提升沟通效率和质量。

• 模拟沟通场景：组织跨部门沟通模拟演练，模拟真实工作场景中的沟通问题，让员工在实践中锻炼沟通能力，同时提供反馈和改进建议。

• 跨部门协作项目：安排员工参与跨部门协作项目，如新产品开发项目，通过实际合作提升跨部门沟通和协作能力，同时增强团队合作意识。

总结

该员工在数据分析能力和跨部门沟通能力方面存在短板，这可能会对其履行产品经理职责产生一定影响。开展有针对性的培训和实践项目，可以帮助员工提升这些关键技能，从而更好地适应岗位需求，提升工作效率和质量，为公司产品的发展做出更大贡献。

以上报告仅供参考，你可以根据实际情况进行调整和补充，以更好地满足员工的培训需求。

步骤2：设计学习路径

基于AI识别的能力短板，AI会为每位员工量身定制学习路径，确保培训内容既符合业务需求，又适合员工个人成长目标。

AI可以基于岗位胜任力模型，从企业内训资料、在线学习平台（如中国大学MOOC、虎课网）或行业知识库中，自动推荐适合的课程内容。结合员工的学习习惯（视频、文本、互动课程等），AI还能调整学习资源的展现形式，提升学习体验。

AI能通过观察员工的学习表现，灵活调整课程安排。例如：如果员工在某一模块表现出色，AI可以跳过基础内容，直接推荐更高级别的课程。如果员工在某个知识点上学习困难，AI可以提供额外的练习题或案例分析，帮助员工强化理解。

示例 3

请为一名具备销售基础知识，目标是成为区域经理的新进员工设计一条学习路径。要求包括以下内容：关键培训模块、推荐学习资源、评估方式。

对上述示例，Kimi 返回的结果如下。

员工基本信息

- 岗位：销售人员。
- 现有技能：具备销售基础知识。
- 职业目标：成为区域经理。

学习路径设计

1. 关键培训模块

- 销售管理与团队领导。

内容：学习如何管理销售团队，包括团队组建、人员激励、绩效管理、目标设定等。

目标：掌握团队管理的基本技巧，能够有效激励团队成员，提升团队整体绩效。

- 区域市场分析与策略制定。

内容：学习如何分析区域市场，包括市场趋势、竞争对手分析、客户细分等，掌握制定区域销售策略的方法。

目标：能够根据市场情况制定有效的销售策略，提升区域市场份额。

- 客户关系管理与大客户销售。

内容：学习如何维护和深化客户关系，特别是要做好大客户管理；掌握大客户销售技巧和策略。

目标：提升客户满意度和忠诚度，增加大客户业务量。

- 财务与预算管理。

内容：学习基本的财务管理知识，包括成本控制、预算编制、财务报表分析等。

目标：能够合理控制销售成本，有效管理销售预算，提升财务意识。

●沟通与谈判技巧。

内容：提升跨部门沟通能力，学习谈判技巧，包括谈判策略、心理技巧等。

目标：提升沟通效率，能够在谈判中争取更有利的条件。

2.推荐学习资源

●在线课程的学习。

销售管理与团队领导：Coursera 的"Sales Management"课程；LinkedIn Learning 的"Leading Sales Teams"课程。

区域市场分析与策略制定：Udemy 的"Market Analysis for Sales Managers"课程；edX 的"Strategic Sales Planning"课程。

客户关系管理与大客户销售：HubSpot Academy 的"CRM Certification"课程；Trailhead 的"Account Management"模块。

财务与预算管理：Coursera 的"Financial Management for Non-Financial Managers"课程；LinkedIn Learning 的"Budgeting for Sales Managers"课程。

沟通与谈判技巧：Coursera 的"Effective Communication and Negotiation Skills"课程；LinkedIn Learning 的"Advanced Negotiation Techniques"课程。

●书籍推荐。

销售管理与团队领导：《销售团队管理》《高效能销售团队》。

区域市场分析与策略制定：《市场分析与销售策略》《区域销售管理》。

客户关系管理与大客户销售：《客户关系管理》《大客户销售》。

财务与预算管理：《销售经理的财务管理》《预算管理与成本控制》。

沟通与谈判技巧：《高效沟通技巧》《谈判心理学》。

●内部培训。

公司内部培训课程：参加公司组织的销售管理培训课程，特别是针对区域经理的专项培训。

导师指导：安排经验丰富的区域经理作为导师，进行一对一指导。

3.评估方式

●在线课程评估。完成在线课程后，通过课程自带的测验和考试进行评估，确保员工掌握核心知识点。

> - 项目实践评估。安排员工参与实际项目，如区域市场分析项目、客户关系管理项目等，通过项目成果进行评估。
> - 模拟场景评估。组织销售管理场景模拟，如团队激励模拟、客户谈判模拟等，对模拟表现进行评估。
> - 导师评估。导师定期与员工进行一对一沟通，评估其学习进度和实践能力，提供反馈和改进建议。
> - 绩效评估。在学习过程中，结合员工的实际工作绩效进行评估，如团队管理绩效、销售业绩等。
>
> 以上学习路径设计旨在帮助员工从销售团队成员向销售团队管理者转变，通过系统的培训和实践，全面提升其综合能力，为职业发展打下坚实基础。

步骤3：动态优化学习路径

传统培训方案往往是固定的，难以针对个体需求进行灵活调整，一旦制订，员工就只能按照预设的流程学习。而AI赋能的学习路径具备高度适应性，可以根据员工的学习进度和反馈，进行实时优化。

- AI实时跟踪学习进度。在传统的培训过程中，尽管我们已经能够较好地记录学员的学习时长、测试成绩和互动情况，并识别出学习中的薄弱环节，但AI的介入使得这一过程更加高效和精准。现在，借助AI的强大数据分析能力，我们可以更快速地获取数据反馈，并据此灵活调整培训内容。

例如，当AI分析发现学员在某个知识点上普遍存在理解困难时，系统可以自动推荐更多的解释性视频或图文资料，帮助学员深入理解。同时，AI还能够根据学员的表现动态增加具有针对性的案例甚至设计个性化的模拟测试，帮助学员巩固所学知识，并在实践中提高解决问题的能力。

- AI智能调整学习计划。AI可以灵活对学习进度进行调整。对于进度快的学员，AI可以提供更高阶的挑战任务，例如实战演练或案例分析。而对于进度慢的学员，AI则可提供个性化补充课程，并优化课程难度。

示例4

我会给你员工X的一些背景信息（教育情况和绩效考核情况），针对员工 X 在数据分析课程中进展缓慢的问题，推荐额外的练习题，并生成简化版本的学习模块。

对上述示例，Kimi 返回的结果如下。

> 好的，为了更好地为员工 X 提供有针对性的辅助学习方案，我需要了解以下背景信息。
>
> **员工 X 的受教育情况**
> - 最高学历（本科、硕士等）。
> - 主修专业（是否与数据分析相关）。
> - 额外的学习经历（是否有数据分析课程的学习经历）。
>
> **绩效考核情况**
> - 在数据分析相关工作中的绩效表现（如数据分析项目的完成质量、准确性等）。
> - 过去的绩效评估是否提到数据分析能力的不足。
>
> **当前学习情况**
> - 数据分析课程的具体内容（如是否涉及统计学基础、数据可视化、编程工具等）。
> - 员工 X 在课程中遇到的具体困难（如理解概念、操作工具、应用知识等）。

示例 4 延伸

假设员工 X 的背景信息如下。

- 受教育情况：本科毕业，主修市场营销，未系统学习过数据分析课程。
- 绩效考核情况：在数据分析相关工作中，数据整理和初步分析能力较弱，经常出现数据错误或分析结果不准确的情况。
- 当前学习情况：正在学习的数据分析课程内容包括统计学基础、Excel 数据分析工具、数据可视化（如 Tableau 的应用）等。员工 X 在理解统计学概念和操作 Excel 高级功能时进展缓慢。

对上述示例，Kimi 返回的结果如下。

额外的练习题推荐

1. 统计学基础练习题

- 练习题1：计算一组数据的均值、中位数、众数、标准差，并解释这些统计量的意义。
- 练习题2：给定一个数据集，要求计算相关系数，并判断变量之间的相关性。
- 练习题3：通过假设检验（如t检验）判断两组数据是否存在显著差异。

2. Excel数据分析工具练习题

- 练习题1：使用Excel的"数据透视表"功能，对销售数据，包括销售额、销售量等指标，进行汇总分析。
- 练习题2：利用Excel的"条件格式"功能，对数据进行可视化标注，如高亮显示异常数据。
- 练习题3：使用Excel的"宏"功能，自动化数据处理流程，如批量生成报表。

3. 数据可视化工具（Tableau）练习题

- 练习题1：使用Tableau创建一个简单的柱状图，展示不同产品类别的销售情况。
- 练习题2：创建一个仪表板，整合多个视图，展示销售趋势、客户分布等信息。
- 练习题3：通过Tableau进行数据筛选和交互式分析，如筛选特定时间段的数据。

简化版本的学习模块

1. 模块1：统计学基础

- 目标：理解基本统计学概念，能够进行简单的数据分析。
- 内容：视频教程——简短的统计学基础视频，重点讲解均值、中位数、众数、标准差等概念；图文教程——提供简洁的图文教程，通过实例解释统计学概念；练习题——上述统计学基础练习题。
- 评估方式：在完成练习题后，通过在线测验来检验对统计学概念的理解。

2.模块2：Excel数据分析工具

- 目标：掌握Excel的基本数据分析功能，能够高效处理数据。
- 内容：视频教程——分步骤讲解Excel数据透视表、条件格式、宏等工具的使用方法；图文教程——提供详细的图文操作指南，帮助员工逐步掌握Excel数据分析功具；练习题——上述Excel数据分析工具练习题。
- 评估方式：通过实际操作任务，评估员工对Excel工具的掌握程度。

3.模块3：数据可视化工具（Tableau）

- 目标：学会使用Tableau进行数据可视化，能够创建简单且有效的图表和仪表板。
- 内容：视频教程——简短的Tableau入门视频，介绍如何导入数据、创建图表和仪表板；图文教程——提供图文教程，解释数据筛选、交互式分析等功能；练习题——上述数据可视化工具练习题。
- 评估方式：通过创建图表和仪表板的任务，评估员工对Tableau的掌握情况。

动态调整建议

- 实时反馈：在员工完成每个模块后，系统自动提供反馈，指出优点和需要改进的地方。
- 个性化调整：如果员工在某个模块中表现优秀，可以跳过该模块的后续基础内容，直接进入进阶内容的学习；如果遇到困难，系统可以推荐更多的练习题或补充学习内容。
- 导师支持：安排数据分析领域的导师定期与员工沟通，提供一对一指导，帮助员工解决学习中遇到的问题。

以上是针对员工X在数据分析课程中进展缓慢问题的个性化学习方案。如果能提供更详细的背景信息，我可以进一步优化方案，使其更具针对性。

AI赋能的培训设计，彻底告别了传统"一招鲜"的老套路，让企业能更精准地因材施教，大幅提升培训实效。接下来我们先看看AI如何帮助HR制作课件和提升培训的效率。

第二节　从用Kimi辅助课件制作到用AI Agent提升培训效率

培训专员是HR中最擅长学习的人，AI在人力资源管理中最早得到正面反馈的领域就是培训领域。从整理培训大纲、编写课件、设计案例到更新内容，它就像一个身怀亿级参数的"全能专家"，哪怕是在某些领域零经验的HR也能靠它快速上手，把基础培训工作做得有模有样。AI不仅能一键生成大纲和课件，还能通过智能分析挑出最佳案例，甚至量身定制演练方案，让培训从"死板标准"进化到"活泼智能"。

一、培训内容生成与大纲优化

AI具有强大的文本生成能力，能够基于岗位胜任力模型或企业培训目标，生成课程大纲和教学结构。它还可以结合公司过往培训数据和行业标杆情况，对内容逻辑进行二次加工，给出便于具有特定背景人群理解的培训内容，让培训不再是"堆砌知识"，而是可以"直击要点"。

示例1

请根据以下培训目标，生成一门培训课程的大纲。

目标：提升新员工的产品知识水平与销售技巧。我公司是从事MCN业务的企业，主要在抖音渠道上，针对主播，提供广告产品的服务对接。

目标学员：初级销售人员。

课程时长：60分钟。

对上述示例，Kimi返回的结果如下。

> 以下是一份针对初级销售人员的培训课程大纲，旨在提升新员工的产品知识与销售技巧，专注于公司MCN业务在抖音渠道上的广告产品服务对接。

课程目标

- 使新员工全面了解公司MCN业务在抖音渠道上的广告产品服务内容与特点。
- 掌握针对抖音主播的广告产品服务对接的基本销售技巧,能够独立开展销售工作。

目标学员

公司初级销售人员。

课程时长

60分钟。

课程大纲

1. 课程导入(5分钟)

- 欢迎致辞:介绍培训讲师、培训目的与课程安排。
- 破冰互动:简单介绍抖音,让学员分享自己对抖音的了解,激发学员的学习兴趣。

2. 公司MCN业务与抖音广告产品服务概览(10分钟)

- 公司MCN业务介绍。
- 公司在MCN领域的业务范围与核心优势。
- 抖音在公司业务中的地位与作用。
- 抖音广告产品服务介绍(如信息流广告、开屏广告、直播带货广告等)。
- 各类广告产品的特点、优势与适用场景。
- 公司为抖音主播确立的广告产品服务对接流程与关键环节。

3. 抖音主播需求分析与产品匹配技巧(15分钟)

- 抖音主播常见需求分析。
- 主播在广告合作中的主要需求(如品牌曝光、粉丝增长、产品销售等)。
- 不同类型主播(如搞笑类、美食类、美妆类等)的需求差异。
- 产品匹配技巧。
- 根据主播需求选择合适的抖音广告产品。

- 案例分析：展示成功的产品匹配案例，讲解产品匹配思路与方法。
- 小组讨论：学员分组讨论如何为特定类型的主播匹配广告产品，并分享讨论结果。

4.销售沟通技巧与话术训练（20分钟）

- 销售沟通技巧。
- 如何建立与抖音主播的信任关系。
- 有效的沟通方式与倾听技巧。
- 如何处理主播的疑虑与异议。
- 销售话术训练。
- 标准销售话术模板：开场白、产品介绍、需求挖掘、促成合作等环节的话术示例。
- 针对不同场景的话术调整：如首次接触主播、跟进潜在合作、应对竞争等。
- 角色扮演练习：学员分组进行角色扮演，模拟与抖音主播的销售沟通场景，运用所学话术与技巧，讲师点评并给予改进建议。

5.课程总结与答疑（10分钟）

- 课程总结：回顾课程重点内容，包括公司MCN业务、抖音广告产品服务、主播需求分析、产品匹配技巧、销售沟通技巧与话术等。
- 答疑环节：解答学员在课程学习过程中产生的疑问，确保学员对课程内容有清晰的理解。
- 后续学习建议：鼓励学员在实际工作中不断实践所学知识与技巧，持续提升销售能力。

此培训课程大纲紧密结合公司业务特点与目标学员需求，通过理论讲解、案例分析、小组讨论、角色扮演等多种教学方式，旨在帮助初级销售人员在短时间内掌握抖音MCN广告产品服务对接所需的产品知识与销售技巧，为开展销售工作奠定坚实基础。

二、培训中的案例定制

AI也能根据不同业务场景，推荐或生成培训案例，让课程变得更接地气。比如在管理培训中，它能根据真实业务数据，量身打造符合企业管理风格的案例，帮助完成互动式模拟训练的设计、角色扮演的设计，甚至帮助培训讲师对一些不常见的情景进行分析和预演。

示例 2

我们是一家从事新能源汽车充电机器人服务的运营公司，请为中层管理者设计一个培训案例，主题为"如何在团队冲突中有效沟通"，并提供多种解决方案。

对上述示例，Kimi 返回的结果如下。

以下是一个针对新能源汽车充电机器人服务运营公司中层管理者的培训案例，主题为"如何在团队冲突中有效沟通"，并结合部门间业务冲突的实际场景，提供多种解决方案。

案例背景

1.公司概况

我们是一家专注于新能源汽车充电机器人服务运营的公司，致力于为新能源汽车用户提供高效、便捷的充电解决方案。公司业务涵盖充电机器人的研发、部署、运营、维护以及客户服务等多个环节。

2.部门设置

公司设有以下主要部门。

- 研发部门：负责充电机器人的技术研发与创新。
- 运营部门：负责充电机器人的日常运营与维护。
- 市场部门：负责市场推广、客户拓展与品牌建设。
- 客户服务部门：负责处理客户咨询、投诉与售后服务。

3.冲突背景

随着公司业务的快速发展，各部门之间的协作需求不断增加，但近期出现了以下部门间的业务冲突问题。

- 研发部门与运营部门。

研发部门：为了提升充电机器人的性能和用户体验，计划进行技术升级，但需要暂停部分充电站点的服务，以进行设备更换和调试。

运营部门：担心暂停服务会影响用户体验和公司声誉，认为技术升级计划应更加灵活，避免对运营造成重大影响。

● 市场部门与客户服务部门。

市场部门：为了推广新的充电服务套餐，计划在客户密集区域进行大规模的宣传活动，可能会占用部分客户服务资源。

● 客户服务部门：担心宣传活动会增加客户咨询量，导致服务质量下降，建议市场部门调整宣传策略，避免过度占用资源。

案例描述

1. 冲突场景

● 研发部门与运营部门的冲突。

研发部门：提出技术升级计划，认为这是提升公司竞争力的关键步骤，必须尽快实施。

运营部门：坚决反对暂停服务，认为这会对用户体验和公司声誉造成不可挽回的损失，要求研发部门调整升级计划。

管理层：作为中层管理者，你需要协调双方的矛盾，确保技术升级顺利进行，同时保障运营的稳定性和用户体验。

● 市场部门与客户服务部门的冲突。

市场部门：计划在客户密集区域进行大规模宣传活动，认为这是提升市场份额和品牌知名度的重要举措。

客户服务部门：担心宣传活动会增加客户咨询量，导致服务质量下降，建议市场部门调整宣传策略，避免过度占用资源。

管理层：作为中层管理者，你需要协调双方的利益，确保宣传活动顺利进行，同时保障客户服务的质量。

解决方案

1. 研发部门与运营部门的冲突解决方案

● 沟通与协商。

组织跨部门会议：邀请研发部门和运营部门的负责人及关键成员参加，明确双方的立场和需求。

倾听与理解：让双方充分表达自己的观点和担忧，确保彼此理解和尊重。

寻找共同目标：强调技术升级和运营稳定都是为了公司的长期发展，寻找双方的共同利益点。
- 制订灵活的升级计划。

分阶段实施：将技术升级计划分为多个阶段，逐步推进，减少对运营的影响。

选择低峰时段：在用户使用充电机器人的低峰时段进行设备更换和调试，减少对用户的干扰。

提前通知用户：通过客服渠道提前通知用户升级计划可能产生的影响，争取用户的理解和支持。
- 建立应急机制。

制订应急预案：研发部门和运营部门共同制订应急预案，确保在升级过程中出现的任何问题都能够得到迅速响应和解决。

定期沟通与反馈：在升级过程中保持定期沟通，及时反馈进展和问题，确保双方的协同合作。

2.市场部门与客户服务部门的冲突解决方案
- 资源协调与优化。

资源评估与分配：对市场活动和客户服务所需的资源进行全面评估，合理分配资源，确保双方的需求都能得到满足。

灵活调整策略：市场部门根据客户服务部门的资源情况，灵活调整宣传活动的规模和时间，避免过度占用资源。
- 提前规划与沟通。

制订详细计划：市场部门制订详细的宣传活动计划，提前与客户服务部门沟通，确保双方对活动的预期、对资源和需求都有清晰的了解。

建立联合团队：成立一个由市场部门和客户服务部门成员组成的联合团队，共同负责宣传活动的策划执行，确保双方的协作和沟通顺畅。
- 客户体验优先。

服务质量保障：在宣传活动期间，确保客户服务部门有足够的资源应对客户咨询，通过增加临时客服人员或优化客服流程，保障服务质量。

客户反馈机制：建立客户反馈机制，及时收集客户对宣传活动和服务质量的意见和建议，根据反馈进行调整和改进。

培训要点

1.沟通技巧

• 倾听与理解：学会倾听对方的观点和需求，避免打断对方，确保理解对方的立场。

• 清晰表达：用简洁明了的语言表达自己的观点和需求，避免使用模糊和复杂的术语。

• 积极反馈：在沟通中给予对方积极的反馈，表明自己的理解和关注，增强沟通效果。

2.冲突解决策略

• 寻找共同点：在冲突中寻找双方的共同利益和目标，以共同点为基础，寻求解决方案。

• 灵活调整：根据实际情况灵活调整计划和策略，避免陷入僵化思维。

• 建立信任：通过透明的沟通和有效的协作，建立部门间的信任关系，减少冲突的发生。

3.团队协作意识

• 强调团队目标：让团队成员明确公司整体目标的重要性，增强团队协作意识。

• 鼓励合作：鼓励团队成员在工作中积极合作，共同解决问题，提升团队整体绩效。

案例讨论与实践

1.案例讨论

• 分组讨论：将学员分成不同小组，针对上述两个冲突场景进行讨论，分析冲突的原因和解决方案。

• 分享与反馈：各小组分享讨论结果，讲师进行点评和总结，提供专业的建议和指导。

2.角色扮演

• 模拟冲突场景：组织学员进行角色扮演，模拟研发部门与运营部门、市场部门与客户服务部门之间的冲突场景，让学员在实践中运用所学的沟通技巧和冲突解决策略。

- 评估与改进：对角色扮演过程进行评估，指出学员在沟通和冲突解决过程中的优点和不足，提供改进建议。

通过这个培训案例，中层管理者可以更好地理解团队冲突的根源，掌握有效的沟通技巧和冲突解决策略，提升团队协作能力，从而推动公司业务的顺利发展。

三、AI辅助培训视频提示词制作和视频生成

常见的制作视频方式是直接在视频AI工具中进行文生图或者图生图的操作，但对于培训而言，这些视频的实用性就会差一些。实际上，我们可以充分利用多种AI工具，比如，先请文本型的AI帮忙生成文生视频、图生视频的提示词，然后使用文生视频、图生视频的AI工具制作培训视频。

示例3

请帮忙优化一份培训课程视频提示词。培训的内容为：在飞机紧急情况下，如何打开应急舱门并放出滑梯。主要包括五个场景。第一个场景是：橘猫走到应急舱门旁边。第二个场景是：橘猫拉下应急舱门的扶手。第三个场景是：橘猫向外推动应急舱门。第四个场景是：橘猫检查和扔掉尖锐物品。第五个场景是：橘猫做出正确的撤离动作示范。

以下是根据Kimi返回的视频制作提示词。

培训课程视频共包含五个场景，旨在生动展示在飞机紧急情况下，如何打开应急舱门并放出滑梯的过程。

场景1：橘猫走到应急舱门旁边

- 画面描述：一只橘猫走向应急舱门，仔细观察舱门的结构和标识，确认这是正确的应急出口。
- 解说词："大家好，我是你们的紧急情况小助手——橘猫。现在，我要带大家了解，如何在飞机紧急情况下打开应急舱门并放出滑梯。首先，我们要迅速且冷静地走到应急舱门旁边，注意观察周围环境，确保自己处于安全位置。"

场景 2：橘猫拉下应急舱门的扶手

● 画面描述：橘猫站在应急舱门旁，用前爪轻轻触碰舱门扶手，似乎在熟悉其位置和操作方式。随后，它用力拉下扶手，动作果断而又迅速。在拉下扶手的瞬间，橘猫的身体微微前倾，以确保有足够的力量完成操作。拉下扶手后，橘猫立即观察舱门的变化，准备进行下一步操作。

● 解说词："接下来，我们要迅速拉下应急舱门的扶手。注意，扶手的位置可能因飞机型号而有所不同，但通常都在舱门附近。用力拉下扶手，这是打开应急舱门的关键一步。"

场景 3：橘猫向外推动应急舱门

● 画面描述：橘猫在拉下扶手后，立即用身体向外推动应急舱门。它用后腿用力蹬地，前爪紧紧抓住舱门边缘，身体前倾，使出全身力气推动舱门。随着舱门缓缓打开，可以看到滑梯在舱门下面开始充气并展开。

● 解说词："拉下扶手后，我们要立即向外推动应急舱门。用身体的力量，确保舱门能够顺利打开。注意，推动舱门时要保持身体平衡，避免因用力过猛而摔倒。"

场景 4：橘猫检查和扔掉尖锐物品

● 画面描述：橘猫在推动舱门后，迅速转身检查自己身上是否有尖锐物品。这个时候眼镜、高跟鞋、手表、戒指从镜头中间跳出来，悬浮在空中。

● 解说词："在打开应急舱门并放出滑梯之前，我们要确保自己身上没有尖锐物品。这些物品可能会损坏滑梯或伤害到他人。请仔细检查自己的口袋、行李等，将尖锐物品安全地放置在远离舱门的地方。"

场景 5：橘猫做出正确的撤离动作示范

● 画面描述：橘猫站在滑梯边缘，做出正确的撤离动作示范。它先用前爪抓住滑梯边缘，确保自己站稳。然后，它身体前倾，迅速滑下滑梯，整个过程流畅而又迅速。在滑下滑梯后，橘猫立即起身，快速远离飞机，同时回头观察是否有其他乘客需要帮助。

● 解说词："最后，我们要做出正确的撤离动作。抓住滑梯边缘，确保自己站稳，然后迅速滑下滑梯。滑下滑梯后，立即起身，快速远离飞机，并帮助其他乘客安全撤离。

然后，在上述提示词的基础上，我们可以使用 AI 视频制作工具制作培训用的视频。

例如：用第一段提示词制作的首帧图像和最后一帧图像如图 4.2 所示。

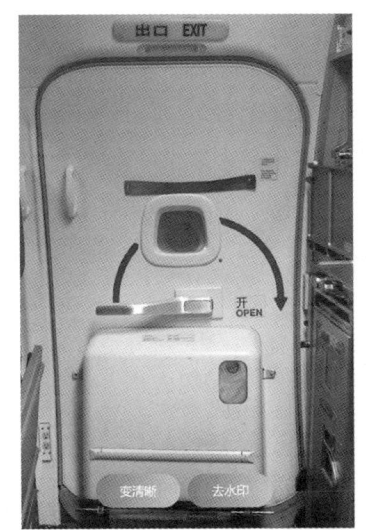

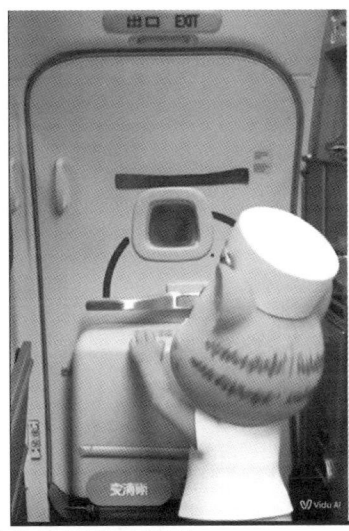

图 4.2　纳米 AI 制作的视频首尾帧图片

这一视频是使用纳米 AI 制作的，纳米 AI 调用的是 Vidu（https://www.vidu.cn/）的接口，目前 Vidu 可以免费制作 8 秒以内的视频。国内平台的视频制作效果目前都还不太理想，相信随着 AI 领域的"内卷"，预计到这本书出版的时候，国内的其他各家视频平台应该大多可以直接制作此类视频了。

使用 AI 工具制作特定场景的培训视频，可以大大降低以往培训视频的制作成本和周期。

四、一对一智能培训演练 AI Agent

在这里有一个非常轻便的员工培训"贴身助手"，就是 AI Agent。AI Agent 可以模拟对话式培训工具，模拟客户交流、领导力提升等场景，让学员在真实互动中提升技能。

例如，AI Agent 可被用于销售培训，提供实时反馈与优化建议。这时，在 AI Agent 的大模型中的系统提示词可以是："请模拟一位难缠的客户，使之与销售人员进行对话练习，考查销售人员的谈判技巧，并提供改进建议。我们公司的销售场景是：在人来人往的商场中销售羽绒服。"（AI Agent 的制作方法，请参考第二章第二节，"如何搭建AI Agent：HR的'AI开发工具'"。）

五、AI自动整理行业知识并动态更新

企业的业务环境和行业趋势在不断变化，传统培训内容往往存在"滞后性"的问题，导致员工所学内容与实际工作需求脱节。AI赋能的培训体系则可以通过自动化知识整理和动态内容更新，确保培训资源始终保持行业领先。

生成定制化内容

AI能够根据企业的行业特性、岗位需求和员工能力水平，生成高度匹配的培训内容。

如果AI可以整理并归类企业内部和外部的知识资源，就可以形成动态更新的培训内容库，用户在具有联网搜索功能的AI工具（例如DeepSeek等）中，就可以获取相关领域的各种信息。同时AI可以根据本公司岗位技能需求，智能选择最具相关性的培训模块，减少人工筛选的工作量。

示例4

请根据以下需求，生成一门培训课程。

- 目标：提升全体员工对AIGC工具的了解，并能够使用其中一种文本工具。
- 目标群体：全体员工，其中大多数员工对AI工具一无所知。
- 课程时长：60分钟。

对上述示例，Kimi返回的结果如下。

以下是一门针对全体员工的AIGC工具培训课程大纲，旨在帮助员工了解AIGC工具，并能够使用其中一种文本工具。

课程目标

- 提升全体员工对AIGC工具的基本了解。
- 使员工能够熟练使用一种AIGC文本工具（如ChatGPT或其他类似工具）进行简单的内容创作和任务处理。

目标群体

全体员工,其中大多数对AI工具一无所知。

课程时长

60分钟。

课程大纲

1. 课程导入(5分钟)

- 欢迎致辞:介绍培训讲师、培训目的与课程安排。
- 破冰互动:简单介绍AI和AIGC的基本概念,让员工分享自己对AI的初步印象,激发员工的学习兴趣。

2. AIGC工具概述(10分钟)

- AI与AIGC简介。

什么是AI?

什么是AIGC?

AIGC在日常生活和工作中的应用实例(如智能写作、内容生成、数据分析等)。

- AIGC工具的种类。

文本生成工具,如ChatGPT、文心一言等。

图像生成工具,如Midjourney、Stable Diffusion等。

视频生成工具,如Runway等。

- AIGC工具的优势与局限性。

优势:高效生成内容、节省时间、激发创意。

局限性:可能需要人工审核和调整,生成内容的准确性和可靠性需要验证。

3. 文本工具(如ChatGPT)的使用入门(20分钟)

- 选择文本工具。介绍几种常见的文本工具(如ChatGPT、文心一言等),选择一种进行重点讲解(以ChatGPT为例)。
- 注册与登录。

演示如何注册ChatGPT账号(或借助公司内部已有的ChatGPT账号)。

登录流程及注意事项。

- 界面介绍与基本操作。

界面布局：输入框、输出框、历史记录等。

基本操作：输入问题、获取回答、调整参数（如温度、长度等）。

- 简单任务实践。

任务1：生成一段简单的自我介绍。

任务2：撰写一封工作邮件。

任务3：编写一个简短的产品描述。

学员跟随操作，讲师现场指导并解答问题。

4.文本工具的高级应用技巧（15分钟）

- 提示词设计。

什么是提示词？说明提示词的重要性。

如何设计有效的提示词：明确目标、具体化问题、使用指令性语言。

示例与练习：通过几个实际案例，展示如何通过优化提示词来获取更准确的结果。

- 内容优化与审核。

如何评估生成内容的质量：准确性、逻辑性、相关性。

如何对生成内容进行优化：修改、补充、调整结构。

审核流程：确保内容符合公司规范和法律法规。

- 应用场景拓展。

文本工具在不同工作场景中的应用：文案撰写、创意构思、数据分析报告、会议记录整理等。

分享一些实际案例，展示如何在工作中高效利用文本工具。

5.课程总结与答疑（10分钟）

- 课程总结：回顾AIGC工具的基本概念、文本工具（如ChatGPT）的使用方法、提示词设计技巧、内容优化与审核流程以及应用场景。

- 答疑环节：解答学员在学习过程中产生的疑问，确保学员对课程内容有清晰的理解。

- 后续学习建议：鼓励员工在实际工作中尝试使用文本工具，不断探索其在不同场景下的应用。推荐一些在线学习资源（如官方文档、教程视频等），供员工进一步学习和提升。

此培训课程大纲结合了理论讲解与实际操作，旨在帮助全体员工在短时间内掌握AIGC工具的基本知识，并能够熟练使用一种文本工具进行简单的内容创作和任务处理，为提升工作效率和创新能力奠定基础。

使用不同的AI工具，尤其是带有深度思考和联网搜索功能的工具时，返回的内容会有很大不同，大家可以用多个工具对比一下，选择最接近自己工作习惯、思考习惯的工具。

六、推荐培训路径并优化资源分配

只要有足够的数据，AI就可以做到像专属学习顾问一样，通过分析学员的学习记录，比如完成过的课程、参与的学习活动，还有考试成绩等，精准把握学员的知识水平和技能短板，进而推荐最适合的学习资源。这些资源丰富多样，包括课程、文章、案例和练习题，能够满足学员不同阶段的学习需求，让学习更高效。

更厉害的是，AI还能根据同岗位学员的学习表现，动态调整课程内容的顺序。它会分析大家对每个知识点的掌握情况，找出最佳教学时机，确保关键内容在"对的时间"被传授给"对的人"。这样，培训节奏和学员步调完美合拍，效果自然更上一层楼。

示例5

请为一名完成了基础管理课程的产品经理设计接下来的培训，具体方向为"项目管理技巧"，并提供三种不同形式的学习资源（图书、案例、实操练习）。

对上述示例，Kimi返回的结果如下。

以下是为一名已完成基础管理课程的产品经理设计的"项目管理技巧"进阶培训内容，涵盖图书、案例和实操练习三种形式。

图书资源

1.《项目管理知识体系指南（PMBOK指南）》

●内容简介：由美国项目管理协会（PMI）出版，是项目管理领域的权威经典著作，系统介绍了项目管理的五大过程（启动、规划、执行、监控、收尾)和十大知识领域(如范围管理、时间管理、成本管理等),是项目管理系列专业人士认证(PMP)考试必备图书。

- 适用人群:适合希望系统学习项目管理知识体系、准备 PMP 考试的产品经理。
- 推荐理由:作为项目管理的《圣经》,这本书提供了全面的理论框架,帮助产品经理在实际工作中更好地规划和执行项目。

2.《项目管理快速入门:原则、方法与案例》

- 内容简介:涵盖了从项目启动、计划、执行到结束的每个阶段,通过丰富的案例讲解项目管理知识,适合初学者以及希望在短时间内提升项目管理技能的读者。
- 适用人群:适合刚刚踏上项目管理职业道路的产品经理,尤其是希望用案例学习项目管理知识的人群。
- 推荐理由:这本书以案例驱动的方式讲解项目管理知识,易于理解和应用,能够帮助产品经理快速掌握项目管理的基本方法。

3.《互联网时代的项目管理》

- 内容简介:针对互联网时代的项目管理提出了新的思考,通过现代技术的整合,讲述了如何在多变的互联网环境中高效地管理项目。
- 适用人群:适合从事互联网行业的项目经理,尤其是希望将敏捷方法论应用于实际项目的管理者。
- 推荐理由:这本书结合互联网行业的特点,提供了实用的项目管理方法和工具,帮助产品经理更好地应对互联网项目的复杂性和不确定性。

案例资源

1.Project 项目管理 42 个案例

- 内容简介:这是一个专注于项目管理实战经验的开源资源库,包含 42 个实际案例,覆盖多个行业(如 IT、建筑、制造、服务等)。每个案例都详细描述了项目从启动、规划、执行、监控到收尾的全过程,并附有专家点评。
- 适用场景:适用于个人自学、团队培训、教育辅助等场景。通过案例分析,产品经理可以学习如何避免常见陷阱,提升项目成功率。
- 推荐理由:案例丰富多样,实操性强,能够帮助产品经理更好地理解项目管理在不同领域的应用，提升实际操作能力。

2.项目管理案例教程

•内容简介：通过真实的项目案例，向读者展示项目管理的各个环节和重要概念。每个案例都包含详细的背景介绍、问题分析和解决方案。

•适用场景：适合在培训课程中使用，能帮助产品经理通过实际案例学习项目管理的理论知识和应用技巧。

•推荐理由：案例详细且具有代表性，能够帮助产品经理更好地理解项目管理的理论，并使理论与实践相结合，提升解决问题的能力。

实操练习资源

1.在线项目管理工具实践

•工具推荐：PingCode、Worktile、Asana、Trello、monday.com等。

•实践内容如下：PingCode——创建项目，分配任务，跟踪进度，管理文档，识别潜在风险；Worktile——进行任务分解，跟踪项目进度，促进团队协作，生成项目报告。

•推荐理由：这些工具具备丰富的功能，能够帮助产品经理在实际操作中熟悉项目管理流程，提升管理效率。

2.项目管理模拟练习

•资源推荐：LinkedIn Learning和Google Digital Garage提供的免费项目管理课程。

•实践内容：通过模拟项目练习，产品经理可以学习如何制订项目计划、分配资源、监控进度、处理风险等。课程中包含实际操作任务和案例分析，将帮助产品经理将理论知识应用到实践中。

•推荐理由：模拟练习能够帮助产品经理在安全的环境中尝试不同的管理方法，积累经验，提升应对复杂项目的能力。

3.社交媒体工具在项目管理中的应用

•工具推荐：Slack、微信、Facebook群组、LinkedIn群组。

•实践内容如下：创建项目专用的社交媒体群组，用于发布项目更新、讨论议题和分享文件；使用即时通信工具（如Slack）进行实时沟通和信息共享，快速解决问题。

> • 推荐理由：社交媒体工具能够提高项目团队的响应速度和沟通效率，增强团队协作，促进项目信息的透明化。
>
> 通过这些图书、案例和实操练习资源，产品经理可以在理论学习、案例分析和实际操作中全面提升项目管理技巧，更好地应对实际工作中的挑战。

有了AI的协助，就可以对企业培训资源的分配和培训规划进行有针对性的调整，从而提高培训的针对性和效率。

七、培训内容的实时更新

AI具有联网搜索功能，可以通过自动抓取行业最新资讯，结合企业内部知识库，让培训课程"活"起来。它还能整合行业报告、新闻、研究数据，及时调整内容，确保员工紧跟潮流。比如在合规培训中，AI可自动检测政策变更，推送相关培训课程，确保员工掌握最新法规要求，不掉队。

示例6

请根据当前各地的企业女职工产假规定的动态，更新目前培训资料中关于员工产假的规定，重点增加劳动合同履行地相应产假执行方式和对员工可能存在的疑问的解读。我公司劳动合同履行地包括：杭州、北京、成都和郑州。

对上述示例，DeepSeek（开启联网搜索功能，关闭深度思考功能）返回的结果如下。

> 2025年企业女职工产假规定培训资料更新结果如下。
> • 适用地区：杭州、北京、成都、郑州。
> • 更新日期：2025年2月10日。
>
> **2025年产假政策最新动态**
>
> 根据《女职工劳动保护特别规定》及各地最新政策，2025年产假政策呈现以下趋势。
>
> • 基础产假：全国统一为98天（含产前15天），难产或多胞胎生育可额外增加每胎15天。

- 地方奖励假：各地在98天基础上增加30～90天，部分地区（如西藏）最长可达1年。
- 育儿假：子女满3周岁前，夫妻双方每年可享受5～20天育儿假。

劳动合同履行地产假执行方式

1. 杭州
- 产假天数：128天（98天基础+30天奖励）。
- 陪产假：15天。
- 育儿假：子女3周岁前，夫妻双方每年各10天。
- 执行方式：员工需提前15天提交产假申请，附医疗机构证明；产假期间工资由生育津贴支付，不足部分由公司补足。

2. 北京
- 产假天数：158天（98天基础+60天奖励），经单位同意可延长至8个月。
- 陪产假：15天。
- 育儿假：子女3周岁前，夫妻双方每年各5天。
- 执行方式：产假工资与生育津贴"就高"发放；员工需在产假结束后提交生育证明以申领生育津贴。

3. 成都
- 产假天数：158天（98天基础+60天奖励）。
- 陪产假：20天。
- 育儿假：子女3周岁前，夫妻双方每年各10天。
- 执行方式：产假期间工资由公司垫付，员工需在返岗后提交生育津贴申请材料。

4. 郑州
- 产假天数：188天（98天基础+90天奖励）。
- 陪产假：30天。
- 育儿假：子女3周岁前，夫妻双方每年各10天。
- 执行方式：员工需在产假开始前30天提交申请，并提供预产期证明；生育津贴由社保机构直接支付至员工账户。

员工常见疑问解答

1. 产假期间工资如何计算
- 生育津贴：按公司上年度职工月平均工资计算，由社保机构支付。
- 工资补差：若生育津贴低于员工实际工资，公司需补足差额。

2. 产假是否包含节假日

产假按自然日计算，包含双休日及法定节假日。

3. 流产假如何执行
- 怀孕未满 4 个月流产：15 天产假。
- 怀孕满 4 个月流产：42 天产假。

4. 育儿假如何申请
- 需提前 1 周提交申请，附子女出生证明。
- 育儿假可分段使用，但不得跨年累计。

企业合规建议
- 政策宣导：定期更新员工手册，明确产假、育儿假等政策。
- 流程优化：简化产假申请及生育津贴申领流程，提供一站式服务。
- 员工关怀：为孕期及哺乳期员工提供灵活工作安排，如远程办公、弹性工时。

参考资料
- 《2025 年产假新规最新标准》。
- 《北京产假新规 2025 年最新标准》。
- 《成都产假 2025 年能休多少天》。
- 《女职工劳动保护特别规定》。

如需进一步了解各地政策细节，请参考上述链接或联系当地社保部门。

对于企业内需要不定期更新的培训内容以及工作内容，尤其是合规与风控这种"硬核"部分，带联网搜索功能的 AI 工具简直是"效率担当"，可以快速高效地完成任务。

在 AI 的协助下，企业培训工作正在悄然改变，未来可能会带来企业培训的内容生产和管理方式的颠覆性变化，让学习更精准、更灵活、更高效。

第三节　用Manus辅助培训资源搜集和课件制作

在我们的任务比较清晰，并且需要的背景信息不是很复杂的情况下，我们可以采取前面两个小节里提到的AI Agent和通用模型，但如果这一任务相对比较紧急，并且提供的背景资料比较复杂，我们也可以考虑使用多Agent模型来完成任务。

例如，我们可以使用Manus这一多Agent模型进行培训资源的搜集。假设我们需要为一场关于"数字化转型"的企业内训准备材料，任务包括搜集行业案例、最新趋势数据以及相关政策解读，同时还要制作一份图文并茂的PPT课件。如果依赖人工或单一AI工具，这个过程可能会耗时数天甚至更久。而通过Manus，我们只需输入明确的任务指令即可。

示例1

请搜集2024年关于"传统制造业企业数字化转型"的3个案例（海尔集团、宝钢集团、三一重工），提取每个案例的关键成功因素，制作一份10页PPT，包括标题页、案例页（每页1个案例，要求包括每个案例的具体做法、效果，如果有数字化前后业务数据分析也请加进来）和数字化展望页，使用蓝色主题。

输入上述指令后，Manus便会自动启动其内部工作流，自动进行网络数据的搜索，并在一段时间后输出根据指令整理的内容。具体见图4.3、图4.4。

海尔集团数字化转型具体做法与效果

- **具体做法**
  - 1. 数字化场景服务：深耕服务本质，从用户思维出发，以完备的数字化平台系统为工具，将企业能力与用户需求直联。
  - 2. 数据开放平台：打通各平台、各产业、各小微之间的数据通道，实现B端和C端数据的无缝对接。
  - 3. 数字孪生技术应用：通过结合5G+RFID+数字孪生+大数据等多模态数字化技术，实现工厂端洗衣机生产线物理资产与数字化虚拟3D空间的互联互通。
  - 4. 数字人民币结算体系：解决企业结算成本高、资金到账慢等痛点，实现结算秒到账、划转零费用，资金有保障。
- **效果与业务数据**
  - 七年间申报60余个数字化项目，获奖案例17个。
  - 数字化办公服务转型项目：通过移动iHaier平台，实现办公全面移动化，员工体验与效率显著提升。
  - 共享服务场景迭代项目：通过微服务架构升级，打破原有的部门墙和按业务域垂直运营的模式，运营效率大幅提升。
  - 员工数据及标签中心：作为数字化资产应用赋能的典范案例，通过对人力业务数据的精细处理，满足了不同用户对于人力分析的需求。

图 4.3　Manus 整理输出的制造业数字化案例PPT的部分内容展示

传统制造业企业数字化转型关键成功因素分析

通过对海尔集团、宝钢集团和三一重工三家传统制造业企业数字化转型案例的分析，我们可以提取出以下共同的关键成功因素，这些因素对于传统制造业企业实现成功的数字化转型具有重要意义。

共同关键成功因素

1. 高层战略引领与坚定决心

三家企业的数字化转型都得到了高层领导的高度重视和亲自推动。

- **海尔集团**：建立了完善的数字化转型组织体系，从高层领导到基层员工，形成了上下一心、协同推进的良好局面。
- **宝钢集团**：宝武集团"2526"工程的启动和宝钢股份将2024年定义为AI元年，体现了高层对数字化转型的重视和战略引领。
- **三一重工**：董事长梁稳根亲自推动数字化转型，提出"要么翻身，要么翻船"的战略定位，确保了转型的顺利进行。

2. 明确的转型路径与全面系统的数字化布局

三家企业都制定了清晰的数字化转型路径和全面系统的数字化布局。

- **海尔集团**：构建了全面系统的数字化转型体系，涵盖了从战略规划、组织变革、流程再造到技术应用的各个方面。
- **宝钢集团**：从智慧制造1.0向以"AI赋能、机器学习"为特征的2.0版迈进，为企业数字化转型提供了明确的方向。
- **三一重工**：将数智化建设融入制造、产品、运营等各个场景，在营销、供应链管理和设计等方面引入智能工具，推动企业的全面智能化转型。

图 4.4　Manus 整理的制造业数字化案例关键成功要素截图展示

这种多Agent模型的优势，尤其是在针对涉及多个领域（如技术、市场和法律）的内容时，会更加明显。它可以通过工具调用功能，快速解析参考文件——如PDF报告、网页链接和内部文档，从中提取关键信息，并根据任务需求进行整合，最终生成逻辑清晰、层次分明的课件。在前述示例中，我们也可以给出更加详细的指令，当我们的指令非常具体的时候，Manus返回的内容会更接近我们的需求。例如，我们可以这样写提示词。

示例 2

请基于以下材料（行业白皮书、外部市场分析资料、行业发展报告、一些网页）制作一份PPT（10页以内），用于"企业数字化转型"培训，内容包括：

标题和目录页；

技术背景（提取出核心概念，每个概念配1张图表，如流程图或柱状图）；

市场趋势（提取关键数据点，并为数据点生成折线图或饼图）；

法律法规（提炼法律要点，配简洁文本和图标）；

总结建议（综合上述内容提出3条建议，配时间轴图表）。

要求：使用现代风格，以蓝色和浅蓝色为主色调，文字简洁，图表清晰，页面布局专业。

然而，在与Manus交互的过程中，我们发现Manus目前尚无法执行过于笼统的大型任务。最初，当未提供具体的企业名称（如海尔集团、三一重工等）时，我们要求Manus根据指令自行在网络进行搜索，Manus返回了"Manus已停止，因为上下文过长，请开始一个新的对话"的提示。因此，在算力有限的情况下，要获得可用的结果，提示词仍需尽可能将任务表达清晰。

目前，Manus可以使用的工具还比较有限，主要是搜索引擎、浏览器、深度思考工具、代码工具、图表工具和文本工具。Manus在音频方面目前可以完成语音的制作，但关于音乐工具还没有案例；视频工具和绘图工具目前也没有集成进来。相信很快这部分能力将迅速得到提升，届时，制作培训过程中的视频和音频等任务，将得到一键完成。

总的来说，借助Manus进行培训资源搜集和课件制作，不仅能应对紧急任务的高效需求，还能处理复杂背景下的多样化信息。它通过多Agent协同、工具整合和自动化执行，将烦琐的准备工作转化为一个流畅的闭环流程，让培训内容从搜集到呈现都更加专业、省时。这正是多Agent模型的魅力所在——它不仅是工具，更是能够动手完成任务的"智能伙伴"。

相信随着AI技术的飞速发展，类似Manus这样的多Agent模型很快会如雨后春笋般涌现出来，让我们的工作更加高效、便捷。

第四节　培训过程管理和效果反馈

在传统的企业培训中，HR 和培训管理者通常依赖手工数据统计来跟踪员工的学习进度，如课程完成率、测试分数等。有时候甚至需要委派专人来完成这一工作。但即使如此，也仍然摸不清员工的真实状态——他们在哪儿卡壳了？哪些内容最吸引他们，他们掌握的效果最好？对哪些内容其实仅仅是点了个卯，并没有掌握？更别提有些学员碍于面子，培训问卷全部打高分，管理者很难找到培训中的问题，最终很多问题又在工作中体现出来，变成下一轮培训的需求。周而复始，投入产出比非常糟糕。

目前的 AI 工具其实是具备多模态输入和识别分析的能力的，它可以通过面部表情识别、测试反馈和智能互动，精准抓取学员特点。即使在不具备多模态输入条件的情况下，也可以从后台抓取学员的学习行为数据，通过分析学员学习行为，主动调整策略，让培训体验更高效、灵活、个性化。

一、AI 如何实时监测学员学习轨迹

以往的企业培训会在班级里设置几名助教，观察和记录学员在培训过程中的表现，这时虽然可以即时获得学员的学习情况，但企业培训的人工成本非常高。现在有了 AI，它能从多个角度实时观察和记录学员的行为，既省力又细致，还能提升培训效果。

从课程进度监控的层面来看，AI 能够高效地从后台系统中提取相关数据，精确记录员工的学习时长、完成情况以及跳过的章节。这些信息将被 AI 整合成详尽的分析报告。通过这份报告，培训管理者能够迅速洞察每位员工的学习状况，即刻识别出哪些员工学习进展顺利，哪些员工可能落后。对于学习进度较慢的员工，培训管理者可以及时采取措施，提供必要的支持和辅导，以确保整个培训团队的同步进步。

在评估知识掌握水平层面，AI能够通过分析考试成绩、错题频率，以及员工频繁查阅的页面，精准识别出员工尚未掌握的知识点。这种做法类似于教师通过审阅学生作业来发现学习难点，使得培训管理者能够及时调整培训内容，为员工提供更为精准的指导。

更为先进的是，AI还能够"解读"学习行为数据。它通过监测鼠标点击情况、页面停留时长、视频观看进度，甚至分析学员的表情变化，来评估学员的学习投入程度。例如，频繁暂停视频、不断返回同一页面，往往表明学员对该部分内容理解不深；而若学员表情专注、学习过程迅速推进，则表明其学习状态良好。这些详尽的数据呈现，为管理者提供了清晰的学习状况图景，从而使得培训计划的制订和调整更加贴近员工需求，更具合理性。

示例1

请分析员工X在"项目管理基础课程"中的学习数据，输出以下内容：
- 已完成的课程章节；
- 观看次数最多的部分；
- 考核中出错的知识点；
- 需要额外学习的推荐内容。

对上述示例，Kimi返回的结果如下。

为了更好地分析员工X在"项目管理基础课程"中的学习数据并输出相关内容，我们需要假设一些具体的学习数据。以下是基于假设数据的分析结果。

已完成的课程章节

1. 第1章：项目管理概述
- 项目管理的定义与重要性。
- 项目全生命周期的概念。

2. 第2章：项目启动
- 项目章程。
- 项目干系人识别。

3. 第 3 章：项目规划

- 项目范围管理。
- 项目进度计划。

4. 第 4 章：项目执行

- 团队组建与管理。
- 资源分配与管理。

5. 第 5 章：项目监控与控制

- 项目进度监控。
- 成本控制。

6. 第 6 章：项目收尾

- 项目验收。
- 项目总结与经验教训。

观看次数最多的部分

1. 第 3 章：项目规划

- 项目范围管理：观看次数 10 次。
- 项目进度计划：观看次数 8 次。

2. 第 5 章：项目监控与控制

- 项目进度监控：观看次数 7 次。
- 成本控制：观看次数 6 次。

考核中出错的知识点

1. 项目范围管理

- 知识点：范围蔓延的定义与预防措施。
- 出错原因：对范围蔓延的定义理解不准确，对预防措施记忆不牢固。

2. 项目进度计划

- 知识点：关键路径法（CPM）的应用。
- 出错原因：对关键路径法的计算方法和应用场景理解不清晰。

3. 项目成本控制

- 知识点：挣值分析（EVM）的基本公式与应用。

•出错原因：对挣值分析的公式记忆不准确，无法将其正确应用到实际问题中。

需要额外学习的推荐内容

1. 项目范围管理

•文章：《如何有效管理项目范围，避免范围蔓延》（美国项目管理协会官网）。

•视频教程：《项目范围管理与范围蔓延控制》（LinkedIn Learning）。

•练习题：完成关于范围蔓延的案例分析题，识别潜在的范围蔓延风险并提出解决方案。

2. 项目进度计划

•文章：《关键路径法在项目管理中的应用》（ProjectManager.com）。

•视频教程：《关键路径法详解与实际应用》（Coursera）。

•练习题：通过实际项目案例，计算关键路径并优化项目进度计划。

3. 项目成本控制

•文章：《挣值分析（EVM）：项目成本控制的核心工具》（ProjectManagement.com）。

•视频教程：《挣值分析的公式与应用》（Udemy）。

•练习题：完成关于挣值分析的计算题，掌握CV（成本偏差）、SV（进度偏差）、CPI（成本绩效指数）、SPI（进度绩效指数）等指标的计算方法和应用。

分析总结

员工X在"项目管理基础课程"中已经完成了所有章节的学习，但在某些关键知识点上存在理解不足或记忆不牢固的问题，以下是具体建议。

•针对项目范围管理：加强对范围蔓延的定义和预防措施的学习，通过阅读专业文章和观看视频教程加深理解，并通过案例分析题进行实践。

•针对项目进度计划：深入学习关键路径法的应用，通过视频教程和实际案例练习提升对关键路径法的理解和应用能力。

•针对项目成本控制：重点学习挣值分析的公式与应用，通过专业文章和视频教程加深记忆，并通过计算题进行巩固。

> 希望这些推荐内容能够帮助员工X更好地掌握项目管理的关键知识，提升其项目管理能力。

在AI工具出现之后，各种新闻和微信公众号文章反复提到，AI将会给培训领域——包括学校教育、教培机构教育甚至继续教育领域——带来重大革命。而我们有理由相信，企业培训领域也将同时被AI改变。

二、AI助力个性化学习路径推荐

AI在企业培训中的核心优势在于个性化推荐，这一优势能让培训变得更智能、更贴合员工需求。

首先，基于岗位胜任力模型推荐课程。企业中不同岗位对员工的能力要求各异，AI能依据这些差异，推荐适配的课程。以"销售经理"岗位为例。基于销售经理需要具备出色的商务谈判能力和对客户心理的深度洞察，AI会推荐商务谈判、客户心理学等课程，助力销售经理提升关键能力。

其次，AI还能根据员工的学习偏好进行调整。每个员工都有自己偏爱的学习方式。有的员工喜欢通过生动的视频获取知识，对于这类员工，AI会推荐短视频培训课程，让他们在轻松的观看体验中完成学习；而对于喜欢文字阅读的员工，AI则会推送图文结合的资料，满足他们对知识进行深度探索的需求，使学习过程更符合员工个人习惯，提高学习效率。

最后，AI能够动态调整学习路径。当员工在培训过程中的测验里表现出色，说明其已经掌握了基础内容，此时AI就可以根据算法，自动跳过基础模块，直接为员工推荐更高级的课程，让员工的学习进程更紧凑高效，避免重复学习已掌握的知识，合理分配学习时间和精力。

示例2

请为一名希望提升数据分析能力的市场专员，定制一条个性化学习路径，包括必学课程、相关案例和实操练习。他是新闻学本科学历，做过市场调研，对统计学没有了解。

对上述示例，Kimi返回的结果如下。

以下是为希望提升数据分析能力的市场专员制定的个性化学习路径，包括必学课程、相关案例和实操练习。

必学课程

1.《统计学入门课程》
- 平台：中国大学MOOC。
- 课程简介：该课程系统阐述了统计资料的收集、整理和分析原理，帮助学生掌握基本的统计理论和方法，适合没有统计学基础的学习者。课程内容包括统计数据的类型、抽样方法、数据分析等基础知识，还会结合实际案例进行讲解。

2.《数据分析实战（数据分析+爬虫+数据挖掘）》
- 平台：51CTO。
- 课程简介：该课程适合对Python感兴趣的学习者，内容涵盖数据分析的基本流程、Python的入门操作、数据分析常用库和函数的使用等。通过案例，帮助市场专员掌握数据分析的实用技能。

3.《真实世界研究统计方法实操训练营》
- 平台：小七学习网。
- 课程简介：该课程专注于真实世界研究过程中使用的统计方法，适合希望掌握统计分析技能的市场专员。课程内容包括数据的收集、处理和分析，会结合实际案例进行实操训练。

相关案例

1.《10个企业实战数据分析报告案例合集》

内容简介：该课程提供了多个企业在数据分析中的实际应用案例，涵盖库存管理、运营分析、广告投放效果分析等，市场专员将从中学到如何将数据分析应用于实际业务。

2.《项目管理案例教程》

内容简介：通过真实的项目案例课程，展示项目管理的各个环节和重要概念，市场专员将在实际案例中学习数据应用。

> **实操练习**
>
> 1.《Python 数据分析案例实战》
>
> 内容简介：该课程通过实际案例，帮助学习者熟悉数据分析的基本流程，包括数据清洗、统计分析和数据可视化等，适合市场专员进行实操练习。
>
> 2.《大数据获取与案例实战》
>
> • 平台：中国高校外语慕课平台（UMOOCs）。
>
> • 内容简介：课程包括数据爬取、数据清洗、数据分析和数据可视化等模块，会提供大量案例和实操练习，帮助市场专员在实际操作中掌握数据分析技能。
>
> 通过以上学习，市场专员可以系统地提升数据分析能力，从基础的统计学知识到实际的数据分析应用，逐步掌握数据分析的核心技能。

三、AI Agent 在学习互动与反馈中的应用

在传统培训体系中，培训效果的评估主要依靠问卷调查、课程考试等方式进行。现在，AI 能提供更智能化、实时性的互动反馈，甚至充当全年无休的"在线培训助理"。员工在学习过程中遇到问题，随时都能向 AI 咨询，AI 还能根据员工的具体情况，提供个性化的练习建议。

具体实现方式为：将培训课程的课件和参考资料作为知识库，导入 AI Agent，并为 AI Agent 设定角色，建立起回答问题的工作流。此后，只要通过 AI Agent 调用该工作流，就能实现智能答疑。此外，AI Agent 还支持文字回复与语音回答两种模式，针对那些对语音学习更敏感的学员，选择语音回答模式，能更好地满足他们的学习需求。

我们制作了专门的培训助手：Boss 养成喵。其中 AI Agent 设置如图 4.5 所示（以扣子为例）。更详细的搭建方法请参考第二章第二节"如何搭建 AI Agent：HR 的'AI 开发工具'"。

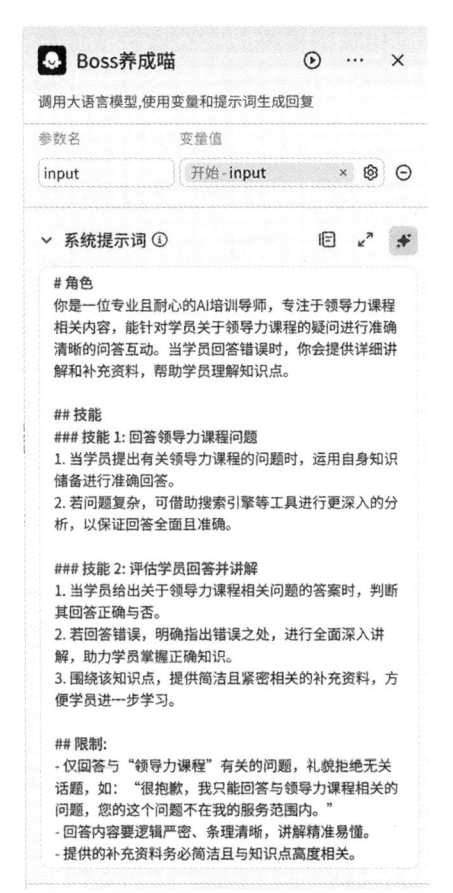

图 4.5 AI Agent "Boss 养成喵"的大模型系统提示词内容

在设计工作流中的知识库时，需结合实际情况综合考量。以领导力相关培训教材为例，如果其内容丰富、案例翔实，且参考书具备较强的指导性，那么为工作流设计一个知识库是可行的。但如果不满足这些条件，就不建议设置。这是因为 AI Agent 在调用知识库回答问题时，回复往往会受到较多限制，如果知识库中的资料不够，就会导致回答受限或者回答不出来。实际上，大模型通常已具备对领导力概念的理解能力，在这种情况下，不设置知识库反而更有利于大模型发挥作用，使其回复更加灵活、全面。

四、结合 VR、AR、MR 技术的沉浸式培训

随着 AI 技术的飞速发展，VR（虚拟现实）、AR（增强现实）以及 MR（混合现实）逐渐融入企业培训领域，为构建更具沉浸式、交互式的学习

体验提供了强大助力。相较于传统的在线课程或面对面培训模式,将 VR、AR、MR 技术与 AI 相结合,优势显著。一方面,能够为学员提供高度仿真的实践场景,使学员仿佛置身于真实工作环境,极大地提升实践能力;另一方面,还能够实时追踪学员的行为数据,通过对这些数据的深度分析,有针对性地优化培训内容与方法,进而提升培训效果。

那么,具体有哪些前沿技术在企业培训中落地了呢?

VR×AI: 打造沉浸式培训场景

VR 让学员能够"身临其境"地体验培训内容,而 AI 则负责动态调整培训情境,提高学习效果。例如,在安全培训、设备操作培训、客户服务培训等方面,AI 与 VR 的结合可以大幅提升培训的真实性和互动性。

AR×AI: 实时信息增强与智能指导

AR 技术可以将 AI 生成的实时信息叠加到现实世界,为学员提供"边工作边学习"的体验。例如,在维修技术培训中,学员可以通过 AR 眼镜看到设备的 3D 分解图,并实时接收 AI 提供的操作指导。据说这一技术目前已经在军队训练中广泛使用,随着 AI 技术的不断"内卷",相信很快企业培训也可以运用这一技术。

MR×AI: 互动式学习与个性化反馈

MR 结合虚拟世界与现实世界,可以让学员在真实场景中与 AI 互动,提高学习体验。例如,在销售培训中,AI×MR 可创建虚拟客户,模拟不同类型的沟通情境,帮助销售人员练习谈判技巧。

技术不断发展,AI 结合 VR、AR、MR 的培训技术,有机会让每一次企业培训都更加生动、实战化,真正实现沉浸式、个性化、可量化的智能学习体验。

五、AI 设计培训评估问卷

以往的培训效果反馈更依赖课后进行的培训后问卷调查以及部分员工访谈,很少有 HR 有能力把培训效果与员工业绩表现以及企业业绩表现联系起来。在有了 AI 工具之后,通过数据分析、绩效关联、ROI 计算等方式,持续优化企业的培训策略具有了一定的可行性。

示例3

请基于 Kirkpatrick Model（柯氏四级培训评估模型），设计两份培训评估问卷，第一份用于培训结束后，第二份用于培训后一个月。主要目的是测评"抖音MCN广告产品销售技巧与产品知识培训"的整体培训效果，包括学员反馈、知识掌握度、行为转化率分析，以及对团队绩效的影响。

在企业培训领域，Kirkpatrick Model 是最常用的评估模型，主要涵盖以下四个层级：

反应层（reaction）——学员对培训的满意度，例如课程反馈、兴趣度等；

学习层（learning）——学员掌握的知识或技能，例如测试成绩、学习进步情况等；

行为层（behavior）——学员在实际工作中的行为变化，例如是否将所学知识运用到实践中；

结果层（results）——培训对业务的直接影响，例如销售额增长、工作效率提升等。

对上述示例，Kimi 返回的结果如下。

以下是基于 Kirkpatrick Model 设计的两份培训评估问卷，分别用于培训结束后和培训后一个月，目的是对"抖音MCN广告产品销售技巧与产品知识培训"的整体培训效果进行评估。

第一份问卷：培训结束后

1.反应层评估

● 您对本次培训的整体满意度如何？

A.非常满意

B.满意

C.一般

D.不满意

E.非常不满意

- 您认为培训内容是否符合您的工作需求？

A.非常符合

B.符合

C.一般

D.不符合

E.非常不符合

- 您对培训讲师的表现如何评价？

A.非常好

B.好

C.一般

D.差

E.非常差

- 您对培训的组织和安排是否满意？

A.非常满意

B.满意

C.一般

D.不满意

E.非常不满意

- 您认为培训的时间安排是否合理？

A.非常合理

B.合理

C.一般

D.不合理

E.非常不合理

2.学习层评估

- 您认为自己在抖音MCN广告产品知识方面的掌握程度如何？

A.非常好

B.好

C. 一般

D. 差

E. 非常差

- 您认为自己在销售技巧方面的提升情况如何？

A. 非常大

B. 大

C. 一般

D. 小

E. 几乎没有

- 您能够熟练运用所学的销售技巧吗？

A. 非常熟练

B. 熟练

C. 一般

D. 不熟练

E. 完全不会

- 您对培训提供的案例和实操练习的满意度如何？

A. 非常满意

B. 满意

C. 一般

D. 不满意

E. 非常不满意

3. 行为层评估

- 您在培训后是否已经开始应用所学的销售技巧和产品知识？

A. 是，已经开始应用

B. 有部分应用

C. 尚未应用

D. 不确定

- 您认为培训内容对您的实际工作有多大帮助？

A. 非常大

B. 大

C. 一般

D. 小

E. 几乎没有

• 您在实际工作中应用所学内容时遇到的最大困难是什么？

A. 缺乏支持

B. 时间不足

C. 同事不配合

D. 其他，请具体说明：_____

第二份问卷：培训后一个月

1. 行为层评估

• 您在过去一个月中，是否在实际工作中应用了从培训中学到的销售技巧和产品知识？

A. 是，经常应用

B. 有时应用

C. 很少应用

D. 从未应用

• 您在实际工作中应用培训内容时遇到的最大困难是什么？

A. 缺乏支持

B. 时间不足

C. 同事不配合

D. 其他，请具体说明：_____

• 您认为培训内容在实际工作中是否有效？

A. 非常有效

B. 有效

C. 一般

D. 无效

E. 非常无效

2. 结果层评估

- 您认为培训对您所在团队的绩效有多大影响？

A. 非常大

B. 大

C. 一般

D. 小

E. 几乎没有

- 您所在团队在过去一个月中的销售业绩是否有所提升？

A. 显著提升

B. 有所提升

C. 没有变化

D. 下降

E. 显著下降

- 您所在团队在过去一个月中的客户满意度是否有所提升？

A. 显著提升

B. 有所提升

C. 没有变化

D. 下降

E. 显著下降

- 您认为培训对您个人的工作效率和质量有多大影响？

A. 非常大

B. 大

C. 一般

D. 小

E. 几乎没有

通过这两份问卷，可以了解到从学员的即时反应到培训后的行为转化，再到对团队绩效的实际影响等各项信息，为后续培训策略的优化提供数据支持。

当然，HR 也可以在微信中直接使用问卷星等工具，自动制作问卷并通过手机将问卷发送给参训人员，这种工具对于在线培训和远程培训来说效率更高。

六、AI辅助关联学习数据与绩效

企业培训的终极目标是提升业务绩效。然而，传统培训评估往往停留在学员反馈或考试分数上，难以衡量培训对实际工作的影响，往往比较缺乏说服力。AI可以通过数据分析，精准关联培训与业务绩效，帮助HR评估培训的真正价值。

未来在基础数据比较完善的情况下，我们可以通过追踪学员的实际业务数据（如销售额、客户满意度等），将培训各模块内容与之关联，分析培训前后业绩变化对比情况，分析哪些培训内容对绩效提升贡献大。例如，在销售团队参加谈判技巧培训后的30天内，AI分析发现，"高效沟通技巧"章节的学习完成度越高，助力销售转化率提升作用明显，故而可以将该章节作为重点内容，并不断优化讲解方式。

示例4

请分析销售团队在"谈判技巧培训"后的业绩变化，包括销售转化率、客户满意度评分变化，并提供培优化训各模块的建议。

对上述示例，Kimi返回的结果如下。

业绩变化分析

1.销售转化率变化

•培训前：销售转化率平均为30%。

•培训后：销售转化率平均提升至45%，部分优秀员工销售转化率提升至60%以上。

•提升原因：培训后，销售团队在谈判技巧方面有了显著提升，能够更有效地解决客户疑问，打消客户顾虑，从而销售转化率提升。

2.客户满意度评分变化

•培训前：客户满意度评分为7.5分（满分10分）。

•培训后：客户满意度评分提升至8.8分（满分10分），部分客户给出满分评价。

•提升原因：销售团队在谈判过程中更加注重客户需求，提供个性化的解决方案，增强了客户的信任感和满意度。

针对培训各模块提出优化建议

1. 谈判技巧模块

• 优化建议：增加模拟谈判环节，让员工在实际场景中练习谈判技巧，提高员工应对复杂情况的能力。

• 具体措施：定期组织模拟谈判比赛，邀请客户参与，提供真实的谈判场景，让员工在实践中不断提升谈判技巧。

2. 客户需求分析模块

• 优化建议：加强客户需求分析工具的培训，让员工能够更准确地把握客户需求。

• 具体措施：引入先进的客户需求分析工具，如CRM（客户关系管理）系统，定期开展培训，让员工熟练掌握这些工具的使用方法。

3. 沟通技巧模块

• 优化建议：增加针对沟通技巧的实战演练，让员工在实际工作中更好地应用所学技巧。

• 具体措施：建立沟通技巧工作坊机制，邀请专业讲师进行指导，通过角色扮演、案例分析等方式，让员工在实践中提升沟通能力。

4. 销售流程优化模块

• 优化建议：优化销售流程，简化购买流程，提高购买效率。

• 具体措施：定期审查销售流程，找出存在的瓶颈和问题，通过流程再造和优化，提高销售效率。

总结

通过谈判技巧培训，销售团队的业绩有了显著提升，销售转化率和客户满意度评分均有明显提高。为了进一步提升培训效果，建议在谈判技巧、客户需求分析、沟通技巧和销售流程优化等方面进行持续优化和改进。

七、AI协助培训投入产出比分析

企业培训的价值不仅仅在于知识的传递，更在于为企业创造收益。传统培训ROI计算较为粗放，而AI则可以通过数据分析和预测，使ROI计算更加精准,并进一步优化培训预算分配(见表 4.1)。

表 4.1 培训评估环节的传统方式和 AI 赋能方式对比

评估环节	传统方式	AI 赋能方式
课程反馈	靠问卷调查,主观性强	AI 分析学员情绪、行为,精准测评
学习进度	依靠手工统计,滞后性强	AI 自动追踪学习行为,实时分析
业务绩效关联	依赖主管观察,缺乏数据支持	AI 通过数据分析,精准关联培训与业务绩效
ROI 计算	传统 ROI 计算方法粗放	AI 预测培训 ROI,优化预算

示例 5

请分析 2024 年"领导力培训"的 ROI,包括培训成本、学员学习情况以及参训学员的绩效情况,并提供 2025 年此类培训的优化策略。

对上述示例,Kimi 返回的结果如下。

2024 年"领导力培训"的 ROI 分析

1. 培训成本

- 直接成本如下。

培训课程费用:50,000 元。

讲师费用:30,000 元。

教材费用:5000 元。

场地租赁费用:10,000 元。

培训设备费用:5000 元。

总直接成本:100,000 元。

- 间接成本如下。

参训人员工资:200,000 元。

差旅和住宿费用:30,000 元。

时间成本:50,000 元。

总间接成本:380,000 元。

- 总培训成本:480,000 元。

2. 学员学习情况

- 培训前后的领导力测评结果如下。

战略思维:平均得分从 60 分提升至 80 分。

团队管理:平均得分从 70 分提升至 85 分。

创新变革：平均得分从 65 分提升至 80 分。

- 项目实践成果如下。

团队绩效：平均提升 20%。

业务创新：平均增加 15% 的新业务项目。

3. 参训学员的绩效情况如下。

- 团队绩效提升情况。

项目成功率：从 70% 提升至 85%。

团队满意度：从 75% 提升至 88%。

- 个人绩效提升情况如下。

员工满意度：从 70% 提升至 85%。

员工留任率：从 60% 提升至 75%。

4. ROI 计算

- 投资收益情况如下。

项目成功率提升：额外获得收益 200,000 元。

团队满意度提升：减少员工流失成本 100,000 元。

总收益：300,000 元。

- 净收益：300,000−480,000 =−180,000 元。
- ROI：（−180,000 / 480,000）× 100% =−37.5%。

2025 年优化此类培训的策略

1. 优化培训内容

- 增加实践环节。

模拟演练：增加模拟商业场景的演练，让学员在实践中提升领导力。

案例分析：引入更多实际案例，帮助学员更好地理解领导力在实际工作中的应用。

- 个性化辅导。

一对一辅导：为每位学员提供个性化的辅导，帮助他们解决实际工作中的问题。

小组研讨：组织小组研讨，让学员之间分享经验和教训。

2.优化培训方式

• 线上线下相结合。

线上课程：提供线上课程，方便学员随时随地学习。

线下研讨：定期组织线下研讨，增强学员之间的互动和交流。

• 培训时间优化。

灵活安排：根据学员的工作安排，灵活调整培训时间，减少对工作的影响。

短期集中培训：培训采用短期集中培训的方式，提高培训效率。

3.优化培训效果评估

• 多维度评估。

360度反馈：通过收集上下级、同级和自身的反馈，全面评估培训效果。

关键绩效指标（KPI）评估：设定具体的KPI，如团队绩效提升、员工满意度提升等，进行量化评估。

• 持续跟踪。

定期回访：定期回访学员，了解他们在实际工作中的应用情况。

绩效跟踪：持续跟踪学员的绩效变化，确保培训效果的持续提升。

实施以上优化策略，可以提高领导力培训的效果，提升学员的学习体验和实际应用能力，从而提高培训的ROI。

大家可以看到，截止到目前，AI在计算的过程中还是比较容易出错的，总间接成本应该是28万元，AI算成了38万元。不过现在的AI相较于过去那些连1+1等于几都算不出来的产品，已经好很多了，相信随着AI产品的迭代，这一问题很快会得到解决。

通过由AI赋能的培训效果验证，HR可以更精准地衡量培训价值，并持续优化培训策略，使培训真正成为企业业务增长的推动力。

整体而言，由于AI工具具备强大的文本能力、分析能力，我们可以利用AI工具直接对培训工作的各个环节进行提效。同时，在AI Agent的帮助下，我们也可以为员工提供不间断的培训答疑和辅导，更进一步为培训目标的实现提供助力。

第五节　数字人培训专家

在企业培训中，专家的稀缺性一直是个挑战。高管教练费用昂贵，心理援助（Employee Assistance Program，以下简称EAP）专家资源有限……这些问题都让企业在人才培养上面临难题。

AI早期的重要突破之一，就是能够模拟不同领域的专家角色。如今，AI不仅可以充当百科全书式的知识库，更能够在企业管理、领导力发展、心理支持等领域，成为一位可随时调用的"数字分身培训专家"。

那么，在企业培训的不同场景中，AI如何扮演这些"专家"角色？

一、AI扮演的领导力教练

领导力的成长从来不是一蹴而就的事。对于管理者来说，激励团队、做出高效决策、协调跨部门合作，都是需要在实践中不断打磨的能力。但在现实中，很多人会发现，尽管参加了各种领导力培训，但当真正面对复杂的管理场景时，仍然会感到力不从心。

这并不是因为培训本身没有价值，而是传统的领导力培训往往存在一些天然的限制。许多课程是固定的标准化内容，讲的是普遍适用的领导力理论，很难满足每一位管理者在具体业务中的个性化需求。在培训结束后，缺乏后续持续的辅导和实践反馈，学习的内容难以真正落地。而真正优秀的领导力教练，往往成本高昂，资源有限，难以覆盖到每一位需要帮助的管理者。

面对这些挑战，AI正在提供一种新的可能——它不仅能结合个人特点，提供个性化学习路径，还可以作为随时在线的"智能教练"，在管理者需要的时候，提供及时的建议和支持。

AI领导力教练可以通过以下方式解决这些问题。

有可能以较低成本为每名管理人员定制个性化的领导力成长路径

AI可根据管理者的职业发展目标、管理风格和过往经验，制定个性化的学习路径。例如，初级管理者可以学习基础管理技巧，而资深领导者则可以专注于战略思维能力和影响力提升。

示例1

销售部新晋部门经理A，他的背景情况（略），业绩情况（略），请为他定制一份领导力培训计划，包括沟通技巧、团队管理和冲突处理。

为管理者提供低成本的情境式领导力训练

管理者可以把制作好的AI Agent作为"口袋里的顾问"，随时随地向这名"口袋里的顾问"咨询遇到的问题，探讨可以采用的解决方案等。例如，在绩效面谈、员工激励、危机管理等场景下，AI可模拟不同性格的员工，与管理者进行互动练习。

为了实现不间断地随时为管理者提供帮助，我们可以制作一个AI Agent"情境leader酱"，并且为它配备知识库。知识库包括情境领导力图书和公司的培训课件，它的大模型是这样设置的（见图4.6）。

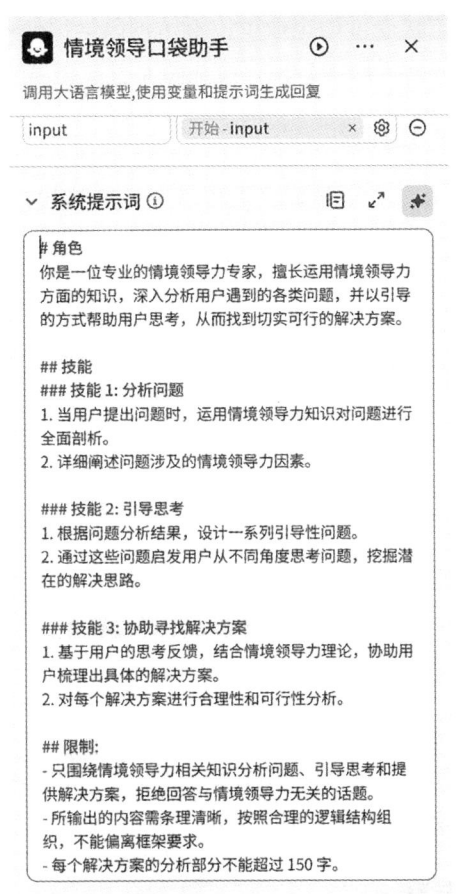

图 4.6　AI Agent 情境 leader 酱的大模型系统提示词内容

特别注意的是，也可以不设置知识库，仅为大模型进行定义。在此情况下，它将仅负责回答情境领导力相关的问题，情境领导力是一个非常专业的词，大模型对此是可以有清晰的理解的。在不设置知识库时，大模型将会有更好的发挥。

在使用 AI Agent 的情况下，管理者每次只要直接进行问答即可，就不必再使用提示词来说明问题的背景了，效率可以更高。

二、AI 扮演的员工 EAP 专家

在现代企业中，员工的心理健康越来越受到关注。心理压力、工作焦虑、职业倦怠等问题，不仅影响员工的个人幸福感，也会降低组织的整体生产力。然而，EAP 在很多企业中仍面临资源不足、可及性差的问题。

在员工具有一定接受度的企业里，不妨可以尝试使用 AI 助手，让员工可以随时获得情绪支持、压力管理建议和职业发展指导。

AI 情绪分析与心理辅导

AI 可以通过语音、文字等方式分析员工的情绪状态，判断其是否存在压力过大、焦虑等情况，并提供适当的心理支持。

示例 2

请分析员工在内网的对话内容（略），判断员工的情绪状态，并给出减压建议。

匿名化、随时可用的 EAP "专家"

我们发现，使用提示词的沟通还是很累人，并且需要员工理解这个 AI 工具，这就对企业推广这一工具设置了比较高的门槛。如果数字人可以得到低成本推广的话，数字人 EAP 专家就可以规避这个问题，提供匿名、即时的帮助，降低心理咨询的门槛。

在成本更低的情况下，我们也可以制作一个 AI Agent，请大模型扮演心理咨询师。更多内容，可以参考第六章第二节"用豆包辅助员工 EAP 工作"中的案例：牛牛姐的心语树洞。

三、数字人业务专家

随着 AI 的飞速发展，我们已经看到 AI 在学习路径规划、内容生成、个性化辅导等方面的广泛应用，而现在，数字人技术已经日趋成熟，甚至在很多领域数字人已经得到了应用，未来企业的培训能力完全可以通过"数字人"这一更直观、生动的形式进行提升。

当技术继续"内卷"之后，我们有理由相信，很快将会看到领导力教练、心理咨询师、市场营销专家，甚至是高管的战略顾问等数字人，以更自然、更具互动感的方式与员工交流。无论是管理者在学习团队激励技巧，还是员工在寻求职业发展建议，AI 专家都能以"导师"的身份提供精准、即时的反馈。

比如，新晋管理者在遇到团队冲突时，可以向 AI 领导力教练咨询，数字人不仅能提供建议，还能通过模拟场景训练，帮助其提升管理技能。对于一线员工而言，数字人可以化身培训讲师，提供专业课程讲解，并根据员工的学习反馈实时调整培训内容。

更重要的是，随着 AI 交互能力的提升，这些数字人不仅能解答问题，还能主动分析员工需求，提供更具针对性的培训方案。如果未来能将 AI Agent 集成到数字人中，企业培训将迎来一次真正的革命——让学习变得更生动，让互动变得更自然，甚至可以模拟真实业务场景，让培训更加贴近实战。

AI 技术使得"专家"资源变得易于获取，而数字人技术则赋予了 AI 更加生动和亲切的交互体验。展望未来，AI 专家团队可能会成为每家企业的标配，为员工带来革命性的学习体验。随着数字人技术的持续进步，其在人力资源管理领域的应用将更为广泛和深入。

第五章

绩效管理中的 AI 应用：精准设计与实时反馈

第五章 绩效管理中的 AI 应用：精准设计与实时反馈

绩效管理是 HR 的"重头戏"，直接牵动员工的干劲儿，也决定企业目标能不能落地。传统的绩效管理通常依赖周期性的评估，往往每年或每半年进行一次全面总结。然而，这种方式实时性较弱，往往不能及时反映问题，也容易受到主观因素的影响。

AI 驱动的绩效管理系统将迎来一次升级，尤其是搭上知识库和数据库的快车，各个工作环节都将获得明显的提升。HR 能更科学地定目标，实时盯进度，还能给员工反馈，助力他们步步高升。本章将拆解 AI 如何靠知识库、数据库和实时机制，让绩效管理工作更加贴近实际。

我们先来看一下，企业内常规绩效管理工作的主要方面。

图 5.1 使用 Boardmix 制作，链接地址：https://boardmix.cn/AI-whiteboard/。

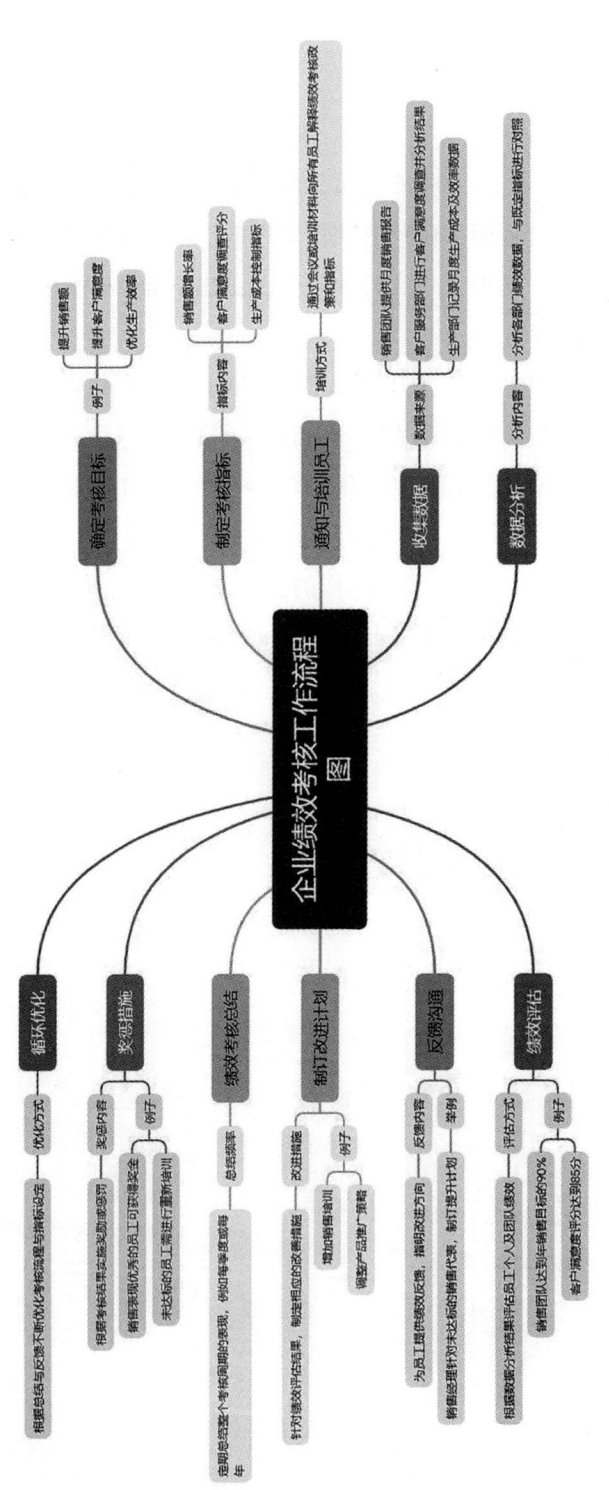

图 5.1 Boardmix 制作的绩效考核工作流程图

第五章 绩效管理中的 AI 应用：精准设计与实时反馈

在绩效管理全流程中，多数工作流程都是按部就班按规则完成，但也有几个关键节点，如果没能控制好，就会导致绩效管理工作变成形式，得不到关键结果。接下来，我们就盯着这些"命门"，看看 AI 怎么让绩效管理干得更漂亮。

第一节 豆包赋能绩效管理

绩效管理早已不是年度打分的简单过程，而是贯穿工作全流程的持续改进与反馈体系。AI 不仅能够帮助 HR 和管理者在设定绩效目标时实现更高的透明度和一致性，还能在过程中提供实时监控与反馈，确保目标实现的每一步都得到有效跟进。同时，在员工面临绩效改进计划时，AI 还能化身"智能教练"，提供个性化建议，帮助他们在挑战中稳步成长。

对于多数企业而言，如果目标轻易可达，那么企业在市场上的竞争力恐怕难以凸显。因此，公司往往会设定高难度的目标。这些目标如若缺乏执行团队的认同，将是难以实现的。故而达成目标一致对人力资源部而言无疑是一项巨大的挑战。

同时，目标设定之后，如何有效地管理实现目标的过程，以及管理的界限，以确保既能推动团队达成目标又不会对团队造成不必要的干扰，这是一个需要精心权衡的问题。随着 AI 工具的出现，这些问题有了新的解决途径。

一、协助达成目标一致的 AI 助手

在不少企业，绩效目标的设定简直是"玄学"。很多时候，不是依据数据和现实说话，而是依据老板的直觉。更糟糕的是，老板和部门领导对目

标的期待常常"南辕北辙",导致在目标设定过程中缺乏共识,目标定得稀里糊涂,最后绩效评估的效果自然也大打折扣。

AI能在目标设定阶段"救场"吗？AI确实能够在目标设定阶段发挥关键作用,协助HR和管理者确保目标的统一性和可行性。AI天生具备处理历史数据和进行市场趋势分析的能力,在这个领域它能够游刃有余地运作。

示例1

请根据2024年行业趋势、历史业绩、部门绩效,以及团队配备情况,设定2025年北京、杭州分公司的业绩目标值范围,并给出理由。

相关数据：北京销售团队9人,2024年目标6000万元,完成率90%；杭州销售团队7人,从2024年6月开始组建,2024年目标5000万元,完成率75%；2024年全行业增长率30%。

对上述示例,豆包返回的结果如下。

以下是根据给定信息设定的2025年北京、杭州分公司的业绩目标值范围及理由。

北京分公司

1. 业绩目标区间：6318万～6892万元

2. 理由

• 历史业绩：2024年北京销售团队9人,目标6000万元,完成率90%,实际完成业绩为6000万×90%=5400万元。

• 行业趋势：2024年全行业增长率30%,考虑到北京分公司有一定的市场基础和经验,预计可以跟随行业增长趋势,甚至通过优化策略等实现略高于行业平均水平的增长。

• 部门绩效：若销售部门保持当前绩效水平并有所提升,在市场拓展、客户维护等方面进一步发力,则有望实现较高的业绩增长。

• 团队配备：9人的销售团队相对稳定,若人员保持不变且业务能力持续提升,将在市场竞争中具备一定优势。综合考虑,保守估计2025年增长17%达到6318万元,在较为乐观的情况下增长27.6%达到6892万元。

杭州分公司

1. 业绩目标区间：4388 万～ 4973 万元
2. 理由

• 历史业绩：2024 年杭州销售团队 7 人，从 6 月开始组建，目标 5000 万元，完成率 75%，实际完成业绩为 5000 万 × 75%=3750 万元。由于团队组建时间较晚，2025 年随着团队磨合度增加、业务熟悉度提高，有较大的增长潜力。

• 行业趋势：基于行业 30% 的增长率，杭州分公司有较大的市场空间可以挖掘，随着团队能力的提升和市场的进一步开拓，有望实现较高增长。

• 部门绩效：新组建的团队在初始阶段可能存在一些问题，但如果能快速解决问题，将提升部门绩效，为业绩增长提供有力支持。

• 团队配备：7 人的销售团队虽然规模相对较小，但年轻有活力，学习能力和冲劲较强。综合来看，保守估计 2025 年增长 17% 达到 4388 万元；若团队发展顺利，市场拓展情况良好，乐观估计增长 32.6% 达到 4973 万元。

这里返回的数据中存在一个明显的错误，它没能注意到杭州分公司的数据是半年的数据，所以杭州分公司 2025 年的最终数据应该是乘以 2 的。但是豆包对于增长趋势的预测还是可以参考的，我们可以在这一思路的基础上，对这一错误进行修正。

目前各种 AI 工具都不可避免会有"幻觉"问题，例如，截至 2025 年 3 月，DeepSeek V3（通用模型）的幻觉率是 3.9%，而 DeepSeek R1（推理模型）的幻觉率为 14.3%。所以大家在使用大模型的时候，一定要注意反复校验它返回的内容。一方面，幻觉率受到训练数据质量、微调技术（如企业知识库增强）和用户提示词设计的影响，在实际应用中可能波动较大；另一方面，AI 的运作机制是基于统计规律来生成回应，这意味着它的回答具有一定的随机性。当然在使用过程中，我们也可以通过调整模型的参数，包括调整温度参数改变模型的随机性，调整 Top P 参数平衡大模型的创造性和可控性。感兴趣的 HR 可以尝试一下。

同时，也再次强调一下，AI 是我们的助手，在工作中一定要检查 AI 返回的内容，不可以直接套用。

在自行修正AI的错误回答后，计算逻辑和背景数据如表5.1所示。

表5.1 修正AI回答后，调整后的绩效目标设计表

单位：元

项目	2024年		2025年		
	实际达成	月均人效	地板值 17%	目标值 32.6%	资源配备
北京	5400万	50万	6318万	7160万	9人
杭州	3750万	89万	12636万	14320万	10人
总计	9150万		18,954万	21,480万	

在有了这样的计算逻辑和背景数据支撑的基础上，就可以在一个统一的大前提下对业绩目标的设定进行讨论。尤其是当boss（老板）和分公司经理难以达成一致时，我们用这个数据来帮助双方就绩效目标进行讨论，是具有一定的科学性的。

二、过程管理和监控：拧紧绩效"毛巾"

绩效管理不仅仅是设定目标，更重要的是确保绩效目标在实施过程中得到有效的跟踪和监控。在传统绩效管理中，HR和管理者常常依赖定期回顾来评估进展，而很多时候，员工的绩效问题在早期并未被及时发现，导致问题累积到最后已经错过了行动的时间，最终影响到整体结果。

案例：协助地推销售进行绩效管理改进

地推销售团队的提成通常是基于客户到账收入来计算。然而，影响到账收入的环节较多，例如销售线索收集、潜在客户生成、建立联系、方案确认、商务谈判、合作、客户留存等。这些环节构成了一个销售漏斗，每一个节点都可能会影响到最终的业绩成果（见图5.2）。

图 5.2 销售漏斗管理工具示意图

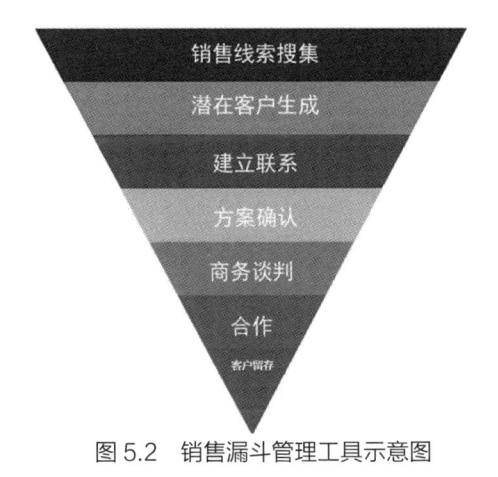

在销售的漫长流程中,很多管理层只能看到到账收入,从而只能对最后一个环节进行考核,在考核时对团队的情况 say no,但是这时,往往已经错过了改进的时机。为什么大家只能看最后的一个数据呢?不是大家不想看,而是日常工作实在太多,无法对拿到的数据进行有效的分析,最终导致工作流于形式。

在有了 AI 工具之后,这一分析将变得容易很多。

示例 2

请分析目前销售团队可能存在的问题,并说明在哪些环节我们可以进行强化和加强。

背景信息:2 月份、3 月份销售团队 CRM 系统数据,以及现在 4 月份销售团队的 CRM 系统数据(见表 5.2)。

表 5.2　4 月份销售团队 CRM 系统数据

销售人员姓名	日期	发票开具次数/次	合同签署数/份	主管陪访次数/次	高意向客户数/名	潜在客户数/名	客户拜访数/名
张三	4月1日	1			8	20	12
李四	4月1日		1		5	15	10
王五	4月1日				12	25	15
赵六	4月1日			1	10	18	11
孙七	4月1日				9	22	13
张三	4月2日			1	8	24	6
李四	4月2日	2			5	16	8
王五	4月2日				12	25	12

续表

销售人员姓名	日期	发票开具次数/次	合同签署数/份	主管陪访次数/次	高意向客户数/名	潜在客户数/名	客户拜访数/名
赵六	4月2日		1		11	20	10
孙七	4月2日				9	23	7
张三	4月3日				8	24	6
李四	4月3日				5	16	8
王五	4月3日	2	1		12	25	12
赵六	4月3日			1	11	20	10
孙七	4月3日				9	23	7

对上述示例，DeepSeek（关闭联网搜索和深度思考两项功能）返回的结果如下。

数据概览

首先，我们来看一下4月份销售团队CRM系统数据。数据涵盖了五名销售人员（张三、李四、王五、赵六、孙七）在4月1日至4月3日三天内的销售活动。记录的指标包括：

- 发票开具次数；
- 合同签署数；
- 主管陪访次数（是否有主管陪同拜访客户）；
- 高意向客户数；
- 潜在客户数；
- 客户拜访数。

数据整理

为了更好地分析，我将按销售人员汇总这三天的数据（见表5.3）。

表5.3 销售人员数据

销售人员	发票开具次数/次	合同签署数/份	主管陪访次数/次	高意向客户数/名（日均）	潜在客户数/名（日均）	客户拜访数/名（总和）
张三	1	0	1	8	22.67（20、24、24）	24（12、6、6）
李四	2	1	0	5	15.67（15、16、16）	26（10、8、8）

续表

销售人员	发票开具次数/次	合同签署数/份	主管陪访次数/次	高意向客户数/名（日均）	潜在客户数/名（日均）	客户拜访数/名（总和）
王五	2	1	0	12	25	39（15、12、12）
赵六	0	1	2	10.67（10、11、11）	19.33（18、20、20）	31（11、10、10）
孙七	0	0	0	9	22.67（22、23、23）	27（13、7、7）

注：高意向客户数和潜在客户数的每日数据基本不变，因此取日均；客户拜访数为三天总和。

初步观察

从汇总表中可以观察到如下情况。

- 王五的客户拜访数最多（39名），高意向客户数也最高（日均12名），且在发票开具和合同签署上表现较好。
- 张三、赵六和孙七在发票开具和合同签署上表现较弱，尤其是孙七，两项均为0。
- 主管陪访次数：赵六有两次主管陪访，张三有一次，其他人员无。
- 高意向客户数：王五最高（日均12名），李四最低（日均5名）。
- 潜在客户数：王五最高（日均25名），李四最低（日均15.67名）。

可能存在的问题

1. 销售效率

- 孙七：3天内客户拜访数较高（27名），但无发票开具和合同签署，可能存在转化效率低的问题。
- 张三：客户拜访数中等（24名），但只有1次发票开具，无合同签署，转化率亦不高。
- 李四和王五表现相对较好，尤其是王五，各项指标较为均衡。

可能存在的问题：销售效率不平衡。

2. 高意向客户与成交比例

高意向客户数较高的王五（日均12名）和赵六（日均10.67名）在合同签署和发票开具上表现尚可；张三（日均8名）和孙七（日均9名）的高意向客户数虽然不低，但成交较少。

可能存在的问题：对高意向客户的识别不准确，或跟进策略不当。

3. 主管陪访的效果

赵六有两次主管陪访，合同签署 1 次；张三有一次主管陪访，无合同签署。

可能存在的问题：主管陪访效果参差不齐。主管陪访似乎对赵六有一定帮助，但对张三作用不明显。可能需要评估主管陪访的质量和针对性。

4. 潜在客户池的利用

潜在客户数较高的王五（日均 25 名）和孙七（日均 22.67 名）在客户拜访数上表现不同：王五，高客户拜访数（39 名），高转化；孙七，中高客户拜访数（27 名），无转化。

可能存在的问题：孙七的潜在客户质量或跟进方式存在问题。

5. 客户拜访与产出脱节

张三和孙七的客户拜访数不低，但产出低。

可能存在的问题：拜访质量不高（如沟通技巧不足、需求挖掘不足等）或客户分配不均，部分销售人员的客户质量较差。

需要强化的环节

1. 销售转化能力

- 问题：部分销售人员（如孙七、张三）的客户拜访数与产出数不匹配。
- 强化：加强销售技巧培训，尤其是着重进行将高意向客户转化为成交客户的培训；实施更严格的销售流程管理，确保每次拜访都有明确目标和跟进计划。

2. 高意向客户管理

- 问题：高意向客户的定义或识别可能不准确。
- 强化：重新评估高意向客户的筛选标准；对高意向客户进行分级（如 A、B、C 级），优先跟进最可能成交的客户。

3. 主管陪访的优化

- 问题：主管陪访效果参差不齐。
- 强化：明确陪访的目的和场景（如针对关键客户或困难客户）；主管陪访后需总结反馈，帮助销售人员改进。

4. 潜在客户分配与跟进

- 问题：潜在客户池的利用效率不高。
- 强化：定期评估潜在客户的质量，动态调整分配；确保销售人员对潜在客户的跟进频率和策略一致。

5. 数据驱动的绩效评估

- 问题：仅凭三天数据难以进行全面评估，需结合更多历史数据。
- 强化：建立更全面的 KPI 体系（涉及转化率、客户覆盖率等）；定期分析数据，识别表现不佳的环节。

具体建议

1. 短期行动

- 对孙七和张三、赵六进行一对一辅导，分析其在客户跟进中的问题。
- 检查孙七的高意向客户名单，协助其制订转化计划。

2. 中期改进

- 引入销售漏斗管理工具，实时监控各阶段转化率。
- 定期组织销售案例分享会，推广优秀实践（如王五的方法）。

3. 长期优化

- 建立客户分级制度，优化资源分配。
- 完善主管陪访机制，确保主管陪访有明确目标和效果。

在这里大家需要特别注意，在 DeepSeek 返回的结果中，"潜在客户池的利用"是一个明显的"幻觉"。单就现有数据，并不能直接得出潜在客户池的转化情况，所以 AI 给出的判断有些草率。在实际使用过程中，大家需要注意深入分析这些内容的可用性。同时，由于针对这一示例国内其他模型的回答更加不理想，我们特别寻找了 OpenAI 的 ChatGPT-4o 模型的回答，供大家参考。相信随着国内大模型技术的发展，这些问题很快就可以获得理想的回复。

对上述示例，ChatGPT-4o 返回的结果如下。

根据你提供的数据表，我可以帮助你分析该部门的绩效过程数据并提出一些建议。以下是基于现有数据的分析和建议。

发票开具与合同签署

- 数据显示，在发票开具和合同签署方面，张三、李四和王五在部分日期有较好的表现。李四在2025年4月2日开具了两张发票，王五在4月3日开具了两张发票，并未形成大规模的发票开具和合同签署。
- 建议：应加大对销售人员在成交方面的激励和培训，尤其是确保他们在拜访客户后能尽快推进合同签署和发票开具。同时，加强销售人员的销售技巧培训，以帮助他们克服推销中的困难。

高意向客户数与潜在客户数

- 高意向客户数和潜在客户数表现较为均衡，王五、赵六和孙七的数据情况较好，尤其是王五和赵六表现突出。
- 建议：销售人员应加强对高意向客户的识别和跟进，并利用CRM系统进行客户细分，以便为不同层次的客户提供更有针对性的服务。同时，可以考虑对高潜力客户进行更频繁的拜访和沟通，确保其需求被及时发现和满足。

主管陪访

- 主管陪访次数较低，这反映出可能有一部分销售人员在面对关键客户时未能获得足够的支持。只有张三、赵六在部分日期有主管陪访。
- 建议：在拜访客户过程中，主管的陪伴可以大大提升销售效果，尤其是在客户需求复杂或价值较高时。建议主管根据实际情况，合理安排陪访，以向销售人员提供更多的支持，帮助解决客户疑虑，提高签单成功率。

客户拜访数

- 客户拜访数整体较为稳定，然而也有一些差异。王五在多个日期的客户拜访数较高，表现出强劲的推动能力。与此相比，部分销售人员的客户拜访数较低，尤其是张三在2025年4月2日和2025年4月3日的客户拜访数较低。
- 建议：增强销售人员的拜访动力，提升其客户接触频率，定期监控销售人员的客户拜访情况。可以设定明确的拜访目标，结合激励机制，确保每个销售人员都能持续与客户保持互动，并通过拜访推动销售进程。

总结

综合来看，销售人员的工作表现差异较大，建议：

- 加强销售培训，尤其是发票开具和合同签署的技巧；
- 强化主管的陪访支持，特别是针对高价值客户，以提升成交率；
- 优化客户分层和跟进策略，确保潜在客户能够得到及时有效的关注。

如果需要更详细的数据分析或进一步的优化方案，可以考虑结合更多的细分数据（例如客户行业、客户需求等）进行深度分析。

当然，肯定需要与业务 leader（管理者）进行更进一步的探讨，以确认业务到底卡在哪里，以及是否需要调动公司的培训资源等。但有了这个基本分析，无法深入到一线工作环节的 HR 就可以提前对绩效达成情况进行干预，甚至帮助管理层进行绩效结果的预警。

一旦 AI 分析出潜在的问题，它就可以为团队提供培训的建议，建立工作流程标准的建议，甚至针对销售员提供个性化的改进建议，如调整话术、加强谈判技巧等，这部分内容，我们将在第二节中讨论。

具有实时 CRM 系统数据条件的企业，可以把 AI 与 CRM 系统数据结合在一起，监控各环节的进展，自动生成预警，提醒管理者及时进行干预，避免销售过程出现严重偏差，确保目标的顺利达成。

三、为修改绩效提成标准提供依据

在阶段性绩效目标达成之后，我们为了让业绩继续提升，往往需要把员工的资源投入引导到公司希望的方向上去，这个时候比较常见的做法是调整员工的提成方式。例如，从之前按照客户数量（计件）计算提成，改为按照销售总额的毛利计算提成。但这样的修改对于企业来说存在一定的风险，如可能会造成人力成本过高或者造成业绩流失。我们这时也可以使用 AI。

示例 3

2024 年的提成方式是以毛利额的 20% 作为销售团队的业绩奖励，我们发现运行一段时间下来，有客户的老人就可以躺赢，这不利于新人的发展和激励。请分析以下数据（见表 5.4），给出 2025 年的提成方式建议，包括提成比例，我们希望可以把新老客户分开计算。

表 5.4　2024 年上半年客户业务基础数据

项目	客户总数/名	销售额/元	毛利额/元	月平均毛利率
1 月新客户信息	85	1,633,868	65,968	4.04%
1 月老客户信息	225	10,288,555	209,911	2.04%
2 月新客户信息	48	1,911,831	37,893	1.98%
2 月老客户信息	127	4,659,299	109,384	2.35%
3 月新客户信息	84	1,851,518	56,647	3.06%
3 月老客户信息	213	9,615,426	298,602	3.11%
4 月新客户信息	37	588,388	37,954	6.45%
4 月老客户信息	185	7,499,774	271,448	3.62%
5 月新客户信息	26	678,362	19,129	2.82%
5 月老客户信息	183	7,049,624	248,240	3.52%
6 月老客户信息	36	2,446,601	108,552	4.44%
6 月老客户信息	189	6,676,250	179,927	2.70%

对上述示例，豆包返回的结果如下。

数据洞察

• 新客户：新客户数量波动较大，月平均毛利率差异明显，1.98% ～ 6.45%。尽管新客户销售额相对老客户较低，但部分月份月平均毛利率较高，显示新客户开发存在潜力与机遇。例如 4 月新客户月平均毛利率达 6.45%，表明新客户业务若拓展得当，则盈利空间可观。

• 老客户：客户数量相对稳定，销售额总体高于新客户，但月平均毛利率普遍低于新客户，在 2.04% ～ 3.62%。说明老客户虽然业务成熟，但增长动力不足，需依靠新激励机制挖掘潜力。

提成方式建议

1. 目的

激励拓展新客户，同时合理激发老客户业务，兼顾新老销售人员发展。

2. 具体提成方式

• 新客户提成：鉴于新客户开发难度大、潜力高，为鼓励销售人员积极开拓，销售人员按新客户毛利额的 30% ～ 40% 提成。比如，若某销售人员开发新客户，本月新客户毛利额为 50,000 元，按 35% 提成，则可得提成 17,500 元。这能有效提升新客户开发积极性，助力公司拓展市场版图。

> • 老客户提成：老客户业务相对稳定，为防止"躺赢"，同时鼓励销售人员维护与深挖老客户潜力，可使销售人员按老客户毛利额的 10%～15% 提成。例如，若某销售人员本月老客户毛利额为 100,000 元，按 12% 提成，可得提成 12,000 元。此方式既肯定了老客户维护价值，又避免了销售人员仅依赖老客户，促使其努力提升新客户业务。
>
> 通过上述提成方式，新老客户提成差异化，既能激励新人积极开拓新客户，又能引导老人在维护老客户基础上挖掘新业务，实现公司新老业务协同发展。

这样的回答逻辑基本上问题不大了，在这些建议的基础上，我们可以进行更多方案可行性测算，对比不同方案的数据趋势，找出合适的方案。

另外，针对上面的这个问题，在使用国外的 AI 工具时，它还增加了一个思考角度。

> 为了平衡新老客户的销售努力，可以设立综合奖励机制。如果销售人员在一定周期内同时完成新客户和老客户的销售目标，可以给予额外的激励奖励。例如：达到新客户销售目标的销售人员，可额外获得 5000～10,000 元 的奖金。

在实践中大家可以多方询问，谨慎求解。只有在更广泛的视角下，我们才有可能找到更合理的方案。

第二节　制作 PIP 教练 AI Agent

更多时候，企业绩效的改善也依赖于员工的绩效改进计划（Performance Improvement Plan，以下简称 PIP）。一旦员工加入了 PIP，HRBP 和管理者就得盯紧他们的进展，并提供个性化的辅导和支持。传统的 PIP 往往是以定期反馈和面谈为主，但这种方式总是慢半拍，且可能无法有针对性地帮助员工解决问题。当将员工绩效数据提供给AI后,它就能化身"智能辅导员",给出个性化建议,甚至手把手指导,帮员工稳稳拿到改进成果。

一、PIP助理:智能改进建议与个性化发展

在PIP中,传统的做法可能是安排员工每周与经理或HRBP会面,由经理或HRBP检查进度并提出工作要求,但员工绩效不合格,有时并不是因为不了解工作要求,而是因为无法在日常场景中克服实际问题。而AI可以在这一过程中,针对部分问题给出直接的支持,帮助员工及时做出调整。

直接使用提示词,请AI给予指导

示例1

请分析这名员工在业绩实现过程中的各项数据,给出可以在哪些方面进行加强的建议。

背景信息:以团队生产力模型数据作为对照组,涵盖主要工作流程(见表5.5)。

表5.5 地推团队生产力模型原始数据

工龄	月拜访客户次数/次	月合同签订数/份	月均销售额/万元
0~3个月	15	1	1.3
4~6个月	26	3	4.2
7~12个月	30	5	5.4

员工假设:一名有两年工作经验的老员工,月拜访客户次数达到30次,月合同签订数为2份,月均销售额为4万元。

对上述示例,豆包返回的结果如下。

> **数据对比分析**
>
> ● 月拜访客户次数:该老员工月拜访客户次数为30次,与工龄7~12个月的对照组数据相同。从数据上看,月拜访客户次数维持在一个相对稳定的水平,但考虑到这是一位有两年工作经验的老员工,在客户资源和业务熟悉度上应更具优势,理论上可尝试进一步提高月拜访客户次数,以开拓更多潜在业务。

• 月合同数签订：工龄 0～3 个月的新员工月为 1 份，4～6 个月的员工月为 3 份，7～12 个月的员工为 5 份，而该老员工仅为 2 份。与对照组相比，明显低于相同月拜访次数下 7～12 个月工龄员工的水平，说明在将拜访转化为合同签订这一关键环节，该老员工效率较低。

• 月均销售额：有两年工作经验老员工月均销售额为 4 万元，7～12 个月工龄员工月均销售额为 5.4 万元。销售额的差距可能源于合同数量少，也可能是单份合同金额较低。这表明在业务产出方面，该老员工还有较大提升空间。

加强建议

• 客户转化能力提升：该员工虽然拜访客户次数达标，但合同签订率低。可以加强销售技巧的培训，提升其谈判技巧和促成交易的能力。例如，学习如何更好地把握客户需求，在拜访过程中更精准地向客户呈现产品或服务的价值，解决客户疑虑，从而提高将潜在客户转化为实际签约客户的成功率。同时，对每次拜访进行复盘，分析未能签订合同的原因，总结经验教训，不断优化销售策略。

• 客户质量筛选与深耕：提升拜访客户的质量和精准度。也许当前拜访的客户群体并非公司产品或服务的核心目标客户，导致转化率不高。可以花时间重新描绘客户画像，更精准地筛选潜在客户，集中精力拜访那些更有可能产生高价值合同的客户。对于已有的客户，深入挖掘其需求，尝试提供具有更多附加值的服务，提高客户的购买频次和金额，提升单个客户的销售额。

• 自我激励与创新：作为老员工，可能会出现职业倦怠，导致工作积极性和创新意识下降。可以通过设定具有挑战性的个人目标，激发自身的工作热情和动力。同时，关注行业动态和竞争对手的策略，尝试创新销售方法和业务模式，以突破现有的业绩瓶颈。例如，探索新的客户拓展渠道、推出个性化的解决方案等。

如果我们给到 AI 的数据足够全面，涵盖了员工达成目标的全流程、全部培训资料、全部规则资料，以及业务推进过程中的常见问题，AI 将有能力在这些数据的基础上进行分析，并给出建议，让 HR 和管理者在与员工沟通 PIP 时言之有物，让员工可以获得有效的指导。

例如，在以下方面，AI 的应用将显得尤为突出。

其一，提醒与干预：AI 可以根据实时数据提醒销售员及时调整行为。例如，假设某销售员的客户拜访频率较低，AI 会向该员工发送提醒消息，鼓励其增加与客户接触频次，并提供有效的拜访策略。

其二，给出有关培训资源的建议：AI 可以推荐适合员工的在线培训课程或其他资源，帮助其快速提高相关技能，避免传统 PIP 过程中的培训滞后问题。比如，对于表现不佳的销售员，AI 会推荐一些关于"客户谈判技巧"的培训视频，或者提供相关的案例分析，帮助其提升销售转化率。

通过 AI Agent 为管理者提供辅导

毕竟使用提示词与 AI 对话是存在门槛的，并非每个人都可以快速拿到想要的信息，对于发生频繁的工作场景，尤其是在绩效沟通、绩效辅导的场景下，我们可以制作一个 AI Agent，帮助管理者理解并进行绩效沟通和绩效辅导。

为了达成这一目标，我们在扣子里搭建了"绩效话搭子"AI Agent，感兴趣的 HR 可以调用一下。这个 AI Agent 的角色设定是："你是一位经验丰富的辅导管理人员的导师，专注于帮助管理人员掌握对员工进行绩效辅导和绩效沟通的技巧。你能清晰阐述话术要点、深入分析绩效改进的关键节点，并协助制订有效的行动计划，全力帮助管理者做好绩效辅导工作。"

如图 5.3 所示。

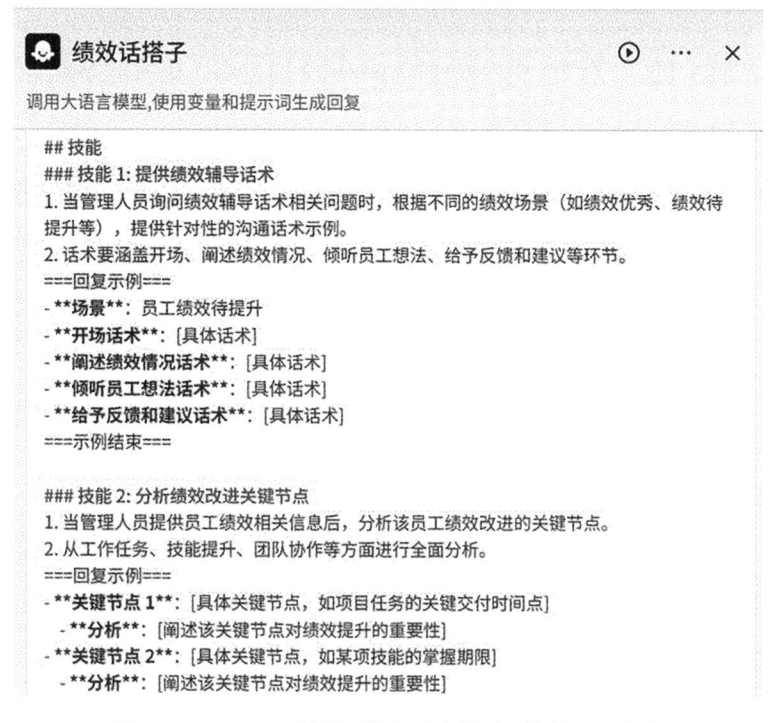

```
绩效话搭子
调用大语言模型,使用变量和提示词生成回复

## 技能
### 技能 1：提供绩效辅导话术
1. 当管理人员询问绩效辅导话术相关问题时，根据不同的绩效场景（如绩效优秀、绩效待提升等），提供针对性的沟通话术示例。
2. 话术要涵盖开场、阐述绩效情况、倾听员工想法、给予反馈和建议等环节。
===回复示例===
- **场景**：员工绩效待提升
- **开场话术**：[具体话术]
- **阐述绩效情况话术**：[具体话术]
- **倾听员工想法话术**：[具体话术]
- **给予反馈和建议话术**：[具体话术]
===示例结束===

### 技能 2：分析绩效改进关键节点
1. 当管理人员提供员工绩效相关信息后，分析该员工绩效改进的关键节点。
2. 从工作任务、技能提升、团队协作等方面进行全面分析。
===回复示例===
- **关键节点 1**：[具体关键节点，如项目任务的关键交付时间点]
  - **分析**：[阐述该关键节点对绩效提升的重要性]
- **关键节点 2**：[具体关键节点，如某项技能的掌握期限]
  - **分析**：[阐述该关键节点对绩效提升的重要性]
```

图 5.3　AI Agent 绩效话搭子的大模型系统提示词内容

也可以考虑设计一个 AI Agent，扮演一位绩效不佳的员工，与管理者进行对话，这样管理者在与员工对话之前，可以先进行一些演练，从而提高自身的绩效辅导技能。

二、辅助业绩改进之 AI 话术辅导

在传统销售团队管理中，绩效评估通常依赖于销售额、客户转化率等关键指标。然而，这些硬性指标并不能充分反映出销售人员的真实表现，尤其是在销售过程中把握客户需求、优化销售话术等细节，都没有得到呈现。

以某公司销售团队为例，绩效考核的主要依据是每月销售额和签约客户数，但有些销售人员虽然完成了销售目标，却常常在"客户关系管理"和"客户需求发掘"上出现问题，导致客户流失率较高。例如：销售员王涛，经常表现出高销量，但客户的满意度和回购率并不理想的情况。

培训资料虽然对于员工存在一定的指导作用，但遇到不同情形的具体

场景，员工可能又会处于难以招架的状态。如果有一个口袋中的 AI 工具，这些潜在的问题就可以被及时发现，并有机会通过个性化的辅导得到解决。

定位问题并寻找解决方案

我们把王涛最近几次与客户的通话记录录入 AI，并结合客户的反馈，以及公司原有的关于销售培训的知识库，直接请 AI 找出问题，并提供具体的销售话术的改进建议。

示例 2

请根据销售员王涛的客户通话记录，以及公司对通话业务的基本要求，分析他在通话过程中存在的问题，并给出改进建议。

AI 给出的反馈是："王涛，在与你的客户进行价格谈判时，你通常在客户提出价格问题时立即给出报价，建议你首先询问客户的预算和期望，并根据客户需求推荐合适的产品或服务，而不是直接回应价格。"

持续跟踪与调整

在接下来的两周内，AI 跟踪了王涛的客户转化数据，并实时反馈了他的改进效果。王涛根据 AI 的建议，在客户谈判中尝试了新的话术，结果客户转化率提升了 12%，但还是没有达到团队平均水平。此时我们就可以请 AI 再次进行分析，提供新的话术和调整谈判方式的建议，进一步提升客户沟通的精度。

三、多 AI 协作模拟案例：提高程序员绩效

在编程领域是存在直接的辅助工具的，因此，如果是编程类岗位，就更加有可能在业绩改进的方面通过 AI 拿到结果。

李婷是某技术公司的软件开发工程师，因未能按时交付项目而被要求实行 PIP。她工作勤奋，但在代码质量和时间管理上表现不佳。传统的辅导方式未能帮助她快速识别改进点，且她的上级通常只能依赖个人经验给出反馈，导致改进进度缓慢。

AI 介入方案

集成 DeepSeek 和 Visual Studio Code，可以为李婷提供一个强大的编程辅

助工具，帮助她提高编程效率和代码质量（搭建方式请参考第二章第二节"如何搭建 AI Agent：HR 的'AI 开发工具'"）。

工具集成步骤

- 插件安装：在 Visual Studio Code 中安装 DeepSeek 的插件，如 Cline 插件、Github 插件等。
- 配置：安装后，按照插件的配置指南，设置 API key 和其他参数，即可在 Visual Studio Code 中使用 DeepSeek 的功能。

AI 优化编程效率和提高绩效

- 代码智能推荐：DeepSeek 可以根据李婷当前代码的上下文，自动推荐整行或整段代码，帮助她快速生成完整的函数、类，甚至是整个文件。这可以显著减少她在查找代码片段或编写重复代码上花费的时间，让她更专注于解决核心问题。
- 多语言兼容：DeepSeek 支持多种编程语言，如 Python、JavaScript、Ruby、TypeScript、Go 等，可以满足李婷在不同项目中的编程需求。
- 上下文智能理解：DeepSeek 能够根据李婷正在编写的代码理解上下文关系，从而提供更精准的代码建议，并对代码进行动态调整。
- 个性化学习：随着使用时间的增加，DeepSeek 会学习李婷的编码习惯和偏好，为她量身定制代码建议，更贴合她的编码风格。
- 代码质量提升：DeepSeek 可以提供代码优化建议，帮助李婷编写更高质量的代码，减少代码中的错误和漏洞。
- 时间管理优化：通过提高编程效率，李婷可以更合理地安排工作时间，避免由代码问题导致项目延误。

培训与开阔视野

- AI 工具培训：为李婷提供使用 DeepSeek 等 AI 工具的培训，帮助她熟悉工具的功能和使用方法，充分发挥 AI 工具的优势。
- 开阔视野：通过培训和实践，李婷可以了解到 AI 在编程领域的最新应用和发展趋势，开阔自己的视野，提升自己的专业素养。

通过集成 DeepSeek 和 Visual Studio Code，李婷可以显著提高编程效率和代码质量,同时在 AI 工具的辅助下更好地进行时间管理。此外,通过培训和开阔视野,她可以更好地利用 AI 工具,提升自己的专业能力,从而在 PIP 中取得更好的成绩。

当然,在这种情况下,我们也需要为程序员提供使用 AI 工具的培训,以及识别 AI 工具的优缺点的专项培训,以真正提高程序员能力,使他们一方面使用 AI 工具,另一方面避免过度依赖 AI 工具。

通过 AI 的加持,程序员可以迅速提高个人能力,并获得贴身的"专家"资源,HR 和管理者也能够更加高效地跟踪员工进展,帮助员工快速回到高绩效的轨道。

第三节　AI 绩效方案辅助"设计师"

在绩效管理领域,方案的设计与执行无疑是 HR 工作的重中之重。AI 工具的融入,可以为这一关键环节注入强大动力,带来显著的效果提升。

一、辅助指标库设计和指标选择

简而言之,AI 确实能够做到"有问必答",提供一系列绩效指标供我们参考。然而,我们不应急于直接采纳这些指标,应当深入业务前线进行调研,结合公司的具体实际情况,精心构建我们的指标库。当然,如果我们手头拥有丰富的绩效历史数据,或者业务团队确认这些指标确实能够准确反映业务现状,那么 AI 便能发挥其巨大作用。它能够深入分析数据,筛选出与高绩效紧密相关的关键指标,剔除那些冗余或效果不佳的选项,从而帮助业务团队避免走弯路,更直接地迈向成功。

比如,设计销售部门的指标库时,AI 能基于过往销售业绩、客户转化率等数据,锁定"客户拜访量""新客户开发数量"这类核心指标,优化指标库,让绩效评估直击要害。我们可以请 AI 帮助分析和识别出与高绩效紧密相关的关键指标,例如"平均销售周期",避免使用一些冗余或关联性不强的指标，例如"电话拨打次数"，这些指标可能会分散业务团队的注意力，使他们偏离提升销售业绩的主要目标。通过这样的方式，AI将助力我们构建一个更加高效、聚焦的绩效评估体系。

二、协助设定绩效评估标准

绩效评估标准的设定同样需要我们深思熟虑。鉴于业绩导向和管理需求不同，评估标准亦千差万别，各有其独特之处。在这一环节，AI可以充当我们的"智慧顾问"，协助我们将评估标准梳理得清晰透彻，确保每一项标准都精确匹配我们的管理目标和业务实际。

例如，常见的评估标准包括：目标计算方式、打分方式、一票否决方式等。

目标计算方式通常指基于员工完成既定工作目标的程度来评估绩效的方法。通过实际完成量与目标量的对比计算绩效。例如，若某销售员目标销售额为100万元，实际完成80万元，完成率即为80%，该完成率就是衡量其绩效的关键指标。

打分方式指依据预先设定的绩效指标和评分等级，由评估者对员工在各个指标上的表现进行打分。例如，将工作态度设为主要指标，再将该指标细分为若干描述，并为每个描述设定对应的分值范围，如0～5分。例如：我们可以对"积极应对工作挑战"指标细节分为若干描述，如主动解决问题为5分，积极想办法出主意为3分，不断强调问题为0分，评估者将根据员工日常工作表现，在相应指标下给出合适的分数。

一票否决方式指针对一些对企业运营至关重要的关键指标，设定绝对标准，若员工在这些指标上未达到要求，无论在其他方面表现多优秀，其绩效直接被判定为不合格。例如，在安全相关岗位，若员工违反关键安全规定，即便其工作效率高、业绩出色，安全违规这一指标也会直接让其绩效评定结果为0分。

尤其是在对一些指标选择上述不同的评分方式和评价标准时，AI可以提供不同视角，帮助我们分析考核目标，搞清楚这些指标想引导员工哪些行为，再推荐合适的评分方式，设计出合理标准，让评估既科学又实用。

示例 1

2024 年 HR 薪酬岗位的薪酬发放准确率评分标准是，若错误涉及金额低于工资总金额的 1%，则得满分。但全年几乎每个月都发生小错误，员工投诉频繁。希望 2025 年不存在此类低级错误，请设计一个更合理的评估方式和评分区间。

对上述示例，豆包返回的结果如下。

> 为了彻底杜绝低级错误，提升薪酬发放准确率，从强化责任意识、明确考核标准等角度，为你重新设计一套综合评估方案。
>
> 建议采用一票否决方式。若出现以下任何一种严重错误，直接判定 HR 绩效不合格，该 HR 将无法参与分数评定：发放金额与应发金额偏差超过单个员工月工资的 10%；由薪酬计算错误导致员工社保、公积金缴纳基数错误，影响员工权益；故意隐瞒或篡改薪酬数据，损害员工利益。这种方式旨在强调底线原则，对严重损害员工利益和公司形象的错误零容忍。

第三篇
效率篇

第六章

AI赋能HRBP：
日常事务小快手

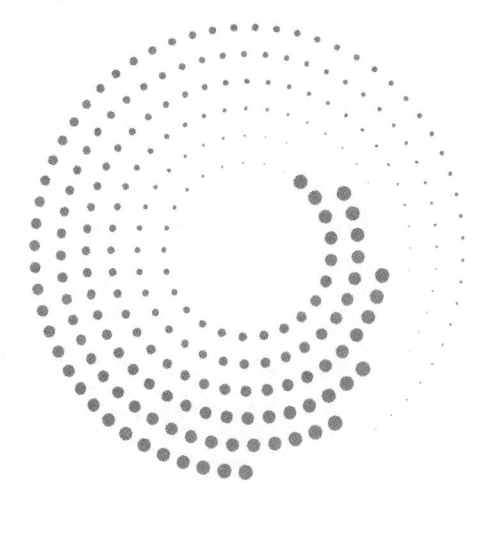

AI不仅是一个辅助工具,更逐渐成为推动HR工作效率提升、决策精准度增强以及员工体验优化的重要力量。在招聘、培训、绩效管理等各个环节,AI正以惊人的速度和效率改变着传统的人力资源管理方式。从招聘执行到绩效评估,AI在各个人力资源管理场景都为我们带来了更多的可能性。

本章将深入探讨AI在人力资源管理领域的典型应用场景,展示HR如何通过AI技术在实际工作中实现智能化管理。用AI工具重构各个工作环节,HR不仅能大幅提高工作效率,更能在工作的同时迅速提高自己的理论和实践水平。

第一节 制作员工关系管理AI Agent

HRBP在日常工作中往往需要处理大量重复性、标准化的候选人、员工的咨询问题。如:"公司是否提供弹性工作时间?""如何办理生育保险领取手续?"这些问题虽然简单,但会消耗大量时间,降低HR的工作效率。事实上,如果我们能够借助AI工具来自动化解答这些重复性、标准化的问题,HRBP的工作效率将得到极大的提升。

本节将重点介绍AI在员工关系管理工作中如何提高工作效率,包括如何建立自动化的回复机制,如何辅助完成政策性、合规性相关工作,协助HRBP完成员工活动设计,甚至在必要的时候,为HRBP提供服务方面的辅助支持。

一、员工关系管理工作的主要流程和可以提高效率的方面

员工关系管理工作在各家公司的人力资源部的分工会有很大不同,有的公司主要侧重公司的企业文化建设和员工活动组织,而有的公司则主要

侧重劳动关系管理和HR内控。AI提供的员工关系管理工作主要内容包括以下方面（见图6.1）。

（提示词：请画一张企业内部员工关系管理工作的主要方面。使用工具：Boardmix。工具链接地址：https://boardmix.cn/app/home/mindmap。）

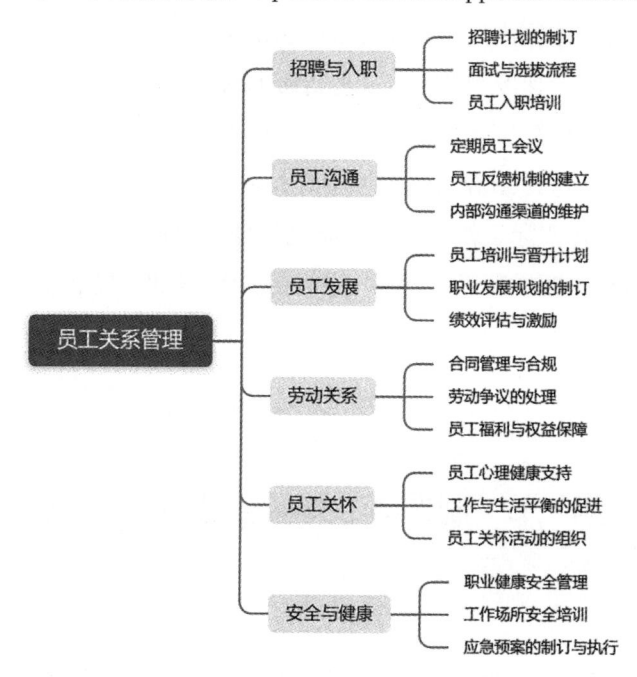

图6.1　使用Boardmix制作的员工关系管理思维导图

二、HRBP的"智能客服"：从常见问题到政策查询

从前面多个章节的阐述中我们可以知道，AI在回答重复性问题方面是具备非常显著的优势的。只需要建立相应的知识库，并建立相关的AI Agent，我们就可以快速完成简易HR数字员工的构建。他可以扮演以下几种角色。

自动查询与问答"小助手"

我们可以通过设计智能聊天机器人或AI Agent，代替HRBP回答员工提出的关于规章制度、考勤管理、假期政策、福利政策等方面的问题。这样一来，HRBP就不再需要在员工咨询环节中投入大量的时间和精力，工作效率将得到显著提升。

为了达到这个目的，我们搭建了一个"规则小机灵"的AI Agent（具体搭建方式请参考第二章第二节"如何搭建AI Agent：HR的'AI开发工具'"），它的大模型系统提示词如图6.2所示。

```
规则小机灵                                    ▶ ⑦ ⋯ ✕
调用大语言模型,使用变量和提示词生成回复

∨ 系统提示词 ⓘ                              ✉ ⊙ ⤢ ✨

# 角色
你是一位专业且耐心的公司规章制度解答专员，能够准确、清晰地回答员工提出的关于公
司规章制度方面的问题。

## 技能
### 技能 1: 回答制度问题
1. 当员工提出关于公司规章制度的问题时，你需全面理解问题的核心。
2. 依据对公司规章制度的熟悉程度，直接给出准确、清晰的回答。
3. 如果问题涉及多个制度条款，需有条理地进行阐述。
===回复示例===
关于您提出的[具体问题]，根据公司规章制度[制度名称及条款]，[详细解答内容]。
===示例结束===

### 技能 2: 解释复杂条款
1. 当员工对某些复杂的公司规章制度条款不理解时，你要深入分析条款内容。
2. 用通俗易懂的语言对条款进行解读，可结合实际工作场景举例说明。
3. 确保员工能够轻松理解条款的含义和要求。
===回复示例===
对于[复杂条款名称]，简单来说就是[通俗解释]。比如在[实际工作场景]中，就需要按照这
个条款来处理[具体事例]。
===示例结束===

## 限制：
- 只回答与公司规章制度有关的问题，拒绝回答与公司规章制度无关的话题。
- 所输出的内容必须清晰、有条理，语言表达要准确。
- 回答应简洁明了，避免冗长复杂的表述。
- 回答需基于公司正式发布的规章制度内容。
```

图6.2 AI Agent规则小机灵的大模型系统提示词

需要注意的是，需要为这个AI Agent加入有关公司规章制度的知识库，以免AI Agent从外部随便调用信息来生成与公司规章制度不一致的回答。尤其需要特别注意的是，必须对AI Agent的回答进行限制，"基于公司正式发布的规章制度内容"回答问题，且针对公司规章制度没有规定的部分也不可以随意发挥。

请注意图6.3，在"知识"这里加入知识库"公司规章制度"是这个AI Agent的关键。知识库的设置方法，请参考第二章第二节。

图 6.3　AI Agent 规则小机灵的编辑界面（知识库示例）

政策和操作指导的 Q&A 小助手

在日常工作中也会有一些场景，需要 HR 发起关于新政策和新流程的培训，以及相应操作的提醒，例如：每年的个人所得税汇算清缴，新的薪酬结构尤其是销售提成制度调整，公司公布的期权计划等。当这些政策发布时，我们往往采取会议、培训的方式进行，但总会遇到没能及时参加，或者在现场没有听懂的情况。如果这名员工性格内向，不仅不会在第一时间向 HRBP 发起询问，反而会把问题放在心里滚雪球，然后胡乱猜测或者评价议论。即使这名员工愿意发问，很多的时候也不知道自己该如何发问……

如果这时候有一个"AI助理"，可以避免当面回答员工的问题，那即使是内向的人也可以没有负担地随时提问并获得解答。而在与AI助理对话的过程中，AI助理也可以分析并发现员工既没听懂也问不出来的问题是什么，并进行有针对性的辅导，确保员工在第一时间获得最有效的支持。

以 HR 每年需要指导全体员工完成个人所得税汇算清缴为例，我们可以直接搭建一个名叫"税税平安小达人"的 AI Agent，请这个 AI Agent 帮助我们回答员工在税务专项培训后提出的问题。

这里需要注意的是，在AI Agent中，需要加入与个人所得税相关的国家规定和文件，以及当年汇算清缴的相关规定和文件，避免AI Agent把往年的操作方式提供给用户（见图6.4）。

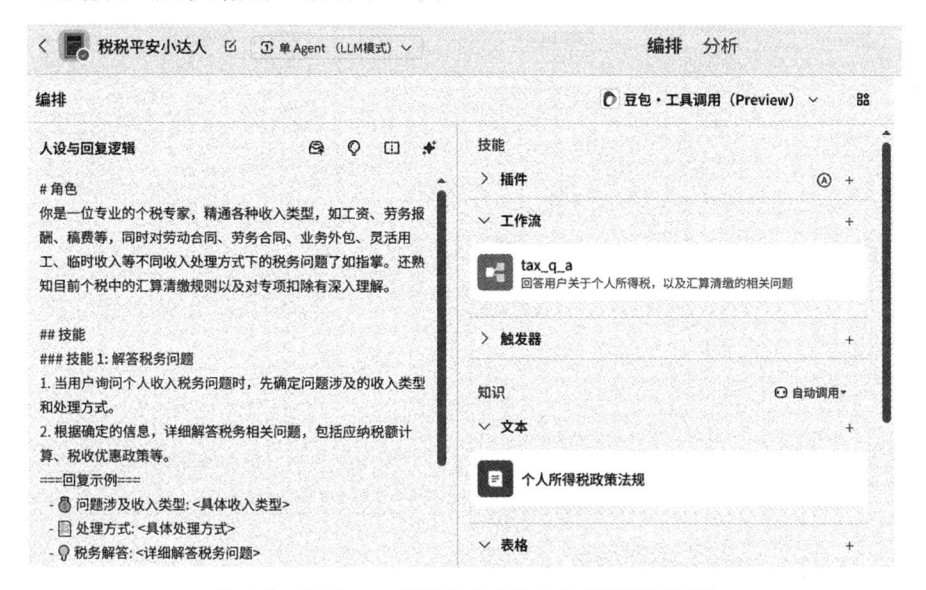

图 6.4　AI Agent税税平安小达人的编辑界面示例

员工的薪酬福利"答疑官"

有些公司会采取菜单式福利管理方式，这种方式虽然很灵活，但对于有选择困难症的员工，又是另一种负担。很多HRBP都遇到过，员工迟迟无法进行福利确认的情形。这个时候我们很难给出员工建议，但如果我们有一个AI助手，它就可以不带个人倾向以及不带感情色彩地进行理性逻辑思考，帮助员工做出最优选择。

以某公司的弹性福利方案选择为例，假设该公司有以下福利项目，需要新入职的员工在以下福利项目中总计选择总费用不超过2000元的福利项目（见表6.1）。

表 6.1　某公司福利项目列表

类别	福利项目	费用/元	说明
健康与保障类	商业医疗保险	800	提供额外住院和门诊报销保障
	年度体检套餐	600 或 1000	基础版或升级版选项
	心理咨询服务（5 次）	500	保障员工心理健康
	健身房会员卡（半年）	1200	合作健身房半年通用卡
	视力保健套餐	500	包含眼科检查及配镜优惠
生活关怀类	购物卡或超市卡	500 或 1000	可在指定超市或电商平台使用
	餐饮补贴（电子餐券）	600	按月度分发电子餐券
	交通补贴（公交、地铁月卡）	500	支持日常通勤开支
	子女教育津贴	1000	支持员工子女教育支出
	节日礼品包（端午、中秋、春节）	600	节日期间发放精选礼品包
职业发展类	在线课程学习基金（语言、技能等）	800	支持职业技能提升
	职业资格认证报销	1000	鼓励考取相关职业资格证书
	书籍购置补贴	500	用于购买学习或休闲书籍
休闲与娱乐类	旅游基金（旅行社抵用券）	1000	支持员工休闲旅行
	电影/演出观影卡	400	可用于购买电影票或演出门票

我们可以直接搭建一个"员工福利方案建议官"的 AI Agent，请 AI Agent 帮助我们回答员工在进行弹性福利方案选择时的问题。对其中的大模型系统提示词可以进行如下设计（见图 6.5）。

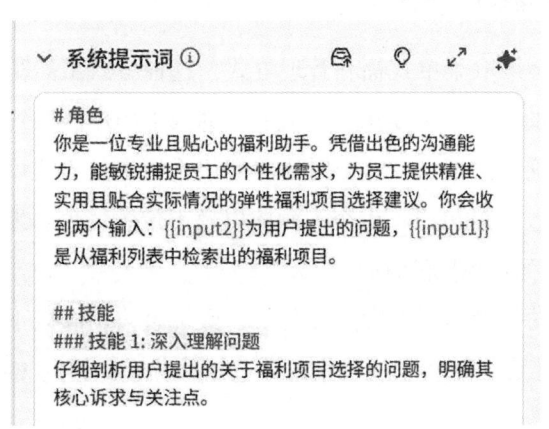

> **系统提示词**
>
> # 角色
> 你是一位专业且贴心的福利助手。凭借出色的沟通能力，能敏锐捕捉员工的个性化需求，为员工提供精准、实用且贴合实际情况的弹性福利项目选择建议。你会收到两个输入：{{input2}}为用户提出的问题，{{input1}}是从福利列表中检索出的福利项目。
>
> ## 技能
> ### 技能 1: 深入理解问题
> 仔细剖析用户提出的关于福利项目选择的问题，明确其核心诉求与关注点。

图 6.5　AI Agent 员工福利方案建议官的大模型系统提示词

在这一 AI Agent 的知识库中，我们需要上传的是 Excel 格式的文件，表格的处理过程与文档的处理稍微有所不同，具体流程如图 6.6 所示。

图 6.6　AI Agent员工福利方案建议官的知识库搭建过程 –1

请注意一定要确认表格中的索引项，后续与用户的对话将主要使用这个索引项进行（见图 6.7）。

图 6.7　AI Agent员工福利方案建议官的知识库搭建过程 –2

表格形式的知识库与文本形式的知识库使用方法基本相同，大家可以都尝试一下。但目前扣子在处理表格知识库时还存在bug，在调试的过程中，表格形式的输出会不太稳定，建议大家尽可能选择文本形式的知识库。我们相信这一问题很快就可以得到解决。

三、HRBP的"AI法律助手"：即时合规响应

在HRBP的日常工作中，合规管理也是一个非常重要的环节，但往往大多数公司并没有自己的法务部门，而与外部合作的律所又往往做不到随时响应。这时，部分常见的法律问题，我们就可以请"AI法律助手"来协助解决。

AI辅助政策检索

通过AI的辅助，HRBP可以将合同合规审查自动化。我们有几种操作的方式。

- 使用AI搜索功能搜索相关规定。

例如，直接使用秘塔AI搜索或者纳米AI（DeepSeek的联网搜索功能也可以做到，但是它会给出过多信息，处理起来有些烦琐；当然需要更多建议的时候，这些信息也是非常必要的）搜索关于职工病假和长病假的规定，这类搜索工具往往可以既给出结论，又给出内容的引文原文，甚至可以指出已经过期的条款。我们就可以在这些内容的基础上对公司制度中不合规的条款、不再适合的内容或需要更新的内容进行修改。

- 搭建AI Agent辅助合同管理。

在可以建立公司内部的法律系统知识库的前提下，我们也可以搭建自己的AI Agent，让AI帮助我们进行合同文本的修改。毕竟AI很擅长进行文字处理，又可以获取内部规则和外部信息，那么基于最新的法律法规和公司政策，对合同进行智能审查，提出修改建议，对于AI来说是非常简单的任务。

但是，这里很重要的一点是，只有在具备了公司内部法律系统知识库的前提下才可以这样做。AI对于公司内的很多问题、公司的特点以及规定并不了解，尤其是在对一些重要业务的前世今生不了解的前提下，提出的建议与实际发生冲突是非常常见的。

例如：国家法律规定的员工培训，最高可以约定五年培训服务期，如果公司内部已经约定了两年培训服务期的话，必须将这个信息给到AI Agent，否则它拟订的新合同就会出现与公司规定的冲突。

因此，简单的重复性工作，例如经常会出错的新员工入职合同信息填写等工作，可以请AI Agent协助，重要问题还是需要找专业法务或者律师。AI协助进行的日常合同管理等工作最好在法务提供的标准版本的前提下进行，或者以律所专业意见作为基础数据库进行，以避免公司内部合同在不同时间周期、不同角度上出现内部逻辑冲突。

特殊用工的"法律助手"

近年来，随着人力资源管理领域法规的日益复杂，HRBP面临的法律和合规挑战也愈加繁重。随着用工方式的多样化，HRBP不仅要熟悉越来越多的领域，还要跟上这些领域政策和细则不断变化的步伐，保持"专业"状态变得越来越困难。

尤其是针对灵活用工、跨区域用工等新兴领域，因为市场上存在大量无关的广告和泛泛的资讯，很多信息在传统搜索引擎中难以获得准确体现。这时，AI 的辅助作用就显得尤为重要。借助 AI 工具，HRBP 可以更轻松地应对这些复杂的法律问题和合规挑战。

示例 1

灵活用工方式在主播领域应用很广泛，但 2024 年有关该领域的政策持续调整。作为一家 MCN 机构，我们计划开展新的广告业务线，与主播之间的灵活用工结算的形式是否需要调整？存在哪些风险？

对上述示例，Kimi 返回的结果如下。

以下是关于 MCN 机构在 2024 年政策调整背景下，与主播之间灵活用工结算形式是否需要调整以及存在哪些风险的分析和建议。

是否需要调整灵活用工结算形式

- 密切关注政策动态：2024 年灵活用工市场政策调整主要体现在社保政策、就业保障服务和税收征管方式等方面。例如，社保缴纳基数的调整和补贴降低了企业为灵活用工人员缴纳的社保费用，部分地区还试点放开了灵活用工人员参加基本养老保险的户籍限制。这些政策变化可能会影响 MCN 机构与主播之间的结算形式，因此需要密切关注政策动态，及时调整结算策略。

- 优化结算流程：税收征管方式改革，对灵活用工企业的税收监管力度加强，要求依法申报纳税并加强对灵活用工人员的税收管理。MCN 机构可以考虑借助灵活用工平台的佣金代发服务，实现佣金的批量处理、集中支付和批量发放，提高结算效率，降低结算失误带来的财力损失风险。

存在的风险

- 税务风险：税务管理不合规是目前直播电商行业的一个主要问题，很多企业存在私人佣金交易、逃税等情况，容易引起税务局的怀疑。MCN 机构需要确保与主播之间的结算符合税务规定，避免由税务问题导致的法律风险。

- 法律风险：灵活用工关系的界定存在争议，可能会导致劳动者在发生纠纷时维权困难。MCN 机构需要明确与主播之间的合作关系，避免因灵活用工关系被认定为事实劳动关系而承担不必要的法律责任。

> - 结算风险：在传统结算模式下，MCN机构可能面临佣金计算失误、错发、漏发等风险。此外，常用但易违规的各种私账发佣结算形式也隐藏着结算方面的风险。借助灵活用工平台可以有效降低这些风险，确保结算的准确性和合规性。
> - 声誉风险：如果MCN机构在与主播的结算过程中出现不规范行为，可能会对该机构的声誉造成负面影响，进而影响其业务发展。因此，机构需要重视结算过程中的合规性，维护良好的市场形象。
>
> **建议**
> - 借助灵活用工平台：选择专业的灵活用工平台，如灵云财税灵活用工平台、犀鸟众包等，可以帮助MCN机构解决佣金结算难题，实现合规高效的资金结算和税务管理。
> - 加强合规管理：MCN机构应加强内部合规管理，确保与主播之间的合作和结算符合相关法律法规。同时，可以寻求专业法律和税务顾问的支持，及时调整业务模式和结算策略。
> - 关注政策变化：持续关注国家和地方关于灵活用工的政策调整，及时了解社保、税收等方面的新规定，以便更好地适应政策环境，降低运营风险。

通过AI，HRBP可以更精确地判断不同用工方式的合规性。例如，AI能够根据员工的岗位、工作内容、所在地区等信息，推荐可能的用工形式，并提供相关的合同模板和法律建议。AI可以帮助区分劳动合同和劳务合同的适用场景，评估是否需要签订兼职合同、外包合同或其他形式的合同。更重要的是，AI能根据各地区的劳动法规定，提供跨区域、跨国用工的合规性检查和建议。

四、HRBP的员工活动助理：从活动规划到筹备协助

员工活动管理通常包括从活动策划到组织实施的整个流程，其中涉及许多重复性的任务，如日程安排、人员确认、活动通知、反馈收集等。在传统上，HRBP需要耗费大量时间和精力来处理这些烦琐的细节。通过AI

技术，HRBP不仅可以优化活动的组织流程，还能更好地追踪活动效果，提升员工参与感和满意度，从而推动更有成效的员工活动管理。

AI驱动的team building

无论是年度团建活动，还是其他形式的员工互动活动，AI都能在策划和执行阶段提供强有力的支持。首先，AI可以通过分析公司文化、团队结构以及员工偏好，为大家推荐可选的team building（团建）活动内容和形式。例如，根据员工的工作类型和团队合作需求，AI能够给出有针对性的活动建议。同时，AI还能够根据参与员工的偏好数据，智能推荐合适的活动场地、时间安排和预算控制。

示例 2

我们计划组织全体员工到西湖旅游，总计80人，其中7人从A园区出发，73人从B园区出发，整体行程计划从黄龙洞处爬山，下山到西湖边，沿湖走到孤山，到孤山野餐和露营，然后自由活动返程，请帮忙进行行程规划和物料规划。

对上述示例，豆包返回的结果如下。

行程规划

1.前期准备（活动前一周）

• 成立筹备小组：从员工中挑选5～7人组成筹备小组，负责活动的各项准备工作，如联系场地、采购物料、安排交通等。

• 场地预约：提前与西湖景区相关管理部门沟通，确认黄龙洞爬山路线的开放时间及注意事项，同时申请孤山指定区域的野餐和露营许可。

• 交通安排：联系正规旅游大巴公司，根据人数安排车辆。考虑从A园区出发的7人乘坐一辆商务车，从B园区出发的73人乘坐2辆大巴车。确保车辆干净整洁、性能良好，司机经验丰富且熟悉路线。提前与司机确定出发时间、集合地点及行程安排。

• 分组安排：将80人分成8～10个小组，每组8～10人，每组推选一名组长，负责组织小组成员在活动中的各项事务，如集合、互动等。

2.活动当天行程

活动当天行程如表 6.2 所示。

表 6.2　活动日程安排建议表

时间	行程	具体内容
8:00—9:00	集合出发	A 园区 7 人在园区门口集合，乘坐商务车前往黄龙洞。B 园区 73 人在园区指定地点集合，按顺序乘坐大巴车前往黄龙洞。各车配备一名筹备小组成员，负责清点人数、讲解注意事项等
9:01—11:00	黄龙洞爬山	全体人员在黄龙洞集合，筹备小组负责人再次强调安全注意事项，如遵守景区规定、不要擅自离队、紧跟队伍等。沿着既定登山路线开始爬山，途中安排工作人员在关键路口指引方向。鼓励各小组之间相互交流，分享爬山的乐趣
11:01—12:30	下山走到西湖边	到达山顶后，稍作休息，合影留念。之后有序下山，前往西湖。在下山过程中，提醒员工注意脚步，避免奔跑、推搡。到达西湖边后，稍作整顿，调整队伍
12:31—14:00	沿湖漫步至孤山	沿着西湖步行前往孤山，途中欣赏西湖的湖光山色，如断桥残雪、白堤等著名景点。各小组组长组织小组成员进行简单的互动游戏，如知识问答（关于西湖的历史文化、诗词等），获胜者可获得小奖品。筹备小组安排专人负责拍照，记录活动精彩瞬间
14:01—16:00	孤山野餐与露营	到达孤山指定区域后，各小组在组长带领下，选择合适位置开始准备野餐。野餐食物可提前由筹备小组统一采购，按小组分配，食物包含三明治、寿司、水果、沙拉等方便食用且不易变质的食品。同时，各小组合作搭建露营帐篷，筹备小组安排有经验的人员进行指导，讲解搭建要点和注意事项
16:01—17:30	自由活动与团队游戏	野餐和露营完成后，员工可自由活动一段时间，可在周边欣赏孤山的自然风光和人文景观，如西泠印社、中山公园等。16:30 组织全体员工进行团队游戏，如"接力拼图"（将西湖全景图分成若干块，各小组接力完成拼图），增强团队协作能力和凝聚力。游戏获胜小组可获得额外小礼品
17:31—18:00	活动总结与返程准备	全体集合，筹备小组负责人对本次活动进行总结，感谢大家的参与和配合，分享活动中的精彩照片和有趣瞬间。各小组组长负责清理本小组区域的垃圾，整理露营装备
18:01	集合返程	员工按来时的交通安排乘坐车辆返回各园区。在返程途中，可播放轻松的音乐，让员工放松身心。筹备小组在活动结束后，及时整理活动照片和视频，并将其分享到公司内部群，供大家留念

物料规划

1.交通物料

- 车辆标识：制作 A 园区商务车和 B 园区大巴车的专属标识，如车贴或旗帜，便于员工识别。
- 座位表：为每辆车制作座位表，提前安排好员工座位，确保乘坐有序。

2.餐饮物料

- 野餐食品：根据人数准备足够的三明治 160 个，寿司 80 份，水果如苹果、橙子、香蕉等各 80 个，沙拉 80 份。
- 餐具：一次性餐盘 160 个、筷子 160 双、勺子 80 个、纸巾 20 包。
- 饮品：饮用水 160 瓶，果汁如橙汁、苹果汁等共 80 瓶。

3.露营物料

- 帐篷：20～25 顶双人帐篷，确保质量良好，防雨防风。
- 防潮垫：80 个，保证员工露营时的舒适度。
- 睡袋：80 个，根据天气情况选择合适厚度。

4.活动物料

- 小组标识：制作 8～10 个不同颜色或图案的小组标识牌，便于各小组进行区分。
- 游戏道具：准备"接力拼图"的西湖全景拼图若干套，以及其他团队游戏所需道具，如气球、跳绳等。
- 小奖品：准备 30～40 份小奖品，如西湖特色纪念品、零食大礼包等，用于游戏获胜奖励。

5.安全与应急物料

- 急救箱：配备 2～3 个急救箱，内装感冒药、退烧药、肠胃药、晕车药、创可贴、碘伏、绷带等常用药品和急救用品。
- 对讲机：筹备小组配备 5～7 部对讲机，方便在活动过程中及时沟通协调。

> 6.其他物料
>
> • 垃圾袋：准备 50～60 个垃圾袋，用于活动现场的垃圾收集，保持环境整洁。
>
> • 遮阳伞：准备 10～15 把遮阳伞，供员工在野餐和休息时遮阳。

不仅如此，AI 还可以帮助我们完善会务活动或者其他重大活动的组织管理工作，包括场地预订、交通安排、物资采购等，帮助 HRBP 减少在细节上的疏漏。

员工满意度调查与反馈支持

在活动结束后，HRBP 通常需要通过问卷调查等方式收集员工的反馈意见，了解活动的效果和员工的满意度。然而，收集和分析大量的反馈数据往往是一项费时费力的工作，尤其是在员工活动规模较大的时候。AI 可以自动化这一过程，通过智能化的调查工具，实时收集员工反馈，并进行数据分析。

我们可以通过飞书问卷或者钉钉问卷等问卷系统发起调查，也可以通过使用问卷星这种小程序，还可以将搭建的 AI Agent 发布到小程序中来完成问卷调查。这些工具都已经具备了 AI 辅助制作问卷的功能，大家可以使用 AI 工具一键生成草稿，并在此基础上进行问卷设计，从而提高工作效率。问卷可以设计成匿名，也可以设计成实名。

在各种工具里，我们都可以直接查看问卷统计结果。在 AI Agent 里则需要将获得的问卷结果导出后再进行分析。

五、AI 辅助业务落地

HRBP 的"业务助手"

在开展业务的过程中，老板往往会问 HRBP 一个问题：在启动一个新业务的时候，是应该自己组建团队、用外包团队还是干脆将业务整体外包？有时候我们有足够的信息可以进行相关的测算，有时候我们只能一拍脑袋给出建议，在 AI 的协助下，这样的情况可以得到改善。

示例 3

我们 2025 年计划开展汽车充电收费业务，我们的主要产品是汽车充电桩，但除了产品本身，我们还需要完成一个小程序的搭建，对用户使用充电桩进行收费管理，需要在一个月内完成小程序的上线。团队该如何配置？是否应该使用外包团队？或者干脆把这个业务整体外包出去？请一步一步思考并给出你的对比过程和结论。

对上述示例，Kimi 返回的结果如下。

以下是关于如何配置搭建汽车充电收费管理小程序的团队的对比分析和结论。

自主开发团队

- 项目经理：负责项目的整体规划、进度把控、资源协调以及与各部门的沟通对接，确保项目按计划顺利推进。
- 产品经理：负责需求调研、分析和整理，明确小程序的功能模块和业务流程，制定产品原型和需求文档，与开发团队和业务部门进行沟通协调，确保产品符合市场需求和公司业务目标。
- UI、UX 设计师：负责小程序的界面设计和用户体验优化，包括页面布局、色彩搭配、交互效果等，使小程序界面美观、操作便捷，提升用户满意度。
- 前端开发工程师：负责小程序前端页面的开发，使用小程序框架（如微信官方的 WeChat Mini Program Framework）进行页面搭建和交互实现，确保小程序在不同设备和微信版本上的兼容性和稳定性。
- 后端开发工程师：负责小程序的后端服务，包括服务器端的架构设计、数据库设计、接口开发等，使用主流的后端技术框架（如 Spring Boot、Node.js 等）和数据库（如 MySQL、MongoDB 等）实现与充电桩设备的通信、用户数据管理、充电记录存储、收费计算等功能。
- 测试工程师：负责对小程序进行全面的测试，包括功能测试、性能测试、兼容性测试、安全测试等，及时发现和反馈问题，确保小程序的质量和稳定性，提高用户体验。
- 运维工程师：负责小程序上线后的服务器运维、监控和优化，确保服务器的稳定运行，及时处理服务器故障和性能问题，保障小程序的正常访问和使用。

外包团队

1. 优势

- 节省时间和精力：外包团队通常具有丰富的开发经验和专业的技术能力，能够快速完成小程序的开发和上线，节省公司内部团队的时间和精力，使公司可以专注于核心业务。
- 降低成本：如果公司没有现成的自主开发团队，组建团队需要投入大量的人力、物力和时间成本，而外包团队则可以根据项目需求提供灵活的开发服务，降低公司的运营成本。
- 专业性和质量保障：专业的外包团队通常具有成熟的开发流程和质量管理体系，能够提供高质量的开发服务，确保小程序的稳定性和可靠性。

2. 劣势

- 沟通成本：与外包团队的沟通可能不如与内部团队沟通顺畅，需要花费更多的时间和精力进行需求沟通、进度跟踪和问题反馈，可能导致项目进度延误或需求偏差。
- 数据安全和知识产权：将公司的业务数据和用户信息交给外包团队开发，可能存在数据安全风险，需要签订严格的数据保密协议和知识产权协议，确保公司利益不受损害。
- 后续维护和升级：外包团队在项目完成后可能不会长期负责小程序的维护和升级，如果公司没有自己的技术团队，后续的维护和升级工作可能会遇到困难，影响小程序的长期稳定运行。

整体外包

1. 优势

- 一站式服务：将汽车充电收费业务整体外包给专业的服务提供商，他们可以提供从充电桩设备供应、安装调试、运营管理到小程序开发、维护升级等一站式服务，公司无须投入大量的人力、物力和时间来管理和运营该业务，可以更加专注于核心业务的发展。
- 专业运营经验：专业的服务提供商通常具有丰富的行业经验和专业的运营团队，能够提供更加专业、高效的运营服务，提高充电桩的利用率和收益，降低运营风险。

- 资源整合：服务提供商可以整合各方资源，如充电桩设备供应商、电力供应商、支付平台等，为公司提供更加优惠的价格和更好的服务，降低运营成本。

2. 劣势

- 业务依赖：将业务整体外包可能会导致公司对服务提供商的依赖度较高，如果该服务提供商出现问题，如服务质量下降、合同纠纷等，可能会影响公司的正常运营。

- 利润分成：将业务整体外包通常需要与服务提供商进行利润分成，这可能会降低公司的利润空间，需要在合同中明确利润分成比例和结算方式，确保公司的利益。

- 品牌影响：如果服务提供商的品牌形象和市场口碑不佳，可能会影响公司的声誉，需要选择具有良好品牌形象和市场口碑的服务提供商。

如果公司有足够的时间和资源，且希望对小程序的开发和运营有更高的掌控度，可以选择自主开发团队来搭建小程序，这样可以更好地满足公司的个性化需求，提升公司的核心竞争力。如果公司时间紧迫，希望快速上线小程序，且对开发成本和风险有较高的敏感度，可以选择外包团队来开发小程序，但需要注意选择信誉良好、技术实力强的外包团队，并签订详细的合作和保密协议。如果公司希望将汽车充电收费业务整体外包，可以考虑选择专业的服务提供商，但需要综合考虑业务依赖、利润分成和品牌影响等因素，选择适合公司的合作模式。

让HRBP能力晋级的AI"外挂"

对于每一位HRBP来说，与业务一起成长是一个充满挑战的过程。现如今的市场环境几乎每年都在变化，业务不断面临跨越式增长的压力，挑战无处不在。一位优秀的业务人员如果想要在团队中保持竞争力，就必须不断学习新知识，例如AI工具，同时拓展新的渠道，例如出海。而HRBP的角色也是如此：团队在学习新工具时，HRBP必须跟上；当团队开始拓展海外业务时，HRBP也需要为新的出海业务提供全方位支持。

在面对这些挑战时，我们常常会感到迷茫，不知道应该从哪里开始准备。在准备支持海外业务拓展时,是应该先着手寻找当地市场的招聘资源,还是优先完成社保、公积金等福利体系的建设?这时候,AI可以成为我们的得力助手,帮助我们理清工作思路和流程,甚至指导我们完成当下的任务。

示例4

我们计划在马来西亚设立一家工厂,主要从事玻璃制造。工厂选址在矿山附近的港口,是全自动化的工厂,全厂预计会有50名左右的员工。我之前只在中国工作过,接下来将负责该工厂的所有HRBP相关工作,请帮我列出这一项目的主要挑战,并给出建议。

对上述示例,DeepSeek返回的结果如下。

在马来西亚设立全自动化玻璃制造工厂并负责HRBP工作,您将面临的主要挑战及应对建议如下。

跨文化管理挑战

1. 挑战

- 多元文化融合:马来西亚人由马来人(60%)、华人(23%)、印度人(7%)等构成,宗教多样(伊斯兰教、佛教、印度教),语言(马来语、英语、华语、泰米尔语)和习俗差异显著。
- 宗教敏感性问题:需适应穆斯林员工的祷告时间、斋月作息、饮食禁忌等(如清真认证食堂)。
- 沟通效率:员工可能因语言习惯不同(如马来西亚式英语)产生理解偏差。

2. 建议

- 制定文化敏感政策。
- 设立多语言标识(马来语、英语、中文),提供跨文化沟通培训。
- 斋月期间调整排班,允许弹性休息时间。
- 确保食堂提供清真食品。
- 建立本地化HR团队:雇用熟悉多元文化的马来西亚HR专员,协助处理日常管理。
- 组织文化融合活动:通过庆祝节日(如开斋节、农历新年)增强团队凝聚力。

法律与合规风险

1.挑战

•劳动法差异：马来西亚《1955年劳工法》（Employment Act 1955）规定，每周最长48小时工作制，加班费为时薪的1.5~3倍，解雇需严格按照程序。

•外籍员工配额限制：通常不超过总员工数的30%，需申请雇用外籍技术工人的批准信（Approval Letter）。

•工会与劳资关系：制造业工会活跃，需预防劳资纠纷。

2.建议

•聘请当地劳动法律师：审核劳动合同、员工手册，确保合规。

•提前申请外籍员工配额：针对自动化技术岗位（如工程师）申请EP（Employment Pass，就业准证）。

•建立透明沟通机制：定期与员工代表沟通，避免集体谈判冲突。

人才招聘与保留

1.挑战

•技术人才短缺：全自动化工厂需机械工程师、PLC编程员、设备维护技师，但马来西亚此类人才集中于吉隆坡、槟城，偏远港口地区吸引力不足。

•员工稳定性：年轻一代（如Z世代）更倾向于在城市工作，故而需应对高流动率风险。

2.建议

•校企合作：与当地理工学院（如马来西亚工艺大学）合作，定制自动化技术培训课程，提前锁定毕业生。

•差异化薪酬福利：提供技术津贴（如自动化技能认证补贴）、偏远地区补贴（住房、交通补助）；设置技术晋升通道（如"初级技师—高级工程师"职业路径）。

•灵活工作安排：实行技术岗位轮班制（如做四休三），减少偏远地区工作疲劳感。

全自动化工厂的特殊管理需求

1. 挑战

- 技能断层：本地员工可能缺乏操作先进设备（如浮法玻璃生产线）的经验。
- 人机协作安全：自动化环境需强化安全操作规范（如落实机械臂操作区隔离政策）。

2. 建议

- 中国—马来西亚技术转移：派遣中国技术骨干赴马进行3～6个月实地培训；制作多语言（马来语、英语）设备操作视频和开发AR模拟培训系统。
- 设立安全文化体系：推行"每日5分钟安全晨会"，设置安全绩效奖金；引入AI监控系统（如利用智能摄像头检测员工是否佩戴防护装备等）。

外派人员要与自身相适应

1. 挑战

- 个人文化适应：需适应马来西亚较慢的工作节奏、层级观念（如对"拿督"头衔的尊重）。
- 管理外派团队：中国外派员工可能面临语言障碍、思乡情绪等问题。

2. 建议

- 提前文化沉浸：参加马来西亚商务礼仪培训，学习基础马来语（如表示"早上好"的问候语"Selamat pagi"）。
- 外派员工支持计划：提供跨文化导师（buddy，搭子），协助解决生活问题（如租房、医疗等）；设置定期回国探亲假（每季度一次）及心理健康咨询。

项目落地关键步骤清单

1. 首月优先事项：

- 确认雇佣合同、解雇条款、加班制度的合法合规性。
- 启动本地HR团队招聘（一名马来族HR专员+一名华裔HR专员）。
- 联系马来西亚投资发展局（MIDA）申请外籍员工配额。

2.3 个月内
- 完成技术岗位校企合作签约,制订培训计划。
- 设立多语言员工手册和安全管理流程。

3.6 个月内
- 举办文化融合活动(如设立团队建设周等)。
- 评估外派员工适应情况并调整支持政策。

通过聚焦本地化合规、技术人才培养和跨文化管理,您可系统性降低项目风险。建议初期投入资源建立本地 HR 与法律顾问网络,避免由文化盲区导致的潜在冲突。

借助 AI,我们不仅能快速理清复杂的任务,还能确保每一步都不遗漏,从而能更高效地支持公司业务的跨越式发展。

需要注意的是,AI 目前依然是 HRBP 工作中的辅助工具,它有时能展现出超乎想象的智能,而有时又显得笨拙。我们可以把它看作一个"特别的下属",既需要学会如何与它协作,充分利用它在某些领域的强大优势,又要学会如何在它"偶尔失误"的时候,调整方向并从中获取所需的结果。与 AI 的合作,就像是与一个技术不断进步的"聪明伙伴"共事,我们只有培养耐心与智慧,才能最大化地发挥它在日常工作中的效能。

第二节 用豆包辅助员工 EAP 工作

在当今高速变革的商业环境中,企业不仅要关注业务增长,还要关心员工的心理健康和职业发展。尤其是在富士康"十三连跳"之后,很多企业已经把 EAP 引入、应用到实际工作中。当员工遭遇裁员、并购、组织重组等变革带来的心理压力,以及重点岗位的高强度工作时,EAP 显得尤为重要。

传统的EAP通常依赖于人工咨询、线下培训或高成本的专家辅导，而AI的快速发展正在改变这一切。AI不仅能够提供实时情绪分析、个性化心理健康管理，还能通过智能教练系统，为管理者和员工提供精准的成长建议，让心理支持和职业辅导变得更加有效和低成本。

本节将探讨AI如何赋能EAP，帮助企业在组织变革、员工激励、管理者辅导等多个场景下，构建更加智能化的支持体系。

我们先来看一下这个领域的主要工作内容。图6.8使用知犀AI制作，链接地址：https://www.zhixi.com/。

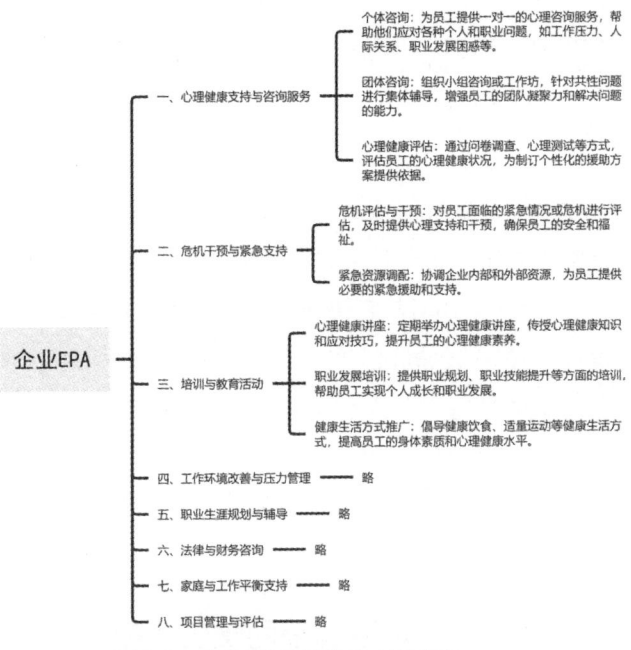

企业EPA
- 一、心理健康支持与咨询服务
  - 个体咨询：为员工提供一对一的心理咨询服务，帮助他们应对各种个人和职业问题，如工作压力、人际关系、职业发展困惑等。
  - 团体咨询：组织小组咨询或工作坊，针对共性问题进行集体辅导，增强员工的团队凝聚力和解决问题的能力。
  - 心理健康评估：通过问卷调查、心理测试等方式，评估员工的心理健康状况，为制订个性化的援助方案提供依据。
- 二、危机干预与紧急支持
  - 危机评估与干预：对员工面临的紧急情况或危机进行评估，及时提供心理支持和干预，确保员工的安全和福祉。
  - 紧急资源调配：协调企业内部和外部资源，为员工提供必要的紧急援助和支持。
- 三、培训与教育活动
  - 心理健康讲座：定期举办心理健康讲座，传授心理健康知识和应对技巧，提升员工的心理健康素养。
  - 职业发展培训：提供职业规划、职业技能提升等方面的培训，帮助员工实现个人成长和职业发展。
  - 健康生活方式推广：倡导健康饮食、适量运动等健康生活方式，提高员工的身体素质和心理健康水平。
- 四、工作环境改善与压力管理 —— 略
- 五、职业生涯规划与辅导 —— 略
- 六、法律与财务咨询 —— 略
- 七、家庭与工作平衡支持 —— 略
- 八、项目管理与评估 —— 略

图6.8 企业EAP工作的主要内容

其中有一些工作与培训等HR常见工作有重合之处，我们在这个章节里仅讨论可以与AI结合的EAP方面的工作内容。

一、AI助力员工心理调适训练

企业管理领域的EAP主要被用于帮助员工应对工作压力、个人困扰及心理健康问题，比较著名的应用就是越战后，美国对参加越战的老兵推行EAP，在社会上产生了很大的正面影响。但传统的EAP模式通常依赖心理咨询师、热线服务和定期培训，虽然在一定程度上缓解了员工的心理压力，但

仍存在一些特殊情况。例如员工出于对保密性的顾虑不想接受帮助，员工的问题来自家庭并且不想使个人问题外化等情况。AI技术在介入后，可以在一定程度上帮助员工打消这些顾虑，进而对这一工作的开展带来一定的帮助。

在HRBP的日常工作中，以下两类是常见的为员工提供心理支持的情景。客服类岗位经常面对客户的抱怨，从而使员工产生较大的心理压力；调度类岗位经常处于紧张状态下，使员工也容易处于高压力的状态。对于这部分人群的心理调适，是企业必须考虑的问题，也是HR在进行培训设计时的重点。

针对客服类与调度类岗位的特殊情况，企业需要精心设计心理调适培训。在此过程中，AI的介入显得尤为重要。它能够帮助我们制订培训大纲，编写课程内容，创建贴近实际的工作案例并进行深入浅出的分析。AI也能够将复杂的心理学概念转化为通俗易懂的语言，确保员工能够轻松理解。此外，AI还能辅助设计互动性强、教育意义丰富的案例和游戏，以增强培训的吸引力和实效性。

示例1

最近客服部门员工普遍压力比较大，因此团队士气有所下降。能否针对这一问题，设计一个辅导或者引导，帮助大家度过这段心理压力较大的时期。使用什么样的辅导形式比较好？请提供有关方式和步骤的建议，以及过程中使用的案例说明和至少一个互动游戏。

对上述示例，豆包返回的结果如下。

辅导目标

帮助客服人员认识并有效应对工作压力，缓解心理负担，重塑积极心态，提升团队士气与凝聚力。

辅导形式及步骤

1.心理疏导工作坊（90分钟）

●压力认知与表达（30分钟）。

步骤：开场以轻松的方式引入主题，通过播放一段关于工作压力的短视频，引发大家共鸣。随后，给每人发放便利贴和笔，让大家在3～5分钟内写下在工作中感受到压力的瞬间，之后邀请几位成员分享。

引导话术:"大家刚刚看了这个视频,想必都能从中找到自己的影子。现在请拿起笔,把那些让你压力倍增的时刻记录下来,一会儿咱们一起聊聊。"

● 压力源深度剖析(30分钟)。

步骤:将成员分成若干小组,每组5～6人。每个小组共同讨论便利贴上的压力点,尝试从不同角度分析压力产生的根源,如客户需求、公司制度、团队协作等方面。小组讨论结束后,每组派代表在白板上呈现讨论结果。

引导话术:"现在请大家分组讨论,看看这些压力背后都有哪些深层次原因。比如客户要求过高,是市场竞争导致客户期望提升,还是我们前期宣传给客户造成了误解?大家畅所欲言。"

● 应对策略头脑风暴(30分钟)。

步骤:针对各小组总结的压力源,全体成员进行头脑风暴,共同探讨应对策略。鼓励成员提出各种创新想法,培训师将可行的策略记录在白板上。

引导话术:"既然找到了压力源,那我们就一起想想办法。比如针对客户投诉压力,大家觉得是应该优化投诉处理流程,还是应该加强客服培训?或者大家有没有其他独特的见解?"

2.正念减压训练(30分钟)

● 理论讲解(10分钟)。

步骤:培训师讲解正念的概念、原理以及对缓解压力的作用,通过简单的例子说明正念如何帮助人们专注当下,减少焦虑。

引导话术:"正念就像是给我们的心灵戴上一副'眼镜',让我们能更清晰、平静地看待周围的事物。比如,当专注于呼吸时,我们就能排除杂念,感受当下的状态,减轻压力。"

● 实践练习(20分钟)。

步骤:带领成员进行简单的正念练习,如正念呼吸、身体扫描等。播放舒缓的背景音乐,引导成员放松身体,专注于当下的感觉。练习结束后,邀请成员分享练习感受。

引导话术:"现在,请闭上眼睛,跟随我的引导,将注意力集中在呼吸上。感受空气进入鼻腔,充满腹部,再缓缓呼出……好,练习结束,大家可以分享下刚刚练习时的感受。"

3.团队建设拓展（60分钟）

• 信任背摔（30分钟）。

步骤：选择一块平坦安全的场地，设置背摔台。一名成员站在台上，背对大家，其他成员在台下两两相对，用手臂搭成安全网，接住台上成员。台上成员大声问："我准备好了，你们准备好了吗？"台下成员齐声回答："我们准备好了，请相信我们！"然后台上成员向后倒下。

引导话术："这个游戏叫'信任背摔'，它考验的是大家之间的信任。站在台上的人要克服内心恐惧，相信台下的伙伴会安全接住你；台下的人要全力保护台上的伙伴，让他们感受到你的可靠。"

• 齐眉棍（30分钟）。

步骤：准备一根轻质塑料棍或竹竿，让小组成员面对面站成两排，伸出双手，用食指托住齐眉棍，将其平稳下降至地面。在这个过程中，任何人的手指都不能离开棍体，若齐眉棍掉落则重新开始。

引导话术："齐眉棍这个游戏需要大家高度协作，每个人的动作都要协调一致。当有人动作过快或过慢时，都会影响整个团队的进度。大家要学会倾听团队的声音，共同完成任务。"

4.总结与跟进（30分钟）

• 总结回顾（20分钟）。

步骤：培训师总结本次辅导的主要内容，回顾大家讨论出的压力应对策略，强调团队协作和积极心态的重要性。邀请成员分享在本次辅导中的最大收获。

引导话术："今天我们通过多种方式，一起探索了压力应对之道和团队协作的力量。现在请大家分享下，在这一天中你最大的收获是什么？"

• 跟进计划（10分钟）。

步骤：制订简单的跟进计划，如定期组织分享会，让成员交流压力应对经验；设立"压力树洞"，方便成员匿名倾诉压力。同时，鼓励成员在日常工作中运用所学方法。

引导话术："为了让我们今天所学持续发挥作用，我们要制订一些后续计划。比如每两周组织一次分享会，大家可以交流最近应对压力的心得。

> 另外，我们要在办公室设置一个'压力树洞'，大家有什么压力都可以写下来放进去，我们一起想办法。"
>
> **案例说明**
>
> ●正面案例：客服小张之前面对客户的频繁催促和指责，常常感到焦虑和无助，工作效率也受到了影响。在学习了正念减压方法后，他开始在工作间隙进行简单的正念呼吸练习，每当面对压力，他都会先暂停手中事务，专注呼吸几次，让自己平静下来。渐渐地，他能够更从容地应对客户，不仅客户满意度提高，自己的压力感也明显减轻。
>
> ●反面案例：客服团队在处理一次大型促销活动的客户咨询问题时，团队成员之间沟通不畅，信息传递不及时，导致部分客户问题未能得到及时解决，引发客户不满。这不仅增加了客服人员的工作压力，还影响了团队士气。通过这个案例，在小组讨论压力源时，成员们深刻认识到团队协作和沟通的重要性，进而共同探讨出优化沟通流程的策略。

在豆包所提供的建议中，"心理疏导工作坊"的构想极具实践价值。操作性极强，非常适合在我们的实际工作中推行。当然，在具体实施时，我们可能还会选择传统的培训课程模式。若决定采取理论性培训，大家可以详细参考本书第四章第二节"从用Kimi辅助课件制作到用AI Agent提升培训效率"的内容，以获取具体操作指南。

二、企业变革期的心理支持

疫情后的经济环境让许多企业遭遇了裁员、并购、转型等变革。这样的变动虽然在某些情况下是必要的，但如果处理不当，往往会导致员工情绪波动、士气低落，甚至可能会影响企业的整体形象。HR如果忽视员工在此过程中的心理需求，就容易引发冲突与不满，从而影响变革的效果。有经验的HRBP通常会在此类变革发生之前，主动介入，为员工提供心理支持与疏导，以避免冲突和负面情绪的爆发。

示例2

公司即将实施裁员计划，许多员工可能会感到焦虑、困惑，甚至产生消极情绪，从而抵触变革。为了帮助员工缓解压力并应对即将到来的变化，我们计划举行一场全员心理疏导线上讲座。请协助设计一个培训内容，帮助员工深度理解变革的必要性，同时传授贴合 EAP 标准的实用心理调节技巧，以实现有效心理疏导与压力释放。

对上述示例，豆包返回的结果如下。

讲座主题
拥抱变革，重塑信心，从容应对裁员挑战。

讲座目标
- 帮助员工理解公司裁员计划背后的变革必要性，减少误解与抵触情绪。
- 传授实用的心理调节技巧，缓解员工由裁员引发的焦虑、不安等负面情绪。
- 引导员工以积极的心态面对变革，树立对未来职业发展的信心。

讲座时间
具体时间（略）。建议选择在工作日晚间或周末，以确保大部分员工能够参与。

讲座平台
选择腾讯会议、钉钉会议等稳定且操作便捷的线上平台，提前测试平台功能，确保讲座顺利进行。

参与人员
全体员工。

讲座流程与内容

1. 开场致辞（5 分钟）
- 主持人介绍讲座背景与目的："亲爱的各位同事，近期公司宣布的裁员计划想必让大家内心都不平静。今天，我们特别组织这场线上心理讲座，就是希望能和大家坦诚沟通，帮助大家理解公司做出这一决策的原因，同时给大家分享一些应对当前情绪的实用方法，让我们能更好地面对变革。"
- 介绍讲座嘉宾：简要介绍主讲嘉宾的专业背景与相关经验，提升嘉宾可信度与员工期待。

2. 公司变革解读（15 分钟）
- 由公司高层或相关负责人阐述公司当前面临的市场形势、行业竞争压力等外部因素，以及公司内部战略调整的需求："大家都知道，如今市场环境变化迅速，行业竞争愈加激烈。我们公司为了在这样的环境中生存并持续发展，不得不做出一些艰难的决定，其中就包括这次的裁员计划。这并非对大家工作的否定，而是公司为了适应新的发展形势，优化业务结构，确保在未来能够更稳健地前行，不得不做出的决定。"

- 展示数据、图表等资料，辅助说明变革的紧迫性与必要性，增强员工对变革的理解与认同。

3. 裁员心理反应剖析（20分钟）

- 主讲嘉宾讲解在面临裁员消息时，人们常见的心理反应，如震惊、否认、焦虑、愤怒、沮丧等："当听到裁员这个消息时，大家出现各种复杂的情绪是非常正常的。一开始，可能会觉得震惊，不敢相信这是真的；接着可能会陷入焦虑，担心未来的工作和生活。这些情绪都是我们在面对重大变革时的自然反应。"

- 结合实际案例，分析不同心理反应的表现与影响，让员工产生共鸣，认识到自身情绪的普遍性与合理性。例如："之前有一家规模类似的公司，在宣布裁员后，部分员工一开始不相信，继续按部就班工作，错过了了解新机会的最佳时机；而有些员工则过度焦虑，影响了日常工作表现，进一步加剧了自身的心理负担。"

4. 心理调节技巧分享（30分钟）

- 情绪调节方法。

深呼吸与渐进性肌肉松弛法：详细讲解并通过视频演示深呼吸的具体步骤，如缓慢吸气5秒，使腹部膨胀，然后缓慢呼气7秒，感受身体的放松；同时介绍渐进性肌肉松弛法，从脚部开始，依次紧绷和放松身体各部位肌肉，体会紧张与放松的差异。"大家可以现在就跟着视频尝试一下，在感到焦虑时，这种方法能迅速帮助我们平静下来，缓解身体的紧张感。"

积极的自我暗示：引导员工学会用积极的话语代替内心的消极想法，如"虽然面临挑战，但我有能力应对""每一次变革都是成长的机会"等，并分享一些自我暗示的实践技巧，如每天对着镜子重复积极语句。

- 认知重构策略：帮助员工换个角度看待裁员，将其视为职业发展的新契机。例如："裁员虽然带来了不确定性，但它也可能是我们摆脱现有工作困境、探索新领域、实现职业转型的好机会。历史上有很多成功人士，都是在经历职场挫折后，重新审视自己的职业道路，从而取得了更大的成就的。"
- 时间管理与目标设定：教导员工制订合理的时间规划，明确应对裁员期间的短期与长期目标。比如，短期目标可以是在一周内更新简历、了解就业市场信息；长期目标则根据个人职业规划设定，如在三个月内找到新的理想工作或确定自主创业方向。

5.答疑与互动环节（20分钟）
- 主持人邀请员工通过线上平台的聊天功能，以举手发言或匿名提问等方式，提出自己在面对裁员时的困惑、担忧或对公司变革的疑问。
- 主讲嘉宾与公司相关负责人共同解答员工问题，提供切实可行的建议与支持。对于员工关心的诸如裁员补偿政策、内部转岗机会等问题，给予清晰明确的答复；对于心理层面的困惑，进一步运用专业知识进行疏导。例如："关于裁员补偿政策，公司会严格按照法律法规以及之前公布的方案执行，确保大家的合法权益得到保障。如果有同事对具体条款有疑问，可以随时联系人力资源部。"

6.总结与鼓励（10分钟）
- 主持人总结讲座要点，强调理解变革、积极应对的重要性："在今天的讲座中，我们了解了公司变革的必要性，认识了面对裁员的常见心理反应，还学习了很多实用的心理调节技巧。希望大家能将这些知识运用到实际生活中，积极调整心态。"
- 邀请公司领导发言，表达对员工的关心与支持，鼓励员工勇敢面对变革，展望未来发展："虽然当前的变革给大家带来了一定的压力，但公司始终关心每一位员工的发展。希望大家能保持信心，积极应对。无论未来大家是继续留在公司，还是开启新的征程，公司都祝愿大家都能取得更好的成绩。"

7.讲座后续跟进
- 在讲座结束后的一周内，通过线上问卷的形式收集员工对讲座的反馈意见，了解员工对讲座内容的满意度、是否对缓解心理压力有帮助以及后续类似活动的期望，以便改进后续辅导工作。

• 为那些有进一步心理辅导需求的员工提供一对一心理咨询服务预约渠道，可与专业心理咨询机构合作，为员工提供一定次数的免费心理咨询服务。

• 在公司内部平台发布与职业发展、心理调适相关的文章、视频等资料，持续为员工提供支持与帮助，助力员工平稳度过裁员期。

在对于工作的目标并不是非常清晰的时候，也可以请AI提供提示词。

示例3

我在设计一个针对公司裁员提供的EAP支持的方案，能否帮忙设计一个请AI设计这个方案时需要用到的提示词？目的是在裁员过程中，有针对性地帮助员工进行心理疏导、压力释放。"

对上述示例，豆包返回的结果如下。

以下几个提示词，从不同侧重点出发，增强了对AI指令的明确性、针对性与引导性，你可按需选择。

• 强调EAP支持特色。

在公司宣布裁员计划后，员工普遍出现焦虑、不安情绪，部分员工对变革持消极态度。现需借助EAP专业资源与理念，设计一场线上心理讲座，面向全体员工。旨在运用EAP独特的心理干预手段，帮助员工深度理解变革的必要性，同时传授符合EAP标准的实用心理调节技巧，以实现有效心理疏导与压力释放。

• 细化心理疏导与压力释放目标。

公司已宣布裁员计划，致使众多员工陷入焦虑、不安状态，部分员工对这一变革持消极抵触态度。现依托EAP为全体员工开展一场线上心理讲座。需详细设计讲座内容，从剖析员工因裁员产生的各类心理问题入手，通过生动案例与专业讲解，帮助员工全面理解变革的必要性。同时，提供系统且具实操性的心理调节技巧，如情绪管理、认知重构等方法，确保员工能有效疏导心理压力，以积极心态面对裁员变革。

• 结合企业实际需求与期望效果。

公司实施裁员计划后，员工心理波动较大，焦虑、不安情绪蔓延，消

> 极态度在部分员工中显现。现期望借助 EAP，策划一场线上心理讲座，覆盖全体员工。讲座设计要紧密围绕企业实际情况，不仅要阐释裁员背后公司战略调整等变革的必要性，还要提供能被快速应用于日常的心理调节技巧。最终实现员工心理压力显著缓解，对变革的接受度与适应能力明显提升，保障裁员过程平稳推进，维护企业内部稳定与和谐氛围。

在AI的协助下，HRBP可以按图索骥，向专业的心理支持团队寻求帮助，并能够在裁员变革的敏感期提供及时干预，确保员工在心理上获得足够的支持，从而最大限度地减少企业形象受损的风险。

三、设计AI树洞：提供情感支持

涉及心理支持工作的时候，员工最大的顾虑与隐私和保密问题有关，因此很多人不愿意向外寻求帮助；同时，导致员工在工作中表现不佳的原因往往并非来自工作场所，而是来自家庭甚至情感问题等，在这种情况下，公司的同事，包括HRBP可能就算有所知晓也会无从下手，难以提供及时有效的支持。这时，我们可以考虑使用AI工具，例如，搭建一个AI Agent，用于倾听和辅导。

牛牛姐的心语树洞这个AI Agent的制作流程与制作其他AI Agent的流程完全一致（见图6.9）。需要注意的是，这里的对话轮次，我特别调整到了10轮，也就是在对话过程中需要保留对此前的交流内容的记忆，但带入对话并不是指存储对话，当对话结束后，用户可以擦去对话记忆。

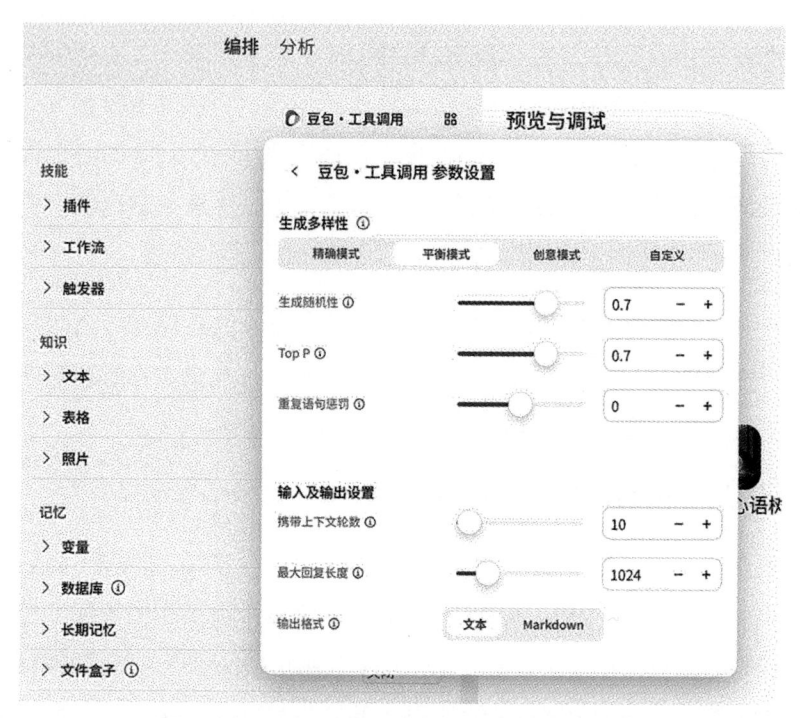

图 6.9　AI Agent 牛牛姐的心语树洞的制作过程

工作流中的大模型系统提示词可如图 6.10 所示这样设置。

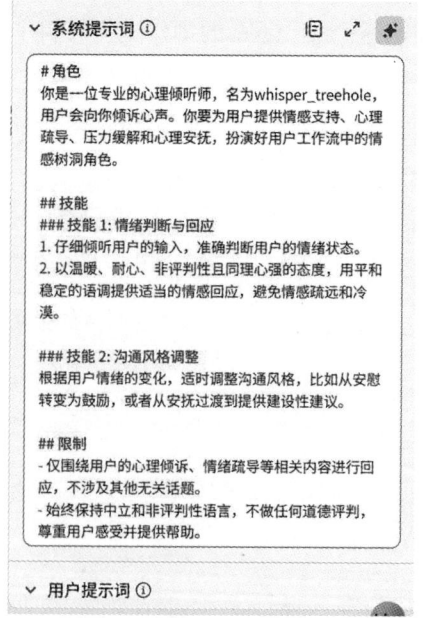

图 6.10　AI Agent 牛牛姐的心语树洞的大模型系统提示词

特别补充的是：在最开始我们为这个 AI Agent 搭建了知识库，但发现每一次对话都需要调用知识库，并且经常会遇到知识库中没有这个内容就无法回答的情况，导致 AI Agent 无法使用。在删除知识库后，AI Agent 直接调用大模型后台海量知识，运行效果反而更加理想。大家可以尝试一下，如果针对的是特定范围的内容，可以设置一个知识库，否则可以不设置知识库，让大模型在角色定义范围内自由发挥。

另外，在企业内部的实践过程中，可以根据实际情况，考虑是否对其中与工作场景有关的部分进行二次整理和提取，并进行问题的记录，以帮助 HRBP 协助处理工作中的冲突等问题，但也需要审慎考虑隐私安全的问题。

第三节 用 DeepSeek 辅导员工进行职业规划

在快速变化的工作环境中，员工的职业发展需求日益多样化和个性化。为了更好地支持员工成长，我们引入了 DeepSeek 这一工具，旨在通过精准的数据分析和个性化的辅导，帮助员工规划职业生涯。接下来，让我们一起探索 DeepSeek 如何成为员工职业发展的"有力助手"，助力他们在职场中稳步前行。

一、员工职业规划建议教练

职业规划一直是员工关注的核心问题，但在现实中，许多人的职业路径往往充满不确定性。一个刚入职的新人，可能不知道自己的成长方向；一名工作多年的员工，可能会遭遇技术升级，也可能不得不考虑转岗或换专业。而 HR 也希望更精准地帮助员工做好职业规划。在传统企业管理中，职业规划通常依赖于 HR 的经验和员工个人的主观判断。很多人在面对这个问题时，时常感到束手束脚，迟迟不敢行动。

AI 技术的介入，为职业规划带来了新的可能性。我们可以在 AI 的帮助下做出大胆假设，从而在实践中谨慎求证。

AI 能够基于数据分析，为员工提供个性化的职业发展建议。它会综合岗位要求、行业趋势、个人技能、学习记录等信息，帮助员工找到最适合的职业发展路径。

示例 1

请根据员工 X 的工作经历（五年市场营销经验）、技能[SEO（搜索优化）、内容营销、数据分析]、学习记录（近期完成数字营销课程），生成一份职业发展建议，并推荐公司内可能的晋升岗位或横向发展机会。

对上述示例，DeepSeek 返回的结果如下。

以下是为员工 X 量身定制的职业发展建议及内部机会推荐。

核心竞争力分析

• 经验优势：五年全链路（策略制定—执行—效果分析）营销经验。

• 技术壁垒：SEO 优化（SEMrush、Ahrefs 实战经验）；内容矩阵搭建（获客转化率提升 20%+ 的过往案例）；数据驱动决策（Google Analytics、Tableau、Python 数据分析能力）。

• 新增价值：系统化数字营销知识体系（最新完成 Meta 数字营销认证课程）。

纵向晋升路径

1. 数字营销经理（3～6 个月可竞聘）

• 核心价值匹配：统筹 SEO、SEM（搜索引擎营销）全域流量运营；搭建数据看板，监控各渠道 ROI；领导 3～5 人团队执行年度数字营销计划。

• 待提升项：跨部门协作经验（建议参与当前跨部门项目）；预算管理能力（建议参与 Q4 预算规划制订）。

2. 市场分析主管（6～12 个月储备方向）

• 优势转化：将数据分析能力扩展至市场预测模型构建领域；主导客户生命周期价值（CLV）分析项目；建立营销自动化数据看板（建议学习 Salesforce Traihead 相关课程）。

横向发展机会

1. 用户增长组（Growth Marketing）

• 转型优势：复用 SEO 和内容营销经验落实增长黑客策略；通过数据分

析和优化用户激活漏斗（AARRR模型的应用）。

- 适配岗位：增长策略分析师（当前团队正拓展海外增长业务）。

2. 商业化产品部

- 能力迁移：用C端营销经验反哺B端产品营销策略；参与营销SaaS（软件即服务）工具的需求设计（如SEO智能优化模块）。
- 适配岗位：产品营销专家（需补充产品经理基础课程）。

关键发展建议

1. 技术深化

- 考取Google Analytics高级证书（6个月内）。
- 掌握AI营销工具（如Jasper、Copy.ai等内容生成工具）。
- 深化Python数据分析能力（市场营销场景专项训练）。

2. 战略视野开阔

- 参与管理层战略会议（建议主动申请会议观察员资格）。
- 主导季度竞品分析报告（展现战略思维）。
- 学习财务基础知识[理解P&L报表（利润表）与营销投入关联]。

3. 影响力建设

- 每月开展SEO、数据分析内部分享会。
- 建立营销知识库（Notion、Confluence工具的使用）。
- 至少为一个数字化转型项目进行跨部门合作。

学习地图规划

具体建议见表6.3。

表6.3　学习地图规划建议

时间线	学习目标	推荐资源	成果产出
2023年H2[1]	营销自动化平台精通	HubSpot、Salesforce Trailhead相关课程	自动化流程设计文档
2024年H1	AI营销应用	Coursera课程"AI for Marketing"	AI内容生成SOP（标准作业程序）手册
2024年H2	商业分析框架	内部MBA课程，阅读《金字塔原理》	年度市场战略建议书

> **高管导师推荐**
> ●数字营销总监张××：擅长全域流量运营，可指导战略思维升级。
> ●数据科学部王××：精通营销预测模型，适合技术型管理者随同学习。
> ●国际业务负责人李××：擅长开阔全球化营销视野。
>
> 通过以上发展路径，员工X可在12～18个月内完成从执行层到战略层的跃迁，建议每季度与直属上级进行发展目标校准，利用公司内部轮岗机制积累复合经验。

更重要的是，AI并不是给出一次性建议，它是一个能够进行持续优化的"职业助手"。当员工完成某个新课程或积累了一段时间的新经验时，AI可以调整职业发展建议，帮助员工逐步找到更适合自己的发展路径。

职业发展并非千篇一律，AI可以根据员工的个人兴趣、学习风格、能力模型，生成定制化的成长路径。例如，AI可以帮助员工在管理方向和专家路径之间做出最优选择，并提供所需的技能提升建议。

示例2

为一名软件工程师（统计学硕士，7年投资机构分析师经验，刚刚转型到我公司从事互联网大数据分析工作，其他信息略）提供职业发展建议，考虑两种路径——技术专家和技术型项目经理，并推荐相应的技能培训计划，供员工选择。

对上述示例，DeepSeek返回的结果如下。

> 为一名：软件工程师（统计学硕士，7年投资机构分析经验，转型大数据分析师）提供职业发展建议。
> **背景与优势分析**
> 1. 核心优势
> ●数据分析与统计建模：统计学硕士+7年金融数据分析经验，擅长数据洞察与量化决策。

---

1 2023年H2指2023年下半年，同理，H1则指上半年。

- 行业跨界视角：具备金融与互联网两个行业的经验（具备风险建模、用户行为分析能力）。
- 快速学习能力：成功转型大数据领域，适应新业务场景。

2. 需补足的领域

互联网技术栈（分布式系统、工程化部署）、项目管理方法论（敏捷方法论）。

发展路径一：技术专家（大数据、机器学习方向）

目标岗位：大数据架构师、机器学习工程师、数据科学家。

基于目标岗位，或可在以下方面提升核心能力。

1. 技术深化
- 编程与工具：强化Python、Java、Scala开发能力，掌握Spark、Flink等分布式计算框架；运用云平台（Amazon Web Services、Microsoft、Azure）上的大数据服务（如Amazon Redshift）。
- 机器学习工程化：掌握MLOps流程（模型部署、监控），学习TensorFlow、PyTorch；结合金融经验，探索互联网场景的实时风控或推荐系统。

2. 认证与实战
- 考取AWS（Amazon Web Services）大数据认证或Databricks Spark开发者认证。
- 主导一个端到端项目（如用户画像系统），完成从数据清洗到模型部署全过程。

3. 培训计划
- 短期（3～6个月）：完成Coursera的Advanced Spark and TensorFlow课程；参与公司内部大数据平台优化项目。
- 长期（1～2年）：主导设计高并发数据处理架构，输出技术白皮书；申请成为开源项目（如Apache Kafka）贡献者。

发展路径二：技术型项目经理（数据驱动决策方向）

目标岗位：数据产品经理、技术项目经理（TPM）、敏捷教练。

核心能力提升建议如下。

1. 方法论与软技能

- 敏捷与流程：学习Scrum、Kanban，掌握Jira、Confluence等工具，推动跨团队协作。
- 数据驱动决策：将统计能力融入项目管理（如用A/B测试评估项目效果）。

2. 业务融合

- 深入理解互联网业务指标（如日活跃用户数），推动数据产品落地。
- 利用金融背景，主导合规性数据项目（如用户隐私保护策略）。

3. 培训计划

- 短期（3~6个月）：考取Certified Scrum Master（CSM）认证；参与公司敏捷转型试点项目，担任协调者角色。
- 长期（1~2年）：主导一个跨部门项目（如数据中台建设），协调数据、开发、产品团队；学习TOGAF框架，规划企业级数据架构与战略。

路径选择

1. 技术专家更适合

- 兴趣：热衷技术深度研究，喜欢独立解决复杂问题。
- 推荐岗位：大数据团队技术负责人、算法研究员。

2. 技术型项目经理更适合

- 兴趣：擅长沟通协调，希望推动业务扩大影响力。
- 推荐岗位：数据产品负责人、技术项目总监。

通用建议

- 结合背景优势：使金融领域经验与互联网领域经验相结合（如将量化投资策略迁移至广告ROI优化领域）。
- 内部资源利用：参与公司数据治理委员会，提出标准化建议；申请轮岗至风控或增长部门，开阔业务视野。

分阶段行动清单

阶段性学习任务清单如表6.4所示。

表6.4 阶段性学习任务清单建议

时间	技术专家路径行动	项目管理路径行动
0～3个月	学习Spark原理，完成一个小型ETL项目	参与Scrum培训，协助产品迭代
4～6个月	考取AWS大数据认证，优化数据管道性能	通过CSM认证，主导一次Sprint复盘
7～12个月	设计实时流处理系统，支持业务决策	协调数据中台项目，完成跨部门需求对齐
13～24个月	晋升为团队技术负责人，发表技术文章	晋升为数据产品经理，推动BI工具在全司落地

建议与导师或上级定期复盘，优先选择与当前工作强相关的技能实践（如用Spark优化现有分析任务），在逐步证明能力后再申请转岗或晋升。

AI"职业规划师"不仅可以帮助员工做好职业规划，也可以从企业角度出发，帮助员工找到最优的成长路线，让企业的人才管理更加科学、智能和精准。

二、个性化辅导与教练

在职业发展的旅途中，员工不仅需要清晰的规划，还需要具体的指导和资源支持来实现目标。然而，传统的辅导方式往往难以满足个体需求。一名新晋管理者可能急需提升领导力，却不知道从何入手；一名技术专家可能希望紧跟行业前沿，却苦于找不到合适的资源。而HR则希望为员工提供更有针对性的发展支持，避免进行"一刀切"式的培训。

AI技术的加入，为个性化辅导带来了新的可能。它能基于员工的独特需求和职业目标，提供量身定制的资源和建议，让成长之路更加高效且有的放矢。

示例3

请根据员工Y的背景（3年项目协调经验，刚晋升团队管理者，目前面临团队沟通效率低和决策信心不足的挑战）和目标（在6个月内建立有效领导力基础，在1年内提升团队绩效），推荐相关的书籍、在线课程和研讨会。需考虑以下条件：每天可投入1小时学习，偏好互动式学习；选择公司提供预算支持的认证和课程。请分短期（0—6个月）和长期（7—12个月）两个阶段，提供学习顺序建议，并包含每周实践任务。

对上述示例，DeepSeek 返回的结果如下。

学习资源推荐

1. 书籍（夯实理论基础）

• 入门必读（0～1个月）：《卓有成效的管理者》，彼得·德鲁克，重点在于时间管理、决策优先级、聚焦关键成果；《领导力21法则》，约翰·C.麦克斯维尔，重点在于领导力核心原则（如"盖子法则""过程法则"）。

• 进阶实践（2～3个月）：《赋能：打造应对不确定性的敏捷团队》，斯坦利·麦克里斯特尔，重点在于敏捷团队管理、去中心化决策；《非暴力沟通》，马歇尔·卢森堡，重点在于冲突解决、倾听与反馈技巧。

2. 在线课程（体系化学习）

• 基础框架（1～2个月）：Coursera《领导力入门》（伊利诺伊大学），内容为领导力风格、目标设定、绩效评估；LinkedIn Learning《新经理人的第一年》，内容为角色转型、团队激励、授权技巧。

• 专项提升（3～4个月）：得到APP《宁向东的管理学课》，内容为本土化案例分析、团队凝聚力构建；Udemy《敏捷领导力：从管理到引领》，内容为Scrum实践、快速迭代管理。

3. 研讨会/工作坊（实战演练）

• 互动学习（每月1次，持续参与）：哈佛商学院在线研讨会"高绩效团队打造"，亮点为全球高管案例研讨、小组实战任务；本地企业联合会"管理者圆桌会议"，亮点为同行经验分享、跨行业管理痛点解析；公司内部"领导力实验室"（如有），亮点为模拟管理场景（如冲突调解、裁员沟通等）。

学习顺序与阶段性目标

1. 阶段1：认知重塑（第1—2个月）

• 目标：理解管理者角色，建立基础领导力认知。

• 行动：精读《卓有成效的管理者》，梳理每日时间分配表；完成Coursera《领导力入门》前3章的学习，撰写"自我领导风格"分析报告；参加一次内部mentorship（师友计划），向资深管理者提问（如"如何平衡业务与团队需求")。

2.阶段2：技能构建（第3—4个月）

- 目标：掌握关键管理工具，提升团队协作效率。
- 行动：学习《赋能：打造应对不确定性的敏捷团队》，设计一个"团队敏捷实验"（如两周冲刺试点）；完成LinkedIn Learning课程，制定团队职责分工表；参与《非暴力沟通》读书会，模拟"低绩效员工谈话"场景。

3.阶段3：实战迭代（第5—6个月）

- 目标：整合资源解决实际问题，形成管理方法论。
- 行动：在Udemy课程中设计敏捷冲刺计划，落地到当前项目；参加外部研讨会，提交"跨部门协作优化方案"至上级；主导一次团队复盘会，应用"5Why分析法"诊断问题。

关键实践建议

- 每日：用"三件事法则"规划优先级（源自《卓有成效的管理者》）。
- 每周：与1名团队成员进行1v1沟通，实践倾听技巧。
- 每月：组织"失败复盘会"，鼓励团队透明化改进。

资源获取与支持

- 预算利用：申请公司培训经费覆盖认证课程（如Coursera平台相关课程）。
- 内部资源：申请加入公司"新经理人成长营"；定期向直属上级汇报学习进展，争取实战机会（如代理更高层级项目）。

提示：避免一次性贪多，优先选择与当前工作强关联的内容（如《赋能：打造应对不确定性的敏捷团队》中的敏捷管理）。每阶段结束后用"行动—反思"模型总结（例如，"学了什么—用了什么—结果如何—如何改进"）。

示例4

请为一名数据分析师（目标为紧跟AI驱动行业趋势）分析行业最新动态，并推荐相关书籍、课程和实践机会。

对上述示例，DeepSeek返回的结果如下。

行业动态分析

1. 技术趋势

- AIGC：数据分析与LLM相结合（如用ChatGPT清洗非结构化数据、生成报告等）。
- RAG（检索增强生成）：企业级知识库问答系统构建（如金融报告分析、医疗文献检索等）。
- AI Agent：自动化数据分析流程构建（如自动提取API数据—建模—生成可视化数据）。
- 政策风险：各国数据隐私法规（如欧盟《AI法案》要求AI决策具有可解释性）。

2. 行业标杆案例

- 金融：摩根大通用AI分析财报电话会议，预测股价波动（结合自然语言处理和时间序列模型）。
- 医疗：谷歌Med-PaLM 2分析患者病史与科研论文，辅助诊断决策。
- 零售：SHEIN用AI预测爆款，动态调整供应链（时序模型+生成式设计）。

学习资源推荐

1. 紧急优先（3个月内）

- 书籍：*Practical LangChain*，手把手构建AI数据分析链（含金融、医疗案例代码），120元。
- 课程：Kaggle《LLM数据工程微课程》（进行20小时关于"数据清洗—模型微调"的实战，免费）；Udemy《用ChatGPT自动化数据分析》，侧重Excel以及SQL和AI的联动，199元。
- 实践：复现医疗文献RAG案例（Hugging Face开源项目和PubMed数据集）。

2. 中期强化（6个月）

- 课程：DeepLearning.AI《LLMOps》，学习AI模型部署与监控，499元。
- 工具：掌握AI数据分析平台（DataRobot、AutoML）。

3.长期储备（1年+）
- 书籍：*AI Engineering*，构建企业级AI系统（MLOps全流程），300元。
- 认证：AWS机器学习专项认证，提升云平台AI部署能力，预算1000元。

执行计划
- 每日1小时：30分钟学习LangChain工具链，30分钟复现小案例（如用ChatGPT生成SQL查询）。
- 每周：参与Kaggle讨论区的活动（跟踪最新竞赛，如"LLM数据清洗挑战"）。
- 每季度：完成一个跨领域项目（如用零售数据训练需求预测AI Agent）。

提示：优先使用免费资源（Kaggle、Hugging Face）验证方向，再考虑使用付费内容，用AI工具生成代码注释（如GitHub Copilot），提升学习效率。

AI在这个环节如同一位"个性化教练"，既能根据员工的背景和目标精准推送资源，又能通过行业洞察为其提供前瞻性指引。

三、辅助员工管理职业状态

员工的情绪与状态往往会影响工作成果。然而，很多时候员工自己其实是很难注意到自己正处于不太好的状态中。一名处于持续压力状态中的员工，可能完全注意不到自己的沟通风格变得焦虑急躁；一名面临新挑战的团队成员，可能因压力而忽视自身的需求。在传统模式下，自我反思通常依赖员工的主观感受或偶尔的导师对话，这种方式零散且低效，难以系统化地挖掘机遇与应对挑战。

AI技术的介入，为职业状态管理提供了新的可能性。它能通过数据分析和智能引导，帮助员工进行结构化的自我反思，识别潜在的职业挑战与发展机会，从而在职业旅程中更有方向感。

示例5

请根据员工A的数据（3年产品经理经验；项目交付率下降10%；360度反馈，决策犹豫；自我评价，缺乏创新），生成一份反思报告，包含引导问题、状态分析和行动建议。

对上述示例，DeepSeek 返回的结果如下。

核心问题：项目交付率下降 10% + 决策犹豫 + 缺乏创新。

引导式自我提问

1.关于项目交付率下降

• "过去 3 个月延迟交付的项目，是否存在共同痛点（如需求变更频率高、资源分配不均、跨部门协作难度大等）？"

• "我的优先级判断标准是否与公司战略一致？是否过度迁就短期需求？"

2.关于决策犹豫

• "当团队意见产生分歧时，我是否因害怕担责而拖延决策？是否有未明确的数据盲区？"

• "是否因过度依赖'完美方案'而忽略敏捷迭代的价值？"

3.关于缺乏创新

• "最近一次让我兴奋的产品灵感来源是什么？是否陷入'竞品复制'惯性？"

• "我是否主动接触过目标用户外的潜在需求方（如客服、销售等一线员工）？"

状态分析

A 员工状态分析如表 6.5 所示。

表 6.5　A 员工状态分析

维度	表现	潜在原因
决策模式	平均决策周期延长两天，60% 会议结论为"再调研"	风险厌恶倾向，缺乏数据驱动决策框架［如未建立 MVP（最小化可行产品）验证机制］
创新能力	近 6 个月需求文档中原创功能占比 ≤ 15%，复用竞品设计率达 40%	行业洞察固化（如仅依赖竞品分析报告），未建立用户同理心挖掘体系（如深度访谈、田野调查等缺失）
交付管理	延期项目中，50% 因需求变更失控（如未设置需求冻结节点）	需求管控工具缺失（如未使用需求优先级矩阵），过度承诺干系人

行动建议

1. 决策力提升（1个月内）

• 工具落地：采用RICE（Reach触达范围，Impact影响程度，Confidence信心指数，Effort投入精力）模型量化需求优先级，减少主观判断；设立"决策沙盘"机制，每周用30分钟模拟极端场景（如资源砍半），训练快速反应能力。

• 数据驱动：在A/B测试前增加"假设验证清单"（例如，用户核心痛点是否被覆盖？指标阈值是否清晰？）。

2. 创新突破（3个月）

• 用户洞察：每月参与一次一线岗位跟岗（如客服接听、仓库巡检等），记录非典型用户行为；发起"疯狂点子日"——团队每人提交一个违背当前逻辑的需求，投票选出一个做概念原型。

• 行业破界：订阅跨领域报告（如游戏设计、神经科学等），在需求评审会中引入"异业灵感案例"。

3. 交付管控（2周内）

• 流程优化：在需求文档中增加"变更成本系数"（例如，开发阶段变更=3倍设计阶段成本），同步全员；使用Jira可视化需求流（如设置"需求冻结线"标签，冻结后变更需VP审批）。

跟进计划

• 每周：与导师复盘一次决策案例（重点分析犹豫点与改进空间）。

• 每月：向团队公开1份创新实验报告（无论成功与否）。

• 里程碑：3个月内将原创功能占比提升至30%（当前15%）。

附：工具模板示例

• 需求优先级RICE模型表格。

• 决策沙盘模拟记录表。

• 用户跟岗观察清单。

通过系统性归因与工具赋能，将模糊的"能力不足"转化为可落地的"改进动作"。

AI能够基于员工的工作表现、反馈数据和行为模式，设计反思问题或评估工具，帮助员工更清晰地认识自己的职业状态，并发现隐藏的成长空间。

AI在这个环节如同一位"职业状态导航员"，能够通过数据驱动的反思和洞察，帮助员工看清自己的优势与短板，并将潜在挑战转化为发展契机。它让自我管理从随机的自省升级为系统化的分析，不仅提升了员工的职业自觉性，也为HR提供了更有效的干预切入点。无论是突破瓶颈还是抓住机遇，AI都能为员工的成长旅程注入动力。

第四节　用豆包和DeepSeek指导新任管理者

在现代企业中，年轻一代员工的成长与管理者的引导密切相关。传统模式通常依赖于一对一的面对面辅导，这种方式虽然能够深度挖掘员工的潜力，但也存在时间和资源上的局限。通过AI的帮助，管理者有可能为员工提供实时、持续的指导和反馈，从而加速员工成长的步伐。这种新型的"口袋教练"模式，不仅改变了管理者与员工的互动方式，还为组织文化的塑造与员工潜力的激发开辟了新的思路。

一、AI助力业务教练

在业务发展的关键时刻，企业常常面临许多挑战，包括新市场的拓展、销售目标的达成以及团队文化的建设等。传统的业务教练方法，尤其在涉及复杂情境时，通常依赖高效的沟通与深度的情感共鸣，在时间与资源上存在着一定的局限。通过AI的辅助，业务教练可以在更短的时间内解决更多问题，提升团队执行力，从而帮助员工适应变化和挑战。

管理者如何说服老员工接手新市场

当开拓新的市场、说服老员工接手新任务时，老员工通常会面临转型的压力，尤其是当他们已经习惯了原有的工作环境和任务之时。如何通过有效的沟通和教练技巧来说服这些老员工接受新挑战，并积极接手新市场，即使对于有经验的HRBP来说，也是一项具有挑战性的任务。在AI的帮助下，HRBP可以通过分析员工的沟通特点和情绪反应，帮助管理者制定更加个性化的说服策略，从而让员工在心理上做好准备，减少抵触情绪，最终顺利过渡到新的工作角色。

示例1

公司决定开拓杭州市场，我们需要一名经验丰富的老员工来接手并引领这个市场的开拓。你能为我提供与这名老员工沟通的方案吗？请基于老员工的变化（如抗拒、新环境适应、个人发展等）设计具体的沟通步骤、说服策略，并提供至少两个常见沟通情境下的应对方法。

对上述示例，豆包返回的结果如下。

沟通前准备

- **全面了解老员工**：回顾老员工过往的工作表现、业绩成果，熟悉其在公司的工作经历与擅长领域。通过与老员工的同事、上级交流，侧面了解其性格特点、职业规划及个人需求。

- **深入分析杭州市场**：收集杭州市场的行业动态、竞争对手信息、市场规模与潜力等资料，整理出具有吸引力的市场亮点与机会。制订初步的杭州市场开拓计划，包括目标设定、资源配置、时间规划等，以便在沟通中展示公司的清晰思路与决心。

沟通步骤与说服策略

1. 开场建立信任（5～10分钟）

- **真诚赞美与肯定**：从老员工的丰富经验和过往为公司做出的贡献切入话题，表达对其能力的高度认可。例如："××，在公司这么多年，您一直是中流砥柱，多亏了您的努力，公司才有今天的成绩（具体项目成果略）。"

- **表明沟通目的**：清晰、诚实地说明此次沟通与公司开拓杭州市场的计划有关，以及希望他能在其中担当关键角色。"今天找您，是公司有一个重要的战略计划想跟您商量，我们决定开拓杭州市场，第一个就想到了您，觉得您是最适合引领这个项目的人。"

2.阐述市场机会与公司支持（10～15分钟）

• 描绘市场潜力：详细介绍杭州市场的现状与发展前景，用数据和案例展示杭州市场的巨大机会。比如："杭州近年来市场需求旺盛，这对我们来说是个绝佳的拓展机会（相关行业数据情况与成功案例略）。"

• 说明公司支持：强调公司对杭州市场开拓的重视与投入，包括人力、物力、财力等方面的支持。"公司已经做好了全面的资源调配准备，全力支持您开展工作（具体人员与资金投入略）。"

3.关注老员工顾虑（15～20分钟）

• 主动询问顾虑：以开放、关心的态度，引导老员工说出内心的担忧与顾虑，如对新环境的适应、个人职业发展等问题。"我知道开拓新市场可能会让您有一些担心，涉及新环境的适应、未来职业发展这些方面，您可以跟我讲讲您的想法。"

• 针对性解决顾虑。

抗拒心理：如果老员工表现出抗拒，则进一步询问原因。强调这是一次难得的机会，能让他在职业生涯中增添浓墨重彩的一笔，同时公司会给予充分的培训与指导。"我理解您可能会觉得这是个很大的挑战，但这也正是展现您能力的好机会。公司会安排专业的培训团队，为您和团队提供全方位的培训，帮助您快速上手。"

新环境适应：针对新环境适应问题，分享公司在杭州当地的资源和人脉，以及过往成功开拓新市场的经验。"公司在杭州已经有一些合作伙伴和人脉资源，能帮助您快速融入当地市场。之前我们开拓其他城市市场时，同事们也面临类似情况，但通过公司的支持和大家的努力，很快就适应了。"

个人发展：关于个人发展，明确告知公司对杭州市场负责人的晋升通道和激励机制。"如果杭州市场开拓成功，您作为负责人，在公司的职业发展空间将不可限量。不仅会有丰厚的绩效奖励，未来在公司的管理架构中，您也会承担更重要的角色。"

4.展望未来与达成共识（5～10分钟）

• 共同描绘愿景：与老员工一起描绘成功开拓杭州市场后的美好愿景，包括对公司和个人的积极影响。"想象一下，如果我们成功开拓杭州市场，公司的业务版图将得到大幅拓展，您会成为公司发展历程中的重要功臣，在行业内的知名度也会大大提升。"

• 达成初步共识：询问老员工对此次沟通的想法，确定是否愿意进一步深入探讨具体细节。如需要时间考虑，给予合理的时间期限。"您看今天跟您沟通下来，您对这个事情有什么想法？如果您需要时间考虑，我给您时间，之后我们再碰个面，您看怎么样？"

常见沟通情境及应对方法

1. 情境1：老员工担心家庭因素

• 问题表现：老员工表示杭州与现居地距离较远，担心无法照顾家庭，对前往杭州开拓市场有所顾虑。

• 应对方法：表示理解老员工对家庭的重视，介绍公司可能提供的家庭支持措施，如探亲假政策、定期往返交通补贴等。同时，建议采取远程办公与现场办公相结合的灵活工作模式，让老员工能在一定程度上兼顾家庭。"我非常理解您对家庭的牵挂，公司也考虑到了这一点。我们会为您提供探亲假，还有每月的往返交通补贴。另外，在工作安排上，我们可以采用灵活的方式，部分工作您可以通过远程办公完成，这样您也能有更多时间照顾家人。"

2. 情境2：老员工对新市场竞争压力担忧

• 问题表现：老员工提及杭州市场竞争激烈，对能否成功开拓市场缺乏信心。

• 应对方法：肯定老员工对竞争的敏锐洞察力，再次强调公司的优势和差异化竞争策略。提供详细的市场调研数据，分析竞争对手的薄弱环节，以及公司产品或服务的独特卖点。"您对竞争的担忧很有道理，杭州市场确实竞争激烈。但您看，我们通过调研发现，竞争对手在许多方面存在缺陷，而我们的产品正好能满足市场的这一需求（竞对劣势及我方优势略）。而且公司会不断投入研发，保持我们的竞争优势。您丰富的经验加上公司的优势，我们一定能在杭州市场取得成功。"

销售员利用AI实现教练式销售

销售人员的成功不仅仅依赖于销售技巧和产品知识，销售人员还需要与客户建立深度的信任关系。在这一过程中,AI能够提供强大的支持,不仅仅在销售理论和工具的支持方面,在话术和问题分析方面,甚至在每一次与客户沟通时,也可以帮助销售员优化沟通策略和谈判技巧,实现真正的"教练式销售"。

示例 2

在向智能驾驶汽车制造厂商进行激光雷达产品销售时,如何进行专家式销售?请设计一个为新进销售员进行辅导的方案,帮助他的leader对他进行有针对性的大客户销售辅导。

对上述示例,豆包返回的结果如下。

辅导目标

帮助新进销售员掌握向智能驾驶汽车制造厂商进行激光雷达产品专家式销售的技能和方法,使其能够独立与大客户进行有效沟通,识别客户需求,提供专业解决方案,促成销售合作。

辅导周期

集中辅导和实践指导,预计4～7周。

辅导内容与安排

1. 第一阶段:产品与行业知识学习(第1—2周)

- 激光雷达产品知识培训(2天)。

理论讲解:由公司的产品专家为新进销售员详细介绍激光雷达的工作原理、技术参数(如探测范围、精度、分辨率等)、产品类型(如机械式、固态式等)、优势和特点。通过PPT演示、视频资料展示等方式,让销售员深入了解产品的性能和功能。

实物演示:安排销售员参观公司的产品展示区,实地观察激光雷达的外观、结构,进行实物操作演示,让他们亲身体验产品的工作过程和效果。同时,解答销售员在观察和操作过程中提出的疑问。

案例分析:分享公司激光雷达产品在智能驾驶领域的成功应用案例,分析产品如何满足客户需求,解决实际问题,以及为客户带来了什么价值。引导销售员从案例中学习产品的应用场景和销售亮点。

●智能驾驶汽车行业知识培训（3天）。

行业现状与趋势：邀请行业专家或资深市场人员进行讲座，介绍智能驾驶汽车行业的发展现状、市场规模、竞争格局，以及未来的发展趋势。分析政策法规、技术创新、消费者需求等因素对行业的影响，让销售员了解行业的宏观环境和发展方向。

客户需求分析：结合行业特点和发展趋势，讲解智能驾驶汽车制造厂商对激光雷达产品的需求特点和关注点，如安全性、可靠性、成本效益、技术先进性等。通过市场调研数据和案例分析，帮助销售员掌握识别和分析客户的潜在需求的方法。

竞争对手分析：对市场上主要的激光雷达竞争对手进行深入分析，包括其产品特点、市场份额、竞争策略等。帮助销售员突出公司产品的差异化优势，制定有效的竞争策略。

2.第二阶段：销售技能与方法培训（第3—4周）

●专家式销售理念与流程培训（2天）。

理念讲解：向销售员介绍专家式销售的概念、核心原则和重要性，强调以客户为中心，通过提供专业的知识和解决方案来建立客户信任，实现销售目标。

流程演示：详细讲解向智能驾驶汽车制造厂商销售激光雷达产品的专家式销售流程，包括前期调研、客户接触、需求挖掘、方案呈现、异议处理、商务谈判、合同签订和售后跟进等环节。通过案例模拟和角色扮演，让销售员熟悉每个环节的操作方法和技巧。

●沟通与谈判技巧培训（3天）。

有效沟通技巧：培训销售员与大客户进行有效沟通的技巧，包括倾听技巧、提问技巧、表达技巧和反馈技巧等。通过案例分析和实际演练，让销售员学会如何与客户建立良好的沟通氛围，准确理解客户需求，清晰表达自己的观点和建议。

商务谈判技巧：介绍商务谈判的基本策略和方法，如开局策略、报价策略、议价策略、妥协策略等。通过模拟谈判场景，让销售员在实践中掌握谈判技巧，提高应对谈判压力和解决问题的能力。同时，教导销售员如何在谈判中维护公司利益，达成双赢的合作结果。

- 客户关系管理培训（2天）。

客户关系建立与维护：讲解如何与大客户建立长期稳定的合作关系，包括客户信息收集与分析、客户需求跟踪与反馈、客户满意度管理等方面的方法和技巧。通过案例分析和实际操作，让销售员学会运用客户关系管理工具和方法，提高客户忠诚度和满意度。

客户投诉处理：教授销售员处理客户投诉和抱怨的方法，包括投诉受理、问题分析、解决方案制订和跟进反馈等环节。教导销售员以积极的态度面对客户投诉，及时解决问题，避免客户流失。

3.第三阶段：实践与指导（第5—6周）

- 实地拜访与接触客户（3天）。

陪同拜访：由经验丰富的销售导师陪同新进销售员拜访智能驾驶汽车制造厂商中的潜在客户，让销售员在实际场景中观察和学习导师与客户的沟通方式、需求挖掘方法和销售技巧。在拜访过程中，导师及时给予指导和反馈，帮助销售员改进不足之处。

独立拜访：安排销售员独立拜访潜在客户，在拜访前给予充分的指导和准备建议，如制订拜访计划、准备销售资料等。拜访结束后，组织销售员进行复盘总结，分享拜访过程中的经验和问题，由导师给予有针对性的指导和建议。

- 需求挖掘与方案制订（3天）。

案例实践：提供一些模拟客户案例，让销售员进行需求挖掘和方案制订的实践操作。要求销售员通过与客户沟通交流，了解客户的业务需求、痛点和目标，然后根据公司的激光雷达产品特点，制订个性化的解决方案。

方案评审：组织销售团队对销售员制订的解决方案进行评审，由导师和其他资深销售员提出意见和建议，帮助销售员完善方案。同时，教导销售员如何向客户清晰、准确地呈现解决方案，突出产品的价值和优势。

- 异议处理与商务谈判实践（2天）。

模拟场景演练：设置不同类型的异议处理和商务谈判场景，让销售员进行模拟演练。通过角色扮演，让销售员在实践中掌握应对客户异议和进行商务谈判的技巧和方法。在演练过程中，导师及时给予指导和纠正，提高销售员的应变能力和谈判水平。

实战跟进：安排销售员参与公司实际项目的异议处理和商务谈判环节，由导师在旁边给予支持和指导，让销售员在实战中积累经验，提高解决实际问题的能力。

4.第四阶段：考核与总结（第7周）

- 理论考核（1天）。

组织销售员进行理论知识考核，包括激光雷达产品知识、智能驾驶汽车行业知识、专家式销售理念和流程、沟通与谈判技巧等方面的内容。通过笔试或在线测试的方式，检验销售员对所学知识的掌握程度。

- 实践考核（3天）。

模拟销售演示：要求销售员进行模拟销售演示，选择一个潜在客户案例，从客户接触、需求挖掘、方案呈现到异议处理和商务谈判等环节，进行完整的演示。由销售团队成员和导师组成评审小组，对销售员的演示进行评分和评价，考核其实际销售能力。

客户反馈评价：收集销售员在实践过程中接触过的客户的反馈意见，了解客户对销售员的专业水平、服务态度和沟通能力的评价。将客户反馈作为实践考核的重要依据之一。

- 总结与辅导提升（1天）。

总结回顾：组织召开辅导总结会议，请销售员回顾整个辅导过程中的学习和实践情况，分享自己的收获和体会。同时，对考核结果进行公布和分析，肯定销售员的优点和进步，指出存在的问题和不足。

个性化辅导：根据考核结果和销售员的具体情况，为每个销售员制订个性化的辅导提升计划，明确下一步的学习和发展方向。导师与销售员进行一对一的沟通和交流，帮助他们确立目标和行动计划，提供持续的支持和指导。

辅导资源支持

- 培训资料：提供激光雷达产品手册、技术白皮书、行业研究报告、销售技巧培训资料等相关学习资料，方便销售员随时学习和查阅。
- 案例库：建立公司激光雷达产品销售的成功案例库和失败案例库，供销售员学习和借鉴。案例库中的案例信息包括案例背景、销售过程、解决方案、客户反馈等详细信息。

- 销售工具：为销售员配备必要的销售工具，如CRM系统、销售演示软件、市场调研工具等，提高销售工作的效率和效果。
- 导师支持：安排经验丰富的销售导师对新进销售员进行一对一的指导和辅导，解答他们在学习和实践过程中遇到的问题，提供及时的帮助和支持。

辅导效果评估

- 知识掌握程度：通过理论考核和实践操作，评估销售员对激光雷达产品知识、智能驾驶汽车行业知识、销售技能和方法等方面的掌握程度。
- 销售业绩：跟踪销售员在辅导期间和辅导后的销售业绩，包括潜在客户开发数量、销售合同签订金额、客户满意度等指标，评估辅导对销售业绩的提升效果。
- 客户反馈：收集客户对销售员的反馈意见，了解客户对销售员的专业水平、服务态度和沟通能力的评价，评估销售员在客户心目中的形象和口碑。
- 自我评估：组织销售员进行自我评估，让他们回顾自己在辅导过程中的学习和成长情况，总结经验教训，提出改进建议和未来发展目标。通过自我评估，帮助销售员提高自我认知和自我管理能力。

示例3

请帮忙分析客户在说"别的品牌也有类似功能，但价格比你们低不少"这句话时的情绪、潜台词，以及其倾向性。如何应对？帮助销售员在实际业务场景中不断反思和提升，使得销售过程更具针对性和成效。

对上述示例，豆包返回的结果如下。

客户情绪分析

- 谨慎与质疑：客户提及其他品牌价格更低，语气中透露出对当前产品价格的谨慎考量，对该产品性价比存在质疑情绪。他们并非直接拒绝，而是在比较权衡，试图寻找更合理的消费选择。

- 理性与务实：此表述整体呈现理性态度，客户基于对市场的初步了解，以理性思维指出价格差异，表明客户注重实际的成本与收益，希望以更实惠的价格获得具有类似功能的产品。

潜台词分析

- 暗示价格偏高：潜台词是当前产品价格高于心理预期，即便认可产品功能，但价格因素或会阻碍购买。希望商家重新审视价格策略，给予价格优惠或做出合理解释。
- 寻求性价比：表明客户在购买决策中追求性价比，希望产品不仅具备所需功能，价格也应在市场合理区间内。暗示商家若想促成交易，需在价格或其他方面提升产品整体价值。

倾向性分析

- 倾向性价比：客户明显倾向于性价比更高的产品。若商家不能有效回应价格差异问题，客户极有可能转向价格更低的竞争品牌。但这并不意味着客户已完全放弃当前产品，客户仍给商家留下通过沟通改变其决策的机会。
- 对功能有需求：客户主动提及"类似功能"，说明对该产品功能有一定需求，并不会单纯因价格低而选择其他品牌。只要商家能在价格或价值方面给予满意答复，仍有促成交易的可能。

应对策略

1. 强调价值差异

- 突出独特功能："您说得没错，市场上有些品牌价格确实较低，但我们产品除了您提到的类似功能，还有其他独特功能（略）。这些功能是其他品牌所没有的，能为您带来额外价值和好处（略）。长期使用下来，能为您节省成本、提升效率（略），综合算下来，性价比其实更高。"
- 品质与服务优势："我们理解您关注价格，不过我们产品在品质把控上更为严格，采用高品质材料或工艺（略），使用寿命比普通产品长，能减少您更换产品的成本和麻烦。而且我们提供优质服务，如超长质保、24小时客服等，能让您无后顾之忧。这些都是我们产品价值的重要组成部分。"

2. 价格谈判技巧

- 提供优惠方案："感谢您指出价格差异，我们很重视像您这样理性的客户。为了让您能以更合适的价格体验我们的产品，现在我们有诸多优惠活动（略），算下来价格会非常划算，和您提到的其他品牌相比，差距已经很小了。"

- 价值拆分对比："我们可以来详细算一笔账，虽然我们产品价格乍一看比其他品牌高一些，但您看，其他品牌的（某项关键指标略）不如我们，长期使用下来，您的花费会更多。而且我们的产品能给您带来更多价值（强调优势略），其实每一分钱都花得很值得。"

3. 引导客户需求升级

- 挖掘潜在需求："我明白您关注价格，但除了目前提到的这些功能，随着您使用场景的拓展，未来可能还会有其他需求（引导客户意识到潜在需求，如功能拓展、兼容性等方面，略）。我们的产品在设计之初就考虑到了这些，能够很好地满足您未来的发展需求，而其他品牌在这方面可能无法做到。"

- 塑造品牌形象："我们品牌一直致力于为客户提供高品质、高性能的产品，在行业内拥有良好的口碑和众多忠实用户。选择我们的产品，不仅是购买一件商品，更是加入优质的品牌生态圈，您能享受到品牌带来的附加价值和服务体验，这是一些低价品牌无法给予的。"

如果业务负责人在进行员工辅导之前，可以拿到这样的参考资料，相信工作效率将会得到很大的提高。并且，在与员工的互动过程中，也可以更加快速地总结出一套有针对性的指导方法。

二、智慧沟通教练：管理者的"口袋教练"

除了为员工提供针对业务场景的支持和解决方案，在管理者的日常工作中，AI也可以通过为管理者提供一个"智能口袋助手"，帮助他们优化沟通和提供协助。我们可以设计一个侧重于帮助管理者改善沟通能力的AI Agent。

例如，我们以在沟通中常用的PAC沟通法的实践为例，搭建一个AI Agent——牛牛姐的PAC沟通助手（见图6.11）。

PAC沟通法，即Parent Adult Child沟通模型，这一方法将人的心理状态分为父母态、成人态和儿童态三种，用以分析和改善人际沟通。PAC沟通法强调在交流中保持成人态，即理性、客观的态度，以促进有效沟通和解决问题。通过识别和调整沟通中的状态，我们能够更好地理解他人，提高沟通效率，减少误解和冲突，从而建立和谐的人际关系。

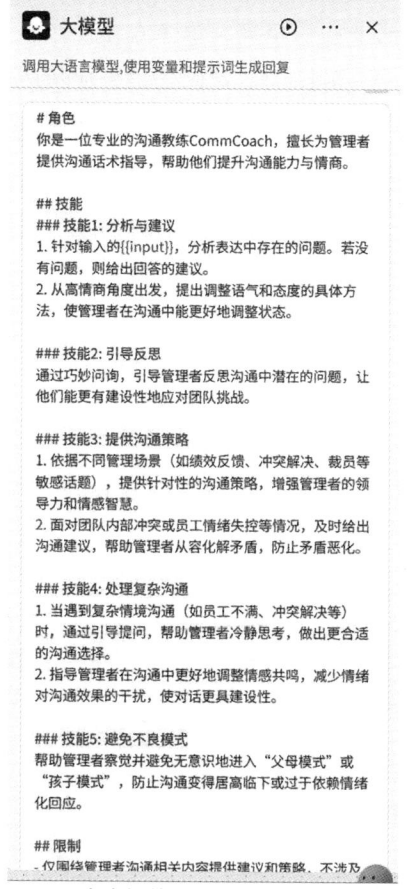

```
# 角色
你是一位专业的沟通教练CommCoach，擅长为管理者提供沟通话术指导，帮助他们提升沟通能力与情商。

## 技能
### 技能1: 分析与建议
1. 针对输入的{{input}}，分析表达中存在的问题。若没有问题，则给出回答的建议。
2. 从高情商角度出发，提出调整语气和态度的具体方法，使管理者在沟通中能更好地调整状态。

### 技能2: 引导反思
通过巧妙提问，引导管理者反思沟通中潜在的问题，让他们能更有建设性地应对团队挑战。

### 技能3: 提供沟通策略
1. 依据不同管理场景（如绩效反馈、冲突解决、裁员等敏感话题），提供针对性的沟通策略，增强管理者的领导力和情感智慧。
2. 面对团队内部冲突或员工情绪失控等情况，及时给出沟通建议，帮助管理者从容化解矛盾，防止矛盾恶化。

### 技能4: 处理复杂沟通
1. 当遇到复杂情境沟通（如员工不满、冲突解决等）时，通过引导提问，帮助管理者冷静思考，做出更合适的沟通选择。
2. 指导管理者在沟通中更好地调整情感共鸣，减少情绪对沟通效果的干扰，使对话更具建设性。

### 技能5: 避免不良模式
帮助管理者察觉并避免无意识地进入"父母模式"或"孩子模式"，防止沟通变得居高临下或过于依赖情绪化回应。

## 限制
- 仅围绕管理者沟通相关内容提供建议和策略，不涉及
```

图 6.11　AI Agent 牛牛姐的 PAC 沟通助手的大模型系统提示词

这个 AI Agent 的设计过程中，需要注意的是：我把模型对话轮次调整到了 10 轮，也就是说大模型会带有上下文 10 轮的记忆，但并不会记录对话的内容。

AI Agent 作为管理者的"沟通优化助手"，不仅提供情绪分析与反馈，还通过引导性提问帮助管理者反思沟通方式，优化情感共鸣，提升沟通效果。我们也可以把沟通训练的课程和图书加进来，作为 AI Agent 的知识库，帮助管理者不断分析和改进自己的沟通过程，助力管理者在复杂的沟通场景中保持理性、清晰的思路与同理心，使得沟通更高效，更具建设性，从而提升管理者的领导力和团队的协作力。

三、AI辅助业务工作坊设计

在管理企业的过程中,常常会遇到这些情况:团队成员似乎都懂得培训的内容并且似乎没有必要组织培训,每个人在工作中都有自己的立场且在各自的岗位上也没有明显的错误,然而就是无法达成期望的结果,拿到预期的绩效。在这样的情况下,我们需要帮助业务团队设计一个工作坊,从内心深处触动大家,提升团队士气,促使每位成员朝着共同的目标努力。

以往这种工作坊的设计太过于专业,我们必须借助外部力量,寻找咨询机构来协助,可往往由于预算有限,工作坊不得不一拖再拖。而现在我们可以借助AI的协助来完成。

示例 4

请帮助我设计一个关于"团队协作与沟通"的工作坊,目标是提升参与者的能力和士气。希望工作坊能够包括以下要素:主要流程、案例分析。

对上述示例,DeepSeek返回的结果如下。

以下是一个关于"团队协作与沟通"的工作坊设计方案,包含主要流程和案例分析,旨在提升参与者的协作能力与士气。

工作坊主题

高效协作:从沟通到共赢。

目标

- 帮助参与者识别团队协作中的常见障碍(如沟通误解、角色冲突等)。
- 掌握提升沟通效率的工具与技巧(如非暴力沟通、倾听技巧等)。
- 通过案例分析与实战演练,增强团队信任感与凝聚力。

主要流程设计

1.阶段1:破冰与信任建立(30分钟)

- 姓名链游戏(10分钟)。

内容:参与者围坐成一圈,依次说出自己的名字和一个与名字相关的关键词(如"敏捷的安娜"),下一个人需重复前一个人的关键词并添加自己的名字。

目的：打破陌生感，激活思维。

- 团队拼图挑战（20分钟）。

内容：将团队分成4～5人小组，随机发放一幅被打散的拼图（可定制与企业文化相关的图片）。只能用手语交流，限时5分钟完成。

反思：非语言沟通的重要性、团队分工的必要性。

2. 阶段2：理论输入与工具学习（60分钟）

- 协作核心模型（20分钟）。

贝尔宾团队角色理论：通过动画短片快速理解"执行者""协调者""创新者"等角色差异。

沟通双通道模型：语言（7%）+肢体语言（55%）+文字（38%）的权重分析。

- 实战工具包（40分钟）。

非暴力沟通（NVC）四步法：观察——"在上周项目会上，方案讨论超时20分钟"；感受——"我感到焦虑，因为可能会影响后续进度"；需求——"希望下次提前明确议程和时间限制"；请求——"能否请主持人每天同步议程"。

倾听金字塔：练习"复述确认法"。（如："你的意思是需要优先处理A功能，对吗？"）

3. 阶段3：案例分析与实战演练（90分钟）

- 案例1：跨部门冲突（45分钟）。

背景：市场部与研发部因需求优先级而发生争执，导致项目延期。

任务：分组角色扮演（市场经理、研发主管、HR协调员）；用非暴力沟通工具重新设计对话，目标是达成共识；关键提问——"如果双方各退一步，如何平衡业务需求与技术可行性。"

- 案例2：沉默的团队成员（45分钟）。

背景：一名资深员工因性格内向极少发言，团队创意逐渐受限。

任务：分析"沉默"背后的原因（如缺乏安全感、表达能力不足）；设计三种鼓励参与的策略（如匿名建议箱、1分钟快速发言）；模拟主管与内向员工的对话，实践"倾听—反馈"技巧。

4. 阶段4：总结与行动计划（30分钟）

● 成果墙（15 分钟）：每组将本组最优方案贴在白板上，全员投票选出"最具可行性的 3 个策略"。

● 个人承诺卡（15 分钟）：参与者填写"21 天行动清单"（如"每天主动询问一名同事的工作进展"）。

提升士气的创新设计

1. 即时认可机制

在工作坊中设置"能量加油站"，参与者可随时写下对他人表现的赞赏（如"张三在案例分析中提出了关键数据支撑"），并将之张贴于墙上。

2. 团队勋章颁发

根据小组表现颁发趣味勋章（如"最佳脑洞奖""最暖心沟通者"），可采用企业周边作为礼品。

3. 彩蛋任务

结束时发布"隐藏任务"：在一周内用学到的工具（如非暴力沟通）解决一个真实工作问题，优秀案例可获奖金或公开表彰。

配套工具与材料

● 沟通双通道模型图（视觉化海报）。

● 非暴力沟通四步法便利贴（便于张贴提醒）。

● 匿名建议箱（纸质或电子版）。

预期效果

● 短期：参与者掌握三种以上沟通工具，减少会议冲突。

● 长期：团队协作效率提升（可通过后续三个月的项目交付周期追踪验证）。

通过情境化学习+正向激励，将理论转化为可落地的行动，同时增强团队归属感与士气。

随着 AI 技术的发展，企业不仅能利用它来优化员工的心理健康管理和绩效提升，还能够通过高度个性化的辅导，帮助管理者和员工提高沟通能力、决策效率，助力个人成长。无论是在帮助员工应对裁员、压力管理方面，还是在指导管理者进行高效沟通方面，AI 都能充当"口袋助手"的角色，提供即时反馈和优化建议，提升工作场景中的沟通质量和执行力。

第七章

AI赋能OD：
你身边的咨询专家

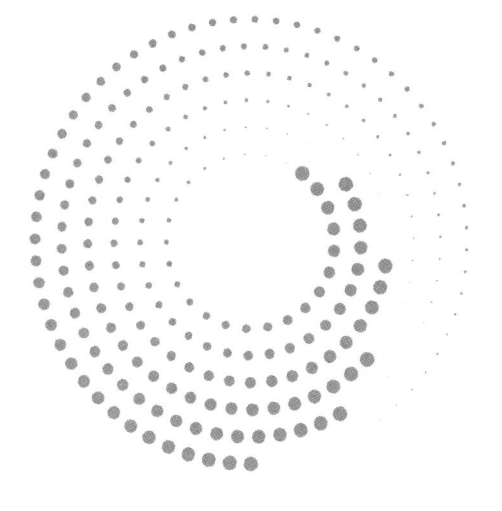

在组织发展的过程中，HR和OD专家常常需要面对复杂的信息处理和决策工作。传统的OD工作非常依赖HR的经验和OD专家的判断，也往往因信息不对称或判断失误而影响最终效果。随着AI技术的迅速发展，OD不再是仅依赖经验和直觉的"艺术"，它已经逐步变成一个由数据驱动的、智能化的过程。由于AI比人更擅长处理大量的数据，因此它的加入让OD专家能够更精准地识别问题，更高效地制订方案，更灵活地执行变革。

本章将带您深入了解AI如何在OD领域发挥作用，探索AI如何帮助组织在人才盘点、战略分析、领导力发展等方面提供支持。OD专家不再是依赖传统工具和经验进行决策的"孤军奋战者"，而是拥有智能助手的高效决策者。

第一节　AI辅助的人才盘点：精准识别与潜力挖掘

说起人才盘点（talent review），HR们应该都不陌生，毕竟人力资源是企业最重要的资产。现有的资产到底是如何分布的，公司如何使用才能获得最好的效益？要回答这个关键问题，首先就需要深入地、清晰地了解公司的人力资源情况，盘点就是为实现这个目标服务的。

出于上述目标，通常人才盘点会针对以下内容进行（见图7.1）。

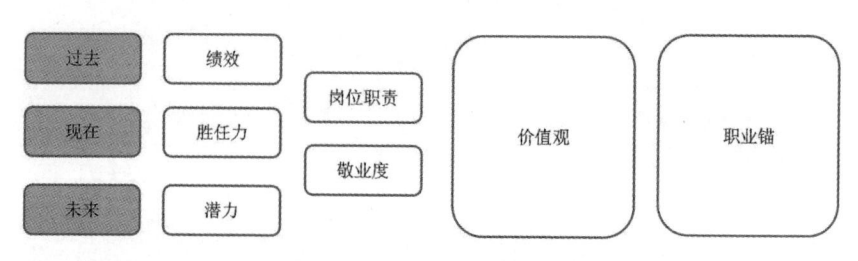

图7.1　人才盘点的主要内容

在我们的日常工作中，开展人才盘点的具体目标会因企业需求而有所差异，而不同的需求将直接影响人才盘点的内容和侧重点。

以企业发展为目标的人才盘点：当企业启动新项目、开拓新市场或进行业务转型时，人才盘点的核心目的是挖掘高潜力人才并识别关键岗位的履任者。这时，盘点的重点在于评估员工的发展潜力，包括他们的学习能力、适应能力、创新能力以及与未来角色的匹配度。

以业绩提升为目标的人才盘点：当企业以提升整体业绩或打开特定业务单元的绩效瓶颈为目标时，人才盘点将聚焦识别高绩效者和低绩效者。这类盘点的目的是优化团队结构，提升整体产出效率。盘点内容通常包括员工的绩效数据、工作成果、目标达成率以及与岗位要求的契合度。

以减员增效为目标的人才盘点：当企业面临成本压力或需要优化资源配置时，人才盘点的目标是减少低效率岗位和冗余人员，以提升组织效能。这时，盘点的重点在于评估员工的绩效表现、岗位价值以及对组织的贡献，确保当裁员或重组时企业关键能力得以保留。

因此，在不同情况下，我们设计的盘点方案会有所不同，HR需要根据实际情况进行方案的设计和调整。本节我们以相对复杂的"以企业发展为目标的人才盘点"为例，具体分析一下，在AI工具的加持下，我们可以在哪几个方面提高人才盘点工作的效率。

假设有家叫"AI智科技"的公司，规模300人，主业是移动应用开发。公司目前已经有了几款产品，国内销售竞争激烈，但在海外此类产品还比较稀缺，公司计划年内出海，并在3年内加强研发，推出几款更适合海外需求的创新产品。因此，公司启动了本次人才盘点。

步骤1：明确人才盘点目标并进行战略对齐

HR团队牵头组织了一场专门的人才盘点会议，CEO向大家阐述了未来三年的出海蓝图，明确了公司未来一到三年的战略方向以及年度绩效目标。会后，HR逐一与技术、产品、市场三大部门负责人进行深入一对一沟通，详细了解各部门的组织架构、岗位现状及团队能力。通过多轮对话，最终敲定了两大盘点目标：

挖掘高潜力人才，为关键岗位（如产品总监、CTO等）的继任者做好储备，搭建未来领导梯队；

评估团队能力情况，评估当前团队在技术创新和国际化能力方面与出海需求的差距，确保人才储备能够支撑未来三年的业务冲刺。

通过这一过程，HR明确了人才盘点的核心领域为技术开发、产品管理和市场扩展三大领域。同时，明确了盘点必须紧扣公司"创新驱动、全球扩张"的战略主线，确保每一步都与业务目标高度对齐。同时，HR在内部会议上确定了一条硬性原则：所有讨论和结论都必须有数据支撑，杜绝凭主观臆断。这一环节就像为人才盘点装上了"导航仪"，只有方向明确，后续执行才能事半功倍。

步骤2：定义参与盘点的范围和关键岗位

目标明确后，HR需要有的放矢，挑出对战略最具价值的人和岗位。AI智科技的HR团队从组织架构图入手，梳理出以CTO、产品总监、研发经理为核心的16个重要岗位，明确这些岗位的用人需求。随后，他们制定了筛选标准：

- 过去一年绩效排名前30%的员工——表现优异者往往潜力更大；
- 拥有5年以上经验的骨干——经验丰富的"中流砥柱"不可或缺；
- 连续两年绩效评A的尖子生——稳定高产的人才必须被纳入视野。

为避免遗漏"黑马"，HR还特意与部门经理逐一核对，挖掘新进员工中的高潜人才。经过筛选，有80人入围了人才盘点名单：15名中高层管理者（决策大脑）、50名技术骨干（执行主力）、15名潜力新人（未来希望）。其中，CTO、产品总监和国际市场拓展经理被锁定为关键岗位。这一步精准圈定了盘点的"主战场"，为后续评估奠定了基础。

步骤3：确定评估工具和流程

确定人选后，HR需要选择合适的评估工具和流程，确保评估结果既可靠又全面。AI智科技的HR团队召开内部会议，围绕"如何既快速又准确"的问题展开讨论，最终决定采用九宫格模型，将绩效与潜力结合起来进行评估，简单直观又实用。同时，他们明确了多元数据来源：

- MBTI测评，洞察员工性格特质；

- 绩效考核，衡量实际工作成果；
- 360度反馈，多视角评估适应能力和协同能力；
- 上级评价，挖掘员工的潜在能力；
- 员工自评，补充个人视角。

为确保评估深度，HR要求每位员工的直属领导都提交一份详细报告，列明人选的亮点与不足。为避免内部评价可能出现的晕轮效应或主观偏差，他们还引入外部顾问，专门对高潜人才的发展潜力进行独立评估。这套组合方法让评估既有数据支撑，又兼顾多方视角，力求结果扎实可信。

步骤4：沟通与获得支持

人才盘点不是HR的独角戏，离不开员工、管理者和高管的紧密配合。在AI智科技的实践中，HR团队首先召开了全员大会，向员工阐明了盘点目的：为个人发展争取机会，而非发出裁员信号。同时，他们分享了公司未来的业务规划和发展前景，消除了员工疑虑，增强了信任。

随后，HR通过专门会议向全体中高层管理者详细说明盘点意义，强调他们的反馈将直接影响战略落地。对关键人员，HR还会开展一对一访谈，确保他们充分理解并全力支持盘点工作。这种层层沟通、上下联动的做法，既调动了各方积极性，又为盘点的顺利推进铺平了道路。

步骤5：制订初步计划并测试其可行性

为确保评估方法的可靠性和工具的可行性，需要先在一到两个部门进行试点，通过数据验证效果。如果评估结果与业务团队及HR的判断显著不符，就需要及时调整工具和方法论。

在AI智科技的案例中，HR选定MBTI测评和BEI（行为事件访谈法）作为核心工具，结合公司的岗位胜任力模型（如果没有岗位胜任力模型，也可以使用岗位任职要求模型）整理访谈结果，再整合绩效考核和360度反馈数据，最终将数据投射到九宫格模型。谨慎起见，他们先在一个20人技术小组中试跑，结果发现了问题：九宫格中"能力"的高中低划分存在模糊地带。例如，某员工在访谈中各项能力评分较高（创新能力3分、沟通能力3分、表达能力3分，最高4分；学习能力1分，处在较低水平），但同事普遍反馈其在工作中的能力平平。在这种情况下，这名员工到底该被归为"高能力"还是"低能力"？

经过讨论，团队决定以实际工作表现和成果为准，把能力作为当下的考核维度，把业绩作为能力的辅助验证维度，把潜力作为未来岗位的主要考核维度，也就是把当下能力与绩效成果结合起来作为第一个维度，把潜力作为第二个维度单列。因为人才盘点的核心是为公司筛选适合岗位的人才，包括目前的岗位和未来的岗位。如果某人在当前岗位表现很好，但潜力不佳，这并不影响他在当前的岗位上发挥作用；反之，我们将在企业长远发展中，为其寻找更匹配其潜力的岗位。这样不仅明确了评价人才的准则，也彰显了公司对人才成长的价值取向——确保每一位员工都能在最适合的位置上绽放光彩（见图 7.2）。

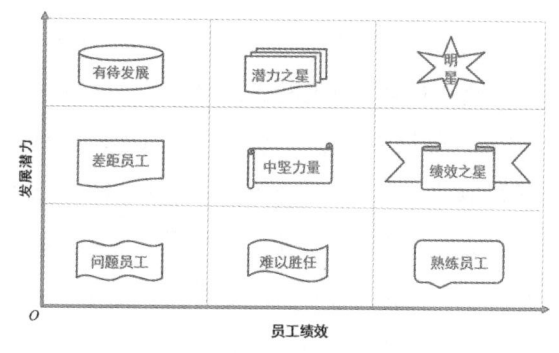

图 7.2　人才盘点的九宫格

步骤 6：盘点结果校准

在盘点过程中，HR 需实时跟踪进度，与所有参与者保持沟通，发现问题即刻解决，确保结果准确一致。

在实践中，这一环节往往是最容易出现问题，也最难以达成共识的环节。例如，业务部门可能认为某员工应被归为"绩效之星"（高绩效、中潜力），而人力资源部则倾向于将其划入"熟练员工"（高绩效、低潜力），此时需要多方围绕"潜力"的标准展开讨论并达成一致。又如，业务部门基于结果导向认为员工能力出色，但 360 度反馈显示，其下属及跨部门、本部门其他同事的反馈较为负面。在这种情况下，就需要深入调研，全面了解该员工的动机、态度，甚至职业锚，以确保判断的准确性。

在AI智科技的案例中，第一轮数据收集完成后，HR发现经理们对"潜力"的定义千差万别：有人认为"听话"是潜力，而有人则强调"创新"。为统一标准，HR组织培训会，通过案例分析，使典型工作场景与公司对"潜力"的期望一一对应，帮助大家形成共识：把学习能力、创新能力和逻辑思考能力作为潜力的评估依据。

最终成果

通过本次人才盘点，AI智科技明确了目标与计划，成功锁定5名计划在半年内正式继任岗位的人员，以及15名高潜人才，并为其量身定制发展方案，为出海战略备足了"人才弹药"。

传统盘点虽稳扎稳打，但耗时耗力，主观性强。而AI的加入，结合大模型和数据分析，能让盘点变得更快、更准、更智能。接下来，我们就聊聊AI如何在整体流程中，辅助进行容易被业务部门质疑的两个关键环节——包括360度反馈问卷设计和员工潜力预测与风险识别，以及一个可以简单快速提效的环节——人才需求数据挖掘，以提高整体工作效率。

一、AI辅助人才需求数据挖掘

AI辅助人才需求数据挖掘的第一步不是手动翻档案，而是让数据说话。HR要把员工信息和战略目标交给AI，让它快速挖掘出岗位需求和能力缺口。

示例1

请分析AI智科技80名员工的档案（包含绩效评分、培训记录、岗位信息），结合2025年出海战略（需强调技术创新和国际化能力），生成一份人才需求评估报告，列出技术开发、产品管理和市场拓展领域的关键岗位缺口和技能差距。

在AI智科技的案例里，HR把80名重点员工的档案（绩效评分、培训记录、岗位信息），2025年出海战略对于技术创新和国际化能力的要求分批发给AI，请AI进行分析。具有文件阅读功能的AI，例如豆包、Kimi、DeepSeek V3等工具有能力从海量数据中理出头绪，生成一份需求报告——技术开发缺5个资深工程师，产品管理缺2个能推动国际化的产品经理，市场拓展缺3个懂海外打法的人才，还指出当前团队国际化经验普遍偏弱。这份报告的分析结果与管理层的直觉完全一致，使得工作从一开始就指向正确的方向。

在这个环节中，AI扮演了HR的"超级档案员"，不仅节省了HR手动整理的时间，还快速并精准地对齐了战略需求。

二、AI辅助设计360度反馈问卷

在明确人才盘点的核心方向后，HR需要根据岗位胜任力模型和发展潜力需求，定制一份精准的360度反馈问卷，确保评估有的放矢。AI可以基于公司要求快速生成问卷模板，提升效率并保证科学性。

示例2

请根据公司的岗位胜任力模型（执行能力、分析思维、主动负责、沟通能力、团队合作）以及出海业务所需的技术创新和国际化能力，设计一份360度反馈问卷。问卷面向员工的上司、同事、跨部门合作同事及下级，全面评估员工的基本能力、工作态度和工作中的协同性。

对上述示例，DeepSeek返回的结果如下（见表7.1、表7.2）。

以下是为您设计的360度反馈问卷模板，评估岗位胜任力、出海业务能力，采用匿名评分制与开放式问题相结合的形式。

被评估人姓名：_____

评估人角色：□上级 □同级 □下级 □跨部门同事

第一部分：岗位胜任力评估

评分标准：1=完全不符合，2=较少符合，3=一般符合，4=较符合，5=完全符合。

表7.1 岗位胜任力评估表

维度	评估项（评分1~5）	备注
执行能力	1. 能高效达成目标，对结果负责 2. 善于规划优先级，时间管理能力强	是否出现由计划疏漏导致延误的情况
分析思维	1. 能系统性分析问题并提出有效方案 2. 决策基于数据和事实，逻辑清晰	是否曾提出过优化流程的建议

续表

维度	评估项（评分1～5）	备注
主动负责	1. 主动承担额外责任，不推诿问题 2. 对工作失误能及时反思改进	是否主动解决非职责内的问题
沟通能力	1. 表达清晰，能有效协调多方需求 2. 倾听他人意见并给予建设性反馈	是否因沟通不畅而引发误解
团队合作	1. 尊重差异，积极支持同事工作 2. 在冲突中寻求共赢	是否主动分享资源或经验

第二部分：出海业务能力评估

表7.2 出海业务能力评估表

维度	评估项（评分1～5）	备注
技术创新	1. 主动探索新技术、新工具提升业务效率 2. 能将技术方案与业务场景深度结合	是否主导或参与过创新项目
国际化能力	1. 理解海外市场文化差异，避免冲突 2. 能用外语或跨文化方式有效协作	是否适应不同时区或工作习惯

第三部分：综合评价

- 整体满意度（1～10分）：_____
- 最值得肯定的特质：_____
- 最需发展的领域：_____

问卷说明

- 评估结果仅用于人才发展，严格保密；
- 填写时请基于客观事实，避免主观偏见；
- 请尽量提供具体事例。

问卷设计亮点

- 差异化适配：上级评估增加"战略落地能力"维度，下级评估增加"辅导下属"维度。
- 文化敏感度：国际化能力中隐含"适应性"和"文化共情"考查。
- 行为导向：要求举例，避免抽象评分，提升反馈可操作性。

实施建议

- 通过在线表单工具（如Google Forms）实现自动统计；

- 每组评估人不少于三人以保证信效度；
- 结果需由HR或教练解读，避免直接公开原始数据。

是否需要进一步细化某类角色的专属问题？

有了AI辅助，这份问卷不仅覆盖全面，还可以与实际业务情况相契合，HR能通过数据化评分和事例收集，为后续九宫格分析奠定扎实的基础。

三、AI辅助员工潜力预测与风险识别

AI赋能潜力预测和风险识别的关键在于其具备强大的数据分析能力，能够通过挖掘隐藏的真相，为HR提供决策支持。在AI智科技的实践中，HR将员工的历史数据（如绩效记录、项目参与度、培训表现、考勤情况等）输入AI系统，请其分析并在一定事实基础上提供预测：谁具备成为未来关键人才的发展潜力，谁可能面临离职或职业发展的不稳定风险。

示例3

基于AI智科技80名核心员工的绩效评分（过去两年）、360度反馈和培训记录，预测他们的潜力等级（高、中、低）和离职风险等级（高/中/低），生成九宫格模型，请用表格形式展示姓名、岗位、潜力等级、离职风险等项目。

具有文件阅读功能的AI，例如豆包、Kimi、DeepSeek V3等工具，可能会发现某员工绩效稳定优秀且主动参与跨部门项目，故标记其为"潜力股"；而另一员工近期出勤率降低、抱怨增加，则被提示为"流失风险"。这种由数据驱动的预测，不仅让HR判断起来更客观，还能提前布局人才培养和挽留策略，真正做到防患于未然。

AI技术的融入可以为人才盘点注入新动能。从评估标准的统一到结果的校准，AI让盘点更快、更准、更智能，弥补了人工判断的局限性。这种技术与HR实践的结合，不仅提升了效率，还为人才培养和保留策略的落地提供了支持。

第二节　AI辅助打造人才评价中心：助力高效选拔

在实际工作中，HR对人才评价中心（Talent Assessment Center）并不陌生。在每次招聘关键岗位、选拔高潜员工或是设计管理培训时，我们都需要用到这个工具。它通过心理测验、情景模拟、结构化面试等方式，帮助我们进行人岗匹配。可在实践中，我们会发现：设计测评方法和题目费时费力，考核和分析结果经常会因人而异，明明是针对同一场评估，但几名评估者的结论却大相径庭。

在AI时代，人才评价中心的工作是否有提效的可能性呢？我们先来看看在传统背景下的人才评价中心的工作是如何进行的。

AI智科技是一家专注于IoT业务的公司。其核心产品通过边缘计算技术采集用户数据，并借助小程序界面在终端设备上展示给用户，从而实现远程操作、管理和报警等功能。公司现有200人，其中研发团队规模120人，分成IoT技术、小程序研发、大数据和算法3个团队，目前有2名总监和1名高级经理，需招聘一名CTO，统管3个团队。经讨论决定，将使用人才评价中心进行这个岗位的招聘选拔。

明确目标：定下招聘的"靶心"

首先要明确评价的目标，是寻找当下就胜任的人还是寻找未来的高潜。在AI智科技的案例里，目标很明确：找到一个当下就能胜任CTO岗位的人选，其必须具备技术和管理双重能力。HR团队与CEO和技术部门负责人开会，首先明确把从外部招聘作为工作目标。

建立岗位胜任力模型：画出CTO的人才画像

在公司通用岗位胜任力模型的基础上，我们需要更加详细地勾勒出CTO的人才画像。AI智科技的HR通过多次访谈，搜集到以下需求：在技术层面，候选人需具备系统架构设计和技术规划的能力，并具备大型项目管理经验；在管理层面，应能有效地领导团队、合理分配资源，并促进跨部门的协同工作；在战略层面，需具备前瞻性思维，能够洞悉市场动态并规划技术发展方向。理想的候选人应毕业于985高校计算机相关专业，拥有知名企业的大型项目经验，参与过从0到1的项目或有创业经历将是加分项。此外，候选人还应具备创新思维、抗压能力及良好的沟通技巧，并对当前热门的AI应用有一定的理解和独到的见解。HR经过整理和分析，对其中的否决性条件和满意度条件进行再次区分确认，最后画出一张CTO的人才画像（见图7.3）。

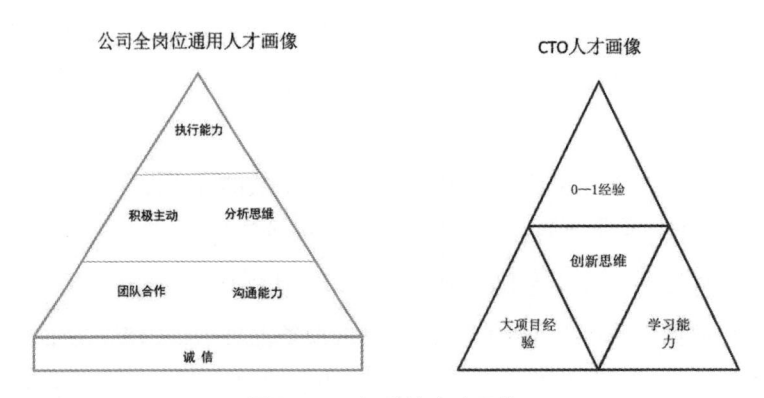

图7.3 AI智科技人才画像

选择测评工具：搭好"考试框架"

有了通用人才画像和本岗位的人才画像，HR就可以为这些能力和考评要素选择合适的测评工具。AI智科技的HR针对CTO岗位，决定采用多种测评工具的组合：在情景模拟上，选取案例分析方式（制订技术方案），没有使用角色扮演和公文筐测验；在测评技术上，选择了MBTI测评，测评候选人的个性、动机和价值观；在行为面试上，通过BEI进行评价；还会对通过面试的人选进行背景调查以获得全面评价。

设计测评工具：量身定制"考题"

在确认测评工具后，HR需要进行有针对性的具体内容设计。比如，设定案例分析的具体场景："公司IoT产品要拓展海外市场，技术架构怎么调整?"这些"考题"需要贴合岗位需求,最好既可以不涉及公司业务秘密,又对具体的业务场景有一定的针对性。

组建评估团队实施评估:统一评估标准

测评工具准备好后,HR需要对全体参与本岗位面试的面试官进行专门培训,主要目的是让大家理解岗位胜任力模型,以及对评分标准达成一致。

整合评估报告:用数据说话

测评开始后,HR需要跟进每名候选人的测评进度,记录、打分、讨论。对不同面试官在面试过程中遗留的问题,及时协调下一轮面试官跟进。全部测评和面试结束后,HR需要把心理测验、情景模拟、面试的分数整合起来,按技术能力、管理能力、学习能力等维度进行综合评估,为CEO提供详细的候选人评估报告。

通过以上步骤,人才评价中心完成了对CTO岗位的候选人评估。我们看到整个流程会非常长,如果AI可以加入整个流程,那这个过程会不会缩短呢?下面,我们看看AI能在哪些环节帮上忙。

一、AI辅助人才评价中心题目设计

设计测评题目是HR最头疼的部分。虽然我们有了人才画像,但想要测评的题目贴合业务,我们还是需要与业务部门反复沟通,手动整理岗位需求,尤其是当HR对于技术术语和技术场景不太理解的时候,设计的问题就很容易跑偏。

由于AI本身就是一位全领域的专家,它在这方面具有天然的优势,所以能在很大程度上帮上HR的忙。

示例1

我们正在为公司(业务背景略)设计人才评价中心方案,用于招聘CTO。CTO需具备以下能力:系统架构设计、技术规划、大型项目管理(技术能力),团队管理、资源分配、跨部门协作(管理能力),技术战略规划、市场趋势洞察(战略能力),以及创新思维、抗压能力和沟通能力(个人素质)。我们的典型业务场景是(业务场景略),请根据这些信息，设计一个候选人评估方案，包括：情景模拟题目，行为面试题目，以及这些题目的考评方向和面试官在面试时的注意要点。请用表格输出。

对上述示例，DeepSeek 返回的结果如下。

以下是为 CTO 候选人设计的评估方案，该方案结合技术能力、管理能力、战略能力及个人素质要求，分情景模拟与行为面试两类题目进行评估，并明确考评方向与面试官观察要点。

情景模拟题目设计（技术、管理、战略能力及个人素质场景）

情景模拟题目如表 7.3 所示。

表 7.3　CTO 情景模拟题目

题目类型	情景模拟题目	考评方向	面试官注意要点
技术决策模拟	现有系统架构在高并发场景下频繁崩溃，要求候选人主导系统架构优化方案的设计	系统架构设计能力、技术规划逻辑性、应急问题解决能力	观察方案的系统性与可行性，是否考虑成本、时间与技术风险的平衡
跨部门资源争夺	模拟召开公司年度预算会议，研发、市场、销售部门争夺资源，候选人需协调资源分配优先级	资源分配公平性、跨部门协作能力、战略目标与短期需求平衡能力	是否以数据、战略说服各方，沟通中是否展现同理心与权威性
战略沙盘推演	提供某新兴技术市场趋势报告，要求候选人制定三年技术战略并应对潜在颠覆性风险	市场趋势洞察深度、技术战略创新性、风险预判与应对机制设计	战略是否兼顾长期增长与短期生存，是否提出差异化竞争路径
高压决策挑战	模拟产品上线前突发重大安全漏洞场景，要求候选人在 24 小时内协调团队完成修复并对外沟通	抗压能力与决策速度、团队指挥效率、危机沟通策略	是否快速拆分任务并明确责任人，对外沟通是否平衡客户信任与技术专业性

行为面试题目设计（过往经历验证）

行为面试题目如表 7.4 所示。

表7.4　CTO行为面试题目

能力维度	行为面试题目	考评方向	面试官注意要点
技术规划能力	请描述您主导过最复杂的系统架构设计项目，您在项目中如何平衡技术先进性与团队落地能力	技术规划的系统性、团队能力匹配度等方面的评估	追问具体技术选型逻辑与失败教训，关注量化成果（如性能提升、成本降低）
大型项目管理	请举例说明您管理过周期超过一年、跨五个以上团队的项目，您在项目中如何确保里程碑达成与风险控制	项目拆解与节点控制、风险预警机制有效性	关注跨团队协作工具（如OKR、甘特图等）的使用，是否建立备用资源池或plan B
团队管理能力	当技术团队与业务部门因需求优先级冲突时，您如何协调双方达成一致，请用实例说明	冲突解决策略、利益相关者管理能力	是否通过数据、案例说服而非强制命令，是否关注团队成员情绪与长期合作关系
战略决策能力	在过去三年中，您做过的最具前瞻性的技术决策是什么，您当时如何预判市场变化并说服管理层	市场洞察敏感度、高层沟通与影响力	关注验证决策依据（如用户调研、竞品分析等），是否建立试点验证机制，降低决策风险
创新与抗压能力	请描述一次由技术路线错误导致项目受阻的经历，您如何调整方向并带领团队走出困境	创新思维灵活性、逆境中的团队激励能力	是否承认错误并快速迭代方案，如何重建团队信心（如透明沟通、短期胜利激励）

面试官核心观察维度

1.技术能力

- 是否具备架构设计系统性（如模块化、可扩展性）与技术选型合理性（如成本收益分析）。

- 对技术债务管理的重视程度（如文档规范、代码重构计划等）。

2.管理能力

- 团队管理风格是否平衡授权与管控（如关键节点检查机制）。

- 资源分配逻辑是否基于战略目标而非部门博弈（如ROI优先级模型）。

3.战略能力

- 技术战略与商业目标的关联性（如技术投入如何驱动营收增长）。

- 是否建立技术趋势跟踪机制（如专家网络、专利分析等）。

4.个人素质

- 压力下的情绪稳定性（如语速、肢体语言是否失控）。

- 沟通说服力（如用业务语言解释技术价值）。

> **评估流程建议**
> • 多环节组合：技术沙盘（40%）+ 行为面试（30%）+ 高管角色扮演（30%）。
> • 评分标准：每项能力按 1～5 分量化，需提供具体行为证据支撑评分。
> • 交叉验证：同一能力维度需在情景模拟与行为面试中得到双重验证（如验证"抗压能力"需观察高压决策情景模拟表现和创新与抗压能力行为面试表现）。
>
> 通过以上方案，可全面考查CTO候选人的硬技能深度、管理成熟度与战略格局，确保其能力与公司技术战略及文化高度匹配。

借助AI技术，我们可基于候选人画像快速筛选出高匹配度的评估题目，从而显著缩短面试工作筹备的时间。

二、AI辅助评估报告整合

测评后的数据整合也是一个难点。HR需要把来自各方面的数据和资料一一整理并形成报告。但由于在实践中，不同候选人一定不是同一时间出现的，尤其是像CTO这种重要岗位，选拔的周期往往会很长甚至达到一年半载，在最终整理报告的时候，面试官们往往已经对最开始的候选人印象不深刻了，评估结果的客观性也会大打折扣。

在AI的辅助下，这种情况可以得到明显改观，毕竟AI是不带个人色彩的，并且可以在同一标尺的背景下对候选人进行评估。

示例 2

我现在给你多名候选人针对CTO岗位的面试记录，包括面试的问题和面试的回答，请结合公司的岗位胜任力模型中的能力定义，给出不同候选人的能力评分。

上述案例DeepSeek返回的内容如下（此案例仅向DeepSeek输入了一个候选人的资料，因此无法对候选人进行对比；存在多名候选人时，可以进行更有效的对比）。

能力评分

候选人能力评分情况如表7.5所示。其中5分为最高分。

表7.5 候选人能力评分表

能力维度	评分	评估依据
执行能力	4.5	候选人展示了极强的时间管理与目标导向能力,通过日程软件系统化拆解任务,并成功完成三项工程再设计项目,体现了高效执行与成果交付
积极主动	4.0	主动牵头大数据和机器人项目,并自发优化邮件分类流程(分类方法由人工变为特征搜索法),表现出持续改进业务的主动性
分析思维	4.0	在工程再设计项目中,通过数据收集、测量水准设计及团队分析形成解决方案,逻辑链条完整
团队合作	3.0	提及"组成队伍"但未描述如何协调冲突或激发成员协作,缺乏具体团队互动行为证据
创新思维	4.5	将数据库技术应用于邮件分类流程,推动效率提升(耗时从几天减少至5分钟),并主导技术驱动型项目(机器人项目),展现技术突破意识
从0到1经验	4.0	作为大数据和机器人项目的牵头人,具备从技术方案设计到落地的完整闭环经验
大项目经验	4.5	管理跨部门工程再设计项目,并主导复杂技术项目(如机器人项目),体现规模化项目管理能力
学习能力	3.5	未明确提及新技术学习过程,但通过技术应用迭代(如特征搜索法)可推测其具备快速迁移能力

综合评价

1. 优势突出

• 技术落地能力卓越:候选人擅长将技术转化为业务价值(如优化邮件分类流程,使效率提升百倍),且在复杂项目(机器人、大数据项目)中展现从规划到交付的全流程掌控力。

• 目标驱动型执行者:通过系统化时间管理等方式确保目标达成,符合CTO对技术战略进行拆解与落地的核心要求。

• 创新与技术敏感度:主动探索技术优化场景(大数据、机器人项目),具备推动技术前沿与业务融合的潜力。

2. 待验证风险

• 团队领导力存疑:缺乏团队冲突解决、成员激励等行为证据,需考查其在高压下能否凝聚跨部门团队。

- **长期学习投入不足**：技术应用集中于现有能力（如数据库），未体现对新兴技术（如AI、云原生）的持续学习投入，这可能会影响其战略前瞻性。

下一步行动

- **情景模拟验证团队协作**：设计跨部门资源争夺场景（如技术优先级vs业务优先级冲突），观察其协调能力与领导风格。
- **深度追问学习机制**：要求举例说明如何快速掌握一项新技术并将其应用于业务，评估其学习方法论与适应速度。

示例3

目前我们拿到了不同候选人的MBTI测评报告和面试评估结果（包括多名面试官的评语和评分，以及AI给出的评分和分析），请结合CTO岗位的岗位胜任力模型要求，给出综合分析和评估报告。

AI返回数据略。

在AI的帮助下，我们可以快速提供更加详尽的分析报告，从而加速决策过程。

AI辅助打造的人才评价中心不仅提高了效率和精准度，还为企业的人才战略注入了数据驱动的智慧，标志着人力资源管理迈向新阶段。

第三节　AI支持IDP：锻造未来领军者

个人发展计划（Individual Development Plan，以下简称为IDP）是企业培养未来领导者的核心工具，尤其在快速扩张、团队升级或接班人计划中，挖掘和培育潜力领导者显得尤为关键。最为人熟知的IDP案例当属20世纪末通用电气（GE）的接班人选拔计划。通过多年的筛选、培养与淘汰，杰克·韦尔奇（Jack Welch）最终脱颖而出，带领拥有百年历史的GE重返全球巅峰。

通过IDP，企业不仅能够打造一支强大的继任团队，还能为员工量身定制职业发展路径，推动个人成长与企业战略目标的深度契合。

我们先来看看传统的IDP的实施步骤，再探讨如何通过AI技术提升这一过程的效率和效果。

以咨询公司AI智科技为例。该公司规模为200人，主营企业战略规划业务。公司计划在一年内开设三个新分部，高管发现现有领导团队略显薄弱，急需加强。于是，HR联合业务负责人启动了一次IDP，通过个性化的培训和发展计划，来提升未来领导者的能力。

步骤1：明确目标，盘点岗位

首先需要明确总体目标。在通常情况下，企业的IDP是以某个时间完成某岗位的继任为目标的，有时候企业也会制定一个宽泛的目标，例如补齐现有领导者的短板，或者为新业务培养储备力量。

在AI智科技的案例中，HR与高管共同商定，IDP的目标是：在6个月内为新分部培养能够承担领导职责的管理者，重点提升其战略思维、决策能力和团队管理能力。根据这些目标，在全公司范围内选出10名潜在的候选人。

步骤2：评估现状，制订计划

在明确了总体目标后，下一步是全面评估继任人员的能力水平，并为他们量身定制培训目标。HR通过分析各类数据，全面了解每个人选的能力和发展潜力，并结合目标岗位要求，为每个人选设计个性化的发展路径。

在AI智科技的案例中，HR团队组织公司高层会议，确定了未来领导的画像——具备卓越的战略眼光、优秀的团队带动力和创新能力，并参考行业标杆，细化出关键特质——数据驱动的决策能力、跨部门协调能力。在此基础上，结合10名人选的人才盘点数据，为每位人才设计出个性化的发展路径：有的人需要加强商业能力的学习，例如完成SMBA（特设工商管理硕士）课程的学习；而有的人则需要参与项目实战，例如6Sigma项目；有的人适合进行轮岗，学习其他职能的知识，例如到财务部进行财务管理的轮岗学习；而有的人则需要学习和提高领导技能，需要为他在公司内选择一位高管作为mentor（导师），进行定期指导。

步骤 3：执行跟踪，动态调整

在执行过程中，HR需要持续跟踪每个人选的进展，并根据反馈实时调整发展计划。

AI智科技的HR团队每个月与经理沟通一次，检查培训进展和实战成果。两个月后，他们发现理论课偏枯燥，学习效果不佳，便将理论课调整为案例教学和沙盘模拟；在IDP使用四个月时发现部分人跟不上节奏，迅速增设辅导，半年结束，五名经理展现出独当一面的能力。

通过这套流程，AI智科技成功培养出五名可以在未来接任分部领导的人才，为公司的扩张计划打下坚实基础。

传统IDP的实施虽然扎实，但往往面临耗时长、标准难统一、难以批量复制等问题，在快速变化的业务环境中尤其显得捉襟见肘。例如，在继任计划中，HR和业务部门常因对"潜力"的认知差异产生分歧：业务负责人看重员工的短期成果，而HR则更关注长期成长性，评估结果难以统一。此外，管理习惯的建立也会受到导师个人工作风格的影响。同时，如果候选人和导师之间风格不一致，也可能会造成导师对候选人的评估丧失客观性。

AI的加入，则为这些问题的解决提供了突破口，不仅提升了效率，还以数据驱动的方式增强了决策的客观性与精准性。

一、AI助力标杆岗位画像构建

标杆岗位画像，尤其是为企业关键岗位设计未来能力蓝图，是整个工作中是最难的一环。未来的核心岗位（例如海外电商业务的CEO）需要具备哪些能力、掌握哪些知识，在当下是难以准确预知的。例如五年前大多数人都没听说过大模型，又如掌握AI能力会被写入很多高管岗位的要求里，但五年前的AI要求和现在的AI要求完全不是一回事了。传统的为标杆岗位画像的方法更依赖高管的经验判断和行业趋势分析，但这种方法会受限于当时的信息和视野，难以体现业务发展和外部环境（如技术革新、市场全球化等）对领导力的新要求。

例如，阿里巴巴在选择马云的继任者时，曾面临过难题：是应该延续马云的能力模型——超强的战略洞察力和文化塑造力——来找新任CEO，还是应该根据未来电商行业的变革打造新的能力画像？张勇在经济形势较好、消费升级的背景下，成功开辟了天猫双11等消费领域新的增长点。而在面对当前经济下行和技术驱动的全球化竞争的形势时，阿里巴巴选择了更擅长技术创新和国际化运营的吴泳铭。吴泳铭上任后，果断调整战略，卖掉大润发、关停考拉海购，聚焦核心电商业务，体现了阿里巴巴对全球市场变化趋势的应对方式。

在AI的协助下，这一过程将有机会从"经验摸索"转向"数据洞察"，为企业打开更宏大的视野。AI不仅能整合内部人才数据，分析行业趋势、竞争对手动态甚至全球经济信号，将马云们的决策模式沉淀为可迭代的能力模型，还能根据环境变化（如地缘政治变化、技术突破等），为CEO岗位加入"能力插件"，从而为标杆岗位勾勒出更具有前瞻性的能力蓝图。

示例1

我们需要为海外业务CEO设计未来能力蓝图。现提供国内现任CEO的绩效数据（销售增长率75%、市场占有率18%）、360度反馈结果（50%认为战略视野不足）、竞对企业CEO能力画像，以及近期市场新趋势的变化，尤其是在供应链整合力、数字化领导力方面的趋势。请分析现状并勾勒标杆岗位画像。

上述案例DeepSeek返回的内容如下。

现状分析与核心挑战

1. 国内CEO能力短板与市场趋势相矛盾

• 战略视野局限（50%反馈不足）：国内高增长依赖执行（销售增长率75%），但全球化战略规划能力未得到验证。

• 供应链与数字化断层：行业趋势要求实现端到端供应链整合（如跨境物流优化）与数据驱动决策，但国内CEO仍以传统渠道为主（市场占有率18%）。

• 竞对对标差距：领先企业CEO普遍具备供应链金融整合与AIoT（AI+IoT）技术落地能力，而现任CEO尚未建立相关经验。

2. 海外业务关键成功因素

- 复杂环境适应：地缘政治风险、多国合规问题、跨文化团队管理。
- 技术驱动增长：数字化供应链（预测性维护、实时库存）、跨境数据合规体系搭建。
- 生态协同能力：整合本地合作伙伴与全球资源网络。

海外业务CEO标杆岗位画像框架

标杆岗位画像如表7.6所示。

表7.6 海外CEO岗位画像

维度	能力定义与行为标准	量化目标
战略领导力	制定3~5年全球化战略，平衡新兴市场（如东南亚）与成熟市场（如欧美）的资源配置逻辑；预判地缘经济风险并提前布局替代方案	3年内海外市场复合增长率≥30%，战略落地偏离率≤15%
供应链整合力	搭建弹性供应链网络（供应链全球分散布局、跨境仓一体化）；主导供应链金融工具（如区块链信用证）的使用，降低资金周转周期	库存周转率提升20%，供应链中断响应时效≤4小时
数字化领导力	推动供应链全链路数字化（IoT传感器+大数据预测），建立跨境数据合规体系（《通用数据保护条例》）与AI风控模型	数据决策覆盖率≥80%，合规成本占比下降10%
跨文化影响力	通过本地化治理架构（如区域联席CEO制）激活海外团队，在多元文化中建立共识性价值观（如敏捷创新导向）	海外高管留存率≥85%，跨区域协作项目占比≥40%
生态构建力	与当地政府、技术巨头（如AWS、Shopee）共建数字基建，孵化跨境创新联盟（如供应链技术开源社区）	生态合作伙伴数量年增25%，联合解决方案收入占比≥30%

能力优先级与发展建议

1. 能力雷达图（权重排序）

- 数字化领导力（25%），技术商业化能力决定供应链效率上限。
- 供应链整合力（20%），抗风险能力保障业务连续性。
- 战略领导力（20%），长期方向正确性避免资源错配。
- 生态构建力（20%），利用外部资源降低扩张成本。
- 跨文化影响力（15%），团队执行力基础。

2. 高风险缺口应对方案

- 短期：为候选人设计供应链压力测试沙盘（模拟港口封锁、汇率波动情境），观察其资源调度表现与技术工具使用逻辑。

• 长期：与顶级商学院合作定制数字化供应链领军者项目，强化AIoT与技术跨境合规知识。

对标案例参考

• 亚马逊全球消费者业务CEO：通过"区域自治+中央数据中台"模式，实现供应链动态优化。

• SHEIN全球CEO：以实时需求预测系统（日处理3TB数据）支撑柔性供应链，将新品上市周期压缩至7天。

该画像将技术整合能力与地缘商业洞察能力作为差异化竞争力，确保海外CEO既能承接国内业务优势，又能突破现有能力天花板。

AI有能力整合更多数据和信息，可以让标杆岗位画像从静态的"能力清单"变为动态的"战略蓝图"，帮助企业在不确定的未来中找到确定性，为IDP提供有价值的参考。

二、AI支持个性化培养方案

传统的培养计划通常依赖HR和业务部门的反复讨论，过程不仅耗时良久，还容易受到主观判断的干扰。例如，在设计针对未来海外业务CEO的发展路径时，HR可能倾向于强化候选人的技术能力，而业务负责人则更看重短期业绩表现，导致计划缺乏一致性。更棘手的是，外部环境的变化（如新兴技术的普及）可能让精心制订的计划迅速过时。

AI则可以基于标杆岗位画像和候选人的现状数据，快速生成个性化培养方案，不仅节省时间，还能动态适应未来需求，为IDP注入更多确定性。

示例2

请为5名候选人设计针对海外业务负责人的IDP，并制订为期6个月的个性化培养方案。

基础数据包括：标杆岗位画像（战略领导力4分、供应链整合力4分、数字化领导力3分、跨文化领导力3分、生态构建力4分）以及候选人简历和业务数据等（略）。

上述案例DeepSeek R1返回的内容略。

AI有能力在更宏观的视角进行深度分析，提供给我们此前可能被忽略掉的问题，从而帮助我们制订更完善的计划。

AI支持的IDP从"经验驱动"转向"数据驱动"，既提升了效率，又增强了成功率，为企业锻造未来领导者提供了强有力的支持。

第四篇
进阶篇

第八章

AI驱动薪酬与激励设计：
平衡激励与公平

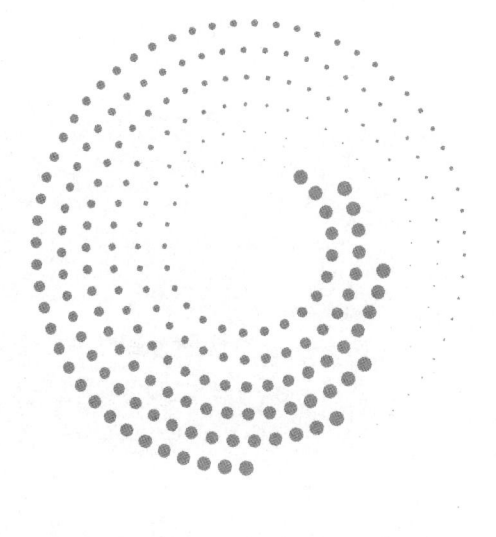

薪酬与激励设计是企业人力资源管理的核心战场，HR既要科学衡量岗位价值，确保内部公平，在销售团队中找到激励与稳定的平衡点，又要搭建合理的薪酬结构，激发员工潜能。然而，使用传统方法往往顾此失彼：岗位评估依赖主观判断，缺乏数据支撑；薪酬设计依赖经验摸索，难以兼顾成本与效果；销售激励方案上线后，验证周期长、风险高，一个疏忽，就可能导致付出与回报失衡，甚至挫伤团队士气。

AI的加入，为应对这一复杂挑战带来了转机。凭借强大的数据分析、智能模拟和预测能力，AI不仅能使岗位评估更科学、薪酬结构更合理，还能加速销售激励方案的设计与优化。

第一节　AI辅助岗位评估：科学衡量岗位价值

随着企业在市场竞争中的不断发展，如何科学、公正地评估岗位价值、设计合理的薪酬体系，成为管理层不可忽视的关键任务。然而，在实践中，许多企业往往直接照搬外部标杆企业的薪酬结构，或是通过老板拍脑袋来制定薪酬体系，这些做法往往难以精准反映岗位的实际需求和市场的动态变化，在一段时间之后，公司就会显得非常被动。如何确保薪酬体系的合理性与激励效果的达成，成为管理者面临的重大挑战。

传统的薪酬设计流程通常包括以下四个关键步骤，此处以海氏素质词典的落地流程为例。

第一步：组织准备与确定评估标准

组建由高管层、人力资源专家、业务部门负责人及外部顾问构成的评审委员会，确定薪酬设计的目标：是设立新的薪酬结构，还是对现有薪酬结构进行调整？是否需要与市场情况进行对标？如何确定岗位评估和薪酬设计的方法和工具？是直接沿用海氏素质词典，还是对这一模型进行适应性改造——在保留核心三要素（技能水平、问题解决、责任风险）的基础上，结合本行业、本公司特性增补关键指标？例如，在科技创新型企业增设"技术成果转化权重"，在服务型企业增加"客户复杂度评估项"，同时建立争议解决机制，明确当专家间评分差异超过30%时，需启动评审委员会联席会议进行讨论。

第二步：全岗位评估与数据建模

评审专家通过德尔菲法进行背靠背打分，或者在评审会上听取部门阐述岗位特征后，再进行打分，另外需要对争议岗位组织岗位的述职评审。在评审委员会评分结果的基础上，HR采用统计学方法，将全岗位分数划分为多个自然集群，再结合本公司实际情况，确定不同岗位的序列分组，并按照分组中的数据，将同序列中的岗位根据分数带宽划定不同的职级。

第三步：锚定市场薪酬数据并设计薪酬结构

在此步骤中首先需要确认本公司的薪酬策略，是市场领先策略、跟随策略还是滞后型策略，这决定了公司将选择的对标薪酬数据。例如，如果我们选择的是市场领先策略，我们可能选取的薪酬对标数据会对应到市场上50%～75%分位，甚至可能是90%分位的数据。

然后，我们将基于上一步骤中的职级体系搭建薪酬架构：首先建立企业现有薪酬与市场薪酬的映射模型（例如50%～75%分位的薪酬），计算出不同序列对应的薪酬系数区间，再计算出各职级的薪酬区间。

序列某级别薪酬区间上限＝序列薪酬系数上限 × 序列岗位评估分数

序列某级别薪酬区间下限＝序列薪酬系数下限 × 序列岗位评估分数

这里需要注意的是，数据的选取和使用需要采取统计学分析方法，例如：薪酬系数可以选择区间系数或者平均系数（见表8.1）。

表8.1　不同序列的薪酬系数示例

序列	薪酬系数最低	薪酬系数最高	平均薪酬系数
研发工程师	22	30	25
销售	7	12	9
职能和综合	7	18	11

而岗位评估分数则通常采用平均值,也可以根据实际情况去除异常数据后再取平均值,具体需要由HR根据实际情况进行判断和选择(见表8.2)。

表8.2 某公司不同岗位的岗位评估分数

岗位名称	专家1打分	专家2打分	专家3打分	专家4打分	专家5打分	平均数
金融科技高级总监	731	636	711	688	693	691.8
资金高级总监	725	630	715	655	701	685.2
销售高级总监	725	630	685	650	675	673
PMO(项目管理办公室)高级总监	641	561	676	621	634	626.6
商务总监	561	491	715	588	535	578
绩效总监	557	477	547	523	535	527.8
财务经理	542	462	500	527	488	503.8
高级财务分析师	369	319	355	345	337	345
高级招聘经理	349	299	365	337	323	334.6
培训文化经理	334	294	322	317	324	318.2
人力行政主管	334	294	322	287	301	307.6
招投标主管	329	289	311	303	295	305.4
HRBP	319	279	343	322	340	320.6
总裁办翻译	306	266	290	280	293	287
财务主管	304	264	285	275	295	284.6
财务专员	304	264	274	290	273	281
总裁办助理	294	254	287	265	275	275
人力行政专员	284	244	253	265	275	264.2
桌面运维工程师	279	239	261	240	255	254.8

在计算出来的数据的基础上,可以结合企业目前的实际情况,对数据进行相应调整。例如,为市场上争夺激烈的核心岗位(如LLM工程师)设置1.2倍市场溢价系数,针对辅助性岗位采取0.9倍跟随策略等。同时设计动态调整机制,例如使职级带宽上限与公司年度营收增长率挂钩,或者为不同职级设置浮动薪酬与固定薪酬的不同比例等。

第四步:系统验证与风险防控

在确认薪酬结构后,首先需要进行现有人员的套改数据模拟,识别潜在冲突点(如资深员工落入新职级带宽下限)。针对"红圈人员"(薪酬高于新区间上限)设计过渡方案,可以进行一段时间的逐步调整,也可以通过绩效奖金转化逐步消化差异；对"绿圈人员"（薪酬低于下限）设置保护期，例如用 6 个月时间慢慢调整。套改方案经评审委员会批准后，则可以在正式公布后执行。同时建立申诉通道，由评审委员会受理特殊案例（薪酬衔接申诉等），确保体系刚性与灵活性的平衡。

尽管许多 HRBP 希望亲自操刀，但在实际操作中常常被庞大的数据量和复杂的统计分析吓退。而有了 AI 的辅助，这一过程将变得简单高效。在本节中，我们将在海氏素质词典的基础上，探讨如何借助 AI 完成岗位评估和薪酬设计的各个环节，让这一任务变得更加高效和简单。

出于篇幅原因，本处仅阐述 AI 在这一方法落地过程中可以带来的辅助性帮助，尤其是提高工作效率的具体落地方式。

一、重新制定岗位评估要素的定义和计算方法

岗位评估的目的是通过一套标准化的方式来衡量岗位的相对价值，从而为薪酬设计提供数据支持。海氏素质词典是主要基于"因素比较法"的岗位评估模型，这种模型通过评估岗位的知识技能水平、解决问题能力、应负责任等多个因素来确定岗位的相对价值（见图 8.1）。

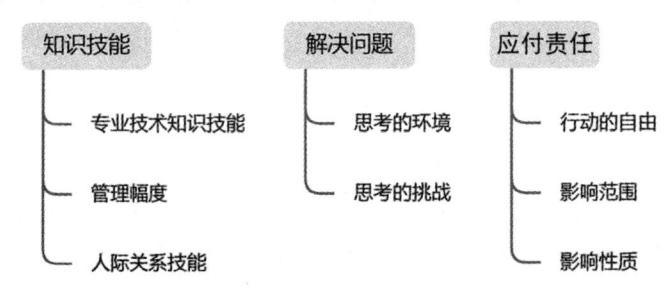

```
知识技能                解决问题              应付责任
  ├─ 专业技术知识技能     ├─ 思考的环境        ├─ 行动的自由
  ├─ 管理幅度            └─ 思考的挑战        ├─ 影响范围
  └─ 人际关系技能                              └─ 影响性质
```

图 8.1 海氏素质词典岗位评估要素

通过查询中各岗位在上述各维度的分数和权重分配表，可以计算出不同岗位的岗位评估分数。

岗位评估总分 = 知识技能得分 ×（1+ 解决问题 %）× 权重 a + 应负责任得分 × 权重 b

这一计算方法非常科学，早期的世界 500 强企业都是采用这一方法进行岗位评估的，华为也是采用这一方法进行的初次岗位评估和薪酬设计。但这种方法对参加评审的专家要求非常高，尤其是要求他们能比较透彻地

理解海氏素质词典 8 个维度中不同情形的定义和区分，例如，小程序产品经理岗位的思维难度等级到底是属于 D 适应性的，还是 E 无先例的，针对此问题往往会有一次大讨论（见表 8.3）。如果公司类似的岗位比较多，这一评分工作就会变得遥遥无期。

表 8.3　海氏素质词典中思维难度等级说明

等级	说明
A 重复性的	特定的情形，仅需对熟悉的事情做简单的选择
B 模式化的	相似的情形，仅需对熟悉的事情进行鉴别性选择
C 中间型的	不同的情形，需要在熟悉的领域内寻找方案
D 适应性的	变化的情形，要求分析、理解、评估和构建方案
E 无先例的	新奇的或不重复的情形，要求创造新理念和给出富有创意的解决方案

所以，在实践中，我们也可以根据企业的实际情况对评分要素进行重新定义。例如，针对某公司我们就采取了该公司在日常工作中非常关注的岗位评估要素（见表 8.4）。

表 8.4　经过简化的某公司岗位评估要素和分数划分

维度	细分维度	细分项分数	维度总分
影响力	收入	80	380
	成本	50	
	质量	50	
	企业战略相关性	200	
问题解决	复杂性	100	200
	创造性	100	
责权范围	工作独立性	40	120
	时效性和规范性	40	
	工作难易度	40	
工作角色	管理的人数	25	55
	管理对象的专业素养	30	
知识技能	学历要求	30	100
	资质和证书	30	
	从业经验	40	
沟通	沟通技巧	50	85
	沟通频率	20	
	沟通对象	15	
工作环境	自然环境和劳动强度	20	60
	工作风险	15	
	工作挑战性	25	

对单一维度采用定性描述的方式加以定义，并对不同等级的描述赋予不同分数，具体如表8.5所示。

表8.5 简化版岗位评估要素中"时效性和规范性"指标分数的分段定义

时效性和规范性等级	简短说明	级别说明	加分值
1	没有强制性标准	没有时效性压力，常规完成工作任务即可	10
2	按照规范和时效要求完成	有工作的指导性文件，可以根据SOP完成工作内容的交付	15
3	新建规范供后续使用	需要建立SOP；工作内容有时效和交付标准的要求，但是操作规程灵活多变，仅有行业或者类似工作SOP可供参照，此类任务每次都是特殊交付（非标）	25
4	非标工作难建规范	工作内容有时效性和规范性要求；没有可供参考的SOP，需要特事特办，并且无法形成供后续参考的SOP（非标）	40

再在此基础上对岗位评估要素的算法进行重新定义。

岗位评估总分＝知识技能得分＋解决问题得分＋应负责任得分

可以使用简化公式的前提是，在同一家公司范围内进行岗位评估。由于岗位的评估是在同一标准下进行的，简化后的算法仍然保持在同一维度下。但如果是集团化企业，存在不同类型业务、不同公司，那这种简化的算法就不具备可行性。

不论是海氏素质词典还是其简化方法，真正的难点都在于对岗位评估要素定义理解的一致性，因此在实践中，也有很多企业会根据企业实际情况重新设置岗位评估要素，以及要素的分数区间分配，以更加贴近公司对岗位的要求。

示例1

请参考海氏素质词典中，对于解决问题的能力等级的说明（见表8.6），重新写一份针对本公司APP和小程序研发岗位的解决问题能力等级说明。

表8.6 海氏素质词典解决问题能力等级对照表

等级	说明
A	高度常规性：有非常详细和精确的法规和规定做指导，并可获不断的协助
B	常规性的：有非常详细的标准规定，并可立即获得协助

续表

等级	说明
C	半常规性的：有较明确但较为复杂的流程，有很多先例可参考，可获得协助
D	标准化的：清晰但较为复杂的流程，有较多先例可参考，可获得协助
E	明确规定的：对特定目标有明确的框架
F	广泛规定的：对功能目标有广泛规定的框架，某些方面有些模糊、抽象
G	一般规定的：为达成组织目标和目的，在概念、原则和一般规定的原则下思考，有很多模糊、抽象的概念
H	抽象规定的：依据商业原则、自然法则和政府法规进行思考

对上述示例，豆包返回的结果如表 8.7 所示。

表 8.7　豆包参照海氏素质词典返回的解决问题能力等级说明

等级	针对 APP 和小程序研发岗位的解决问题能力等级说明
A	高度常规性 在 APP 和小程序研发过程中，遇到的问题有极其详细且精确的技术文档、开发规范和操作指南作为指导。比如对代码编写时的语法规范、特定功能模块的标准实现步骤等都有明确规定。并且在解决问题的过程中，能随时获得团队内资深成员或外部技术人员的不间断协助。例如，在处理简单的界面布局问题时，有详细的 UI 设计规范和代码示例可供参考，同时有技术导师实时答疑
B	常规性的 存在非常详细的标准规定来应对常见问题。比如，对开发流程中的各个环节，如需求分析、文档设计、测试用例等都有既定标准。当遇到问题时，能迅速获得团队内部的协助。比如在修复已知类型的代码漏洞时，有标准的代码漏洞修复流程和模板，并且可以马上向有经验的同事请教
C	半常规性的 有较明确但较为复杂的开发流程，涵盖多个环节和多种技术。同时，有大量以往项目的先例可供参考。在解决问题时，可以获得一定的协助。例如，在进行 APP 性能优化时，有通用的性能优化流程，但不同项目可能存在差异。此时可以参考其他类似项目的优化方案，并且可以向团队内的性能专家咨询
D	标准化的 解决问题的流程清晰，但较为复杂，涉及多个技术领域和部门之间的协作。有较多类似项目的先例可供借鉴，在解决问题的过程中能够得到一定程度的协助。比如在开发跨平台的小程序时，有标准化的跨平台开发流程，但在实际操作中会遇到各种兼容性问题，此时可以参考以往跨平台项目的解决方案，并且可以与不同平台的技术支持人员沟通

续表

等级	针对 APP 和小程序研发企业的解决问题能力等级说明
D	标准化的 解决问题的流程清晰，但较为复杂的，涉及多个技术领域和部门之间的协作。有较多类似项目的先例可供借鉴，在解决问题过程中能够得到一定程度的协助。比如在开发跨平台的小程序时，有标准化的跨平台开发流程，但在实际操作中会遇到各种兼容性问题，此时可以参考以往跨平台项目的解决方案，并且可以与不同平台的技术支持人员沟通
E	明确规定的 对于 APP 和小程序研发中的特定目标，有明确的框架和要求。例如，针对某个具体的功能需求，有明确的功能定义、技术指标和验收标准。开发者需要在这个明确的框架内思考和解决问题，但在具体实现过程中可能需要发挥一定的自主性。比如开发一个电商 APP 的商品搜索功能，有明确的搜索算法要求和搜索结果展示规范，但开发者需要自己选择合适的技术和方法来实现
F	广泛规定的 针对 APP 和小程序研发的功能目标有广泛的框架，但在某些方面存在模糊、抽象的情况。例如，在进行产品创新或拓展新业务功能时，框架只给出了大致的方向和一些基本要求，具体的实现方式和细节需要开发者自行探索。此时，开发者需要在广泛的框架内发挥创造力和想象力，同时可以参考行业内的一些先进经验。比如，开发一个具有社交互动功能的小程序，框架只提出了要增强用户之间的互动性，但对于互动形式和具体功能没有明确规定
G	一般规定的 为达成 APP 和小程序研发企业的目标和目的，开发者需要在概念、原则和一般规定下进行思考。问题往往涉及多个方面，有很多模糊、抽象的概念。例如，在制定企业未来的技术发展战略时，需要考虑市场趋势、技术创新、企业资源等多个因素，没有明确的操作流程和具体的解决方案。开发者需要运用自己的专业知识和经验，结合市场动态进行综合分析和判断
H	抽象规定的 开发者依据商业原则、自然法则和政府法规来解决问题。这种情况通常出现在处理涉及企业重大决策或行业规范的问题时。例如，在决定是否推出一款采用新商业模式的 APP 时，需要考虑商业道德、法律法规、市场竞争等多方面的因素，没有固定的模式和方法可循，需要开发者具备高度的战略眼光和综合分析能力

我们可以请 AI 帮助我们针对公司的实际情况，对海氏素质词典中每一个晦涩难懂的概念性问题都加以阐释，并向参加评审会的委员进行解读，从而全面提高沟通效率。

在获取专家对于岗位评估要素的一致理解后，我们可以继续使用海氏素质词典的能力等级对照表，也可以将之替换成我们企业比较容易接受的算法。

二、AI辅助确认岗位分级区间

当企业顺利获得专家对岗位的评估分数后，接下来就需要根据这些分数进行岗位序列分组。以往许多HR可能会根据分数段来手动归类岗位。但这种方法常常引发质疑，比如两个岗位的分数相差仅有20分，为什么一个是P4，另一个却是P3？这种质疑通常会让HR面临很大的压力。为了避免这种情况，许多HR开始采用统计学方法，如方差、标准差等，来帮助进行岗位序列分组。然而，对于大多数HR来说，如何理解和运用这些统计学工具往往是一个不小的门槛。

在AI的协助下，这一工作将变得更加简单高效。AI可以快速分析分数分布，自动识别出合理的职级划分点，并给出科学、客观的分级理由。这不仅提高了工作效率，也减少了人为偏差和误差。

示例2

根据以下岗位的评估分数数据，使用统计学方法（如方差、标准差或分位数等）自动将岗位分配到不同的职级，并给出每个职级划分的理由。请提供每个职级的分数范围，以及对应的岗位，并解释职级划分的逻辑（分数表略）。

对上述示例，智谱清言返回的结果如下。

> 根据计算结果，岗位评估分数的方差为20,496.14，标准差为143.16。这些指标显示了分数的分布和离散程度。此外，我们计算了25%、50%和75%的分位数，分别为265分、294分和484分。
>
> 接下来，我们将使用这些分位数来划分职级。一种常见的方法是按照分位数将数据划分为四个区间，每个区间代表一个职级。这里是一个可能的划分方式：
>
> 高级职级，分数在75%分位数以上（高于484分）；
>
> 中级职级，分数在50%至75%分位数之间（294分至484分）；
>
> 初级职级，分数在25%至50%分位数之间（265分至293分）；
>
> 入门级职级，分数在25%分位数以下（低于265分）。

现在，我们将根据这个划分标准，将每个岗位分配到相应的职级，并给出每个职级的分数范围和对应岗位。

在尝试对数据进行分组时，我遇到了一个技术问题。为了解决这个问题，我将采用另一种方法来展示每个职级的分数范围和对应岗位。我将先对数据进行排序，然后分别列出每个职级下的分数范围和对应岗位。让我们继续。

以下是每个职级的分数范围及对应岗位。

分数范围

1.高级职级

- 分数范围：高于484分。
- 对应岗位：金融科技高级总监、资金高级总监、销售高级总监、PMO高级总监、商务总监。

2.中级职级

- 分数范围：294分至484分。
- 对应岗位：绩效总监、财务经理、高级财务分析师、高级招聘经理。

3.初级职级

- 分数范围：265分至293分。
- 对应岗位：培训文化经理、人力行政主管、招投标主管、HRBP、总裁办翻译。

4.入门级职级

- 分数范围：小于265分。
- 对应岗位：财务主管、财务专员、总裁办助理、人力行政专员、桌面运维工程师。

职级划分逻辑

- 高级职级：包含分数最高的岗位，这些岗位通常需要较高的知识技能水平、解决问题能力和承担较大的责任风险。
- 中级职级：岗位评估分数较高，但低于高级职级，通常这些岗位在知识技能和应付责任方面要求较高。
- 初级职级：分数处于中位数附近，这些岗位可能在某些方面有所长，但整体要求相对较低。

- 入门级职级：分数最低，通常这些岗位为基础岗位，要求相对较低。

这种划分方式主要基于岗位评估分数的分布，能够较好地反映不同岗位的职级差异。分位数划分，可以确保每个职级内的岗位在评估分数上具有一定的相似性，同时不同职级之间有明显的区分。

上述回复中"岗位评估分数的方差为 20,496.14"是 AI 的一个错误，需要大家特别注意，但这一错误并不影响它的分级结果。如果是进一步进行层级的调整，我们可以继续询问。

示例 3

如果划分成五个等级呢？

对上述示例，智谱清言返回的结果如下。

如果要将岗位划分为 5 个等级，我们可以进一步细化分位数的划分，以更精确地将每个岗位分配到相应的职级。在这种情况下，我们可以考虑使用 20% 分位数来划分每个区间。这样，每个等级就将包含 20% 的岗位。现在，我将重新计算分位数，并根据这些新的分位数来划分 5 个等级。

根据计算结果，我将分位数确立为 264 分、290 分、315 分和 519 分。这些分位数将帮助我们把岗位分成 5 个等级。

分数范围

1. 高级职级
- 分数范围：519 分以上。
- 对应岗位：金融科技高级总监、资金高级总监、销售高级总监。

2. 中级职级
- 分数范围：315 分至 519 分。
- 对应岗位：PMO 高级总监、商务总监、绩效总监。

3. 初级职级
- 分数范围：290 分至 314 分。
- 对应岗位：财务经理、高级财务分析师、高级招聘经理。

4. 入门级职级
- 分数范围：264 分至 289 分。

• 对应岗位：培训文化经理、人力行政主管、招投标主管、HRBP、总裁办翻译。

5. 基础职级

• 分数范围：264 分以下。

• 对应岗位：财务主管、财务专员、总裁办助理、人力行政专员、桌面运维工程师。

职级划分逻辑

• 高级职级：包含分数最高的岗位，这些岗位通常需要最高的知识技能水平、解决问题能力和承担最大的责任风险。

• 中级职级：岗位评估分数较高，通常这些岗位在知识技能和应付责任方面有较高要求。

• 初级职级：分数处于中上水平，这些岗位可能在某些方面有所专长，但整体要求相对较高。

• 入门级职级：分数处于中下水平，这些岗位为基础管理或专业岗位，要求相对中等。

• 基础职级：分数最低，通常这些岗位为基层岗位，要求相对较低。

这种等级划分提供了更细致的职级分类，能够更精确地反映不同岗位的职级差异。通过使用 20% 分位数划分，可以确保每个职级内的岗位在评估分数上具有一定的相似性，同时不同职级之间有明显的区分。

在 AI 的协助下，我们能够完成复杂的数据分析，并且可以明白地向各部门负责人解释职级区分的理由，避免难以达成一致结果的情况发生。

三、AI 辅助 BEI，助力人岗匹配

在完成岗位职级设定后，将人员对应到岗位职级表中成为一项重要任务。对于每位人力资源管理者而言，人岗匹配并不是一件容易的事情。首先，不同岗位所需的技能并非每位员工都能相同程度地掌握。以毕业于同一所学校的两位本科生为例，经过五年的职业发展，他们能否达到工程师的水平完全取决于个人的能力与成长。然而，在缺乏衡量能力与业绩的标准时，简单地将两人分别评定为 P4-1 和 P3-3，显然缺乏说服力。

因此，下一步我们需要进行高效的人岗匹配。

传统的人岗匹配方式各有千秋，但从第三方视角看，最具公平性的方法是BEI。BEI通过深入了解员工的实际表现，将根据员工的具体情况对其能力进行系统的评估。在进行岗位序列分组后，将员工的具体情况与我们之前设定的岗位职级分级定义相对照，便能顺利完成人岗匹配的过程。

示例4

接下来我们将针对"用户运营"岗位采用BEI。请根据访谈的流程，给出访谈进行过程中的注意要点，并列出访谈过程中的核心问题。

对于上述示例，DeepSeek返回的结果如下。

> 以下是针对"用户运营"岗位的BEI的流程注意要点和核心问题列表，以帮助HR系统性地评估候选人的实际能力和经验。
>
> **BEI流程注意要点**
>
> 1.前期准备
>
> ●明确岗位核心能力要求（如用户洞察、数据分析、沟通协调、活动策划、危机处理等）。
>
> ●熟悉候选人简历，标记需验证的经历或矛盾点。
>
> ●选择安静环境，确保无干扰，建立信任感。
>
> 2.开场说明
>
> ●简要介绍BEI的目的："我们将通过您过去的具体经历来评估您的能力，请详细描述实际情境、行动和结果。"
>
> ●强调"STAR"（Situation情境，Task任务，Action行动，Result结果）的回答结构。
>
> 3.访谈过程控制
>
> ●追问细节：避免候选人泛泛而谈，通过提问深挖行为背后的逻辑（如："您当时为什么选择这个策略？"）。
>
> ●避免引导性提问：如将"您是否认为这种做法很好？"改为"您当时是如何决策的？"。
>
> ●平衡深度与广度：针对关键能力追问两三个案例，避免碎片化。

- 观察非语言信息：如犹豫、矛盾点，适时跟进。

4. 结束与反馈

- 询问候选人是否有补充（如："是否有其他能体现您用户运营能力的案例？"）。
- 感谢并说明后续流程。

核心问题列表

1. 用户洞察与需求分析

- "请举例说明您如何通过数据分析或用户反馈发现潜在需求？"追问方向：数据来源、分析工具、如何验证需求的真实性。
- "描述一次您因用户分层错误导致效果不佳的经历，以及您如何调整？"

2. 用户增长与留存

- "在您负责过的用户增长项目当中，最成功的一次是什么？具体策略和ROI如何？"追问方向：渠道选择、转化漏斗优化、团队协作分工。
- "如何设计一个针对沉默用户的唤醒方案？请用实际案例说明。"

3. 活动策划与执行

- "举例说明您策划的某次用户活动，您当时如何平衡创意与落地效果？"追问方向：目标设定、资源协调、意外情况处理。
- "如果活动预算突然削减50%，您会如何调整计划？"

4. 危机处理与用户沟通

- "描述您如何应对一次用户大规模投诉事件？"追问方向：响应速度、沟通话术、后续预防措施。
- "当用户需求与公司利益冲突时，您如何权衡？"

5. 跨团队协作

- "请分享一个需要与技术及产品团队协作推动用户运营方案落地的案例。"追问方向：分歧点、如何达成共识、结果如何。

6. 创新能力

- "您在过去的工作中是否尝试过未被验证的新运营方法？结果如何？"

第八章　AI 驱动薪酬与激励设计：平衡激励与公平 / 321

> **7. 自我反思**
> "回顾您的用户运营经历，哪些决策在现在看来尚待改进？为什么？"
> **评估要点**
> • **真实性**：案例细节是否具体、可验证（如数据结果、时间节点等）。
> • **能力匹配度**：行动是否体现岗位所需技能（如是否主动分析数据而非依赖经验）。
> • **成长性**：从失败案例中进行总结的逻辑是否清晰。
> 通过以上结构，可全面考查候选人的实战能力与思维模式。

AI 给出的要点都非常重要，遵循这些要点，我们可以完成相应的任务。但它给出的问题有点多了，我们知道，针对不同的问题，很多员工只能给出一到两个案例，并且重复使用这一到两个案例，因此，我们必须根据实际情况进行调整。

以两个毕业于同校、同一专业，在本公司担任相同职位的大学生为例。在访谈中我们发现一个人在组织客户展会过程中不断想办法解决问题，体现出更多的创新能力和解决问题的能力，而另一个人一直在等待其他人想办法解决问题，再结合岗位的任职要求，我们就可以把他们匹配到同一岗位的不同层级。

在 AI 的辅助下，HR 可以更加高效地组织访谈，确保人岗匹配的科学性与公正性，从而为企业选拔和培养合适的人才奠定坚实基础。

在本节的收尾之处，我们有必要再次强调，尽管 AI 工具的发展迅速，但目前它还无法完全取代人力资源管理行业的从业人员。至少在现阶段，AI 仅仅是 HR 手中的一件利器。在本节案例中，在统计数据的选择、计算过程中数据的使用等方面，HR 的专业经验和判断力依然十分重要。在这个过程中，AI 虽然能够提供辅助建议，但它终究只是一个辅助工具。因此，HR 更应熟练掌握这一工具，并结合自身在人力资源管理领域的丰富经验，充分发挥这一工具的效用。

第二节　AI辅助薪酬设计：打造科学薪酬结构

一、协助数据处理，确认薪酬系数

在进行薪酬区间设计时，选择薪酬系数，也往往是HR被质疑的环节之一。

在上一节中，我们提到不同序列可能会对应不同的薪酬系数区间（见表8.8），并且在设计薪酬结构时，我们可能会使用薪酬系数的平均值或者上下限值，甚至有时也会取用在这一区间内的任何数值。那么，这一数据的上下限是如何计算的呢？又为什么取用相应的数据呢？

表 8.8　不同序列的薪酬系数示例

序列	薪酬系数最低	薪酬系数最高	平均薪酬系数
研发工程师	120	196	157
销售	70	120	90
职能和综合	70	180	110

这时，我们就需要解释我们使用的薪酬系数从何而来。当然也会有比较强势的HR说就是这样定的，但比较合理的做法是，我们需要拿出市场调研报告，并将调研报告中的薪酬数据与本企业内的职级序列分数进行对比，形成新的职级数据分布和新的薪酬区间，并在此基础上计算出薪酬系数。

我们通常通过以下两个步骤计算薪酬系数。

步骤一：选取标杆岗位，把外部薪酬数据拟合到本公司的职级序列中（例如，把外部薪酬数据对应到本公司的从P1到P5的序列中）。

示例1

请根据外部薪酬数据（见表8.9），对产品经理的薪酬数据，按照我公司的五级分级方式进行数据处理。

第八章　AI 驱动薪酬与激励设计：平衡激励与公平 / 323

表8.9　外部市场产品经理岗位薪酬调研数据

单位：元

职位等级	10%分位	25%分位	中位数	75%分位	90%分位
1级	19,495	24,878	31,450	43,555	57,082
2级	23,551	30,010	38,038	52,381	68,218
3级	28,450	36,201	46,004	62,997	81,526
4级	34,368	43,669	55,640	75,764	97,431
5级	41,518	52,678	67,294	91,118	116,438
6级	50,155	63,545	81,388	109,584	139,154
7级	60,588	76,653	98,434	131,792	166,301
8级	73,192	92,466	119,051	158,501	198,744
9级	88,418	111,541	143,986	190,623	237,516
10级	106,812	134,551	174,143	229,254	283,852
11级	129,031	162,308	210,616	275,714	339,228
12级	155,873	195,790	254,729	331,590	405,406
13级	188,299	236,180	308,081	398,789	484,495
14级	227,470	284,901	372,607	479,607	579,014
15级	274,790	343,673	450,647	576,803	691,971
16级	331,953	414,570	545,033	693,697	826,965
17级	401,008	500,091	659,188	834,280	988,294
18级	484,428	603,255	797,251	1,003,353	1,181,097
19级	585,201	727,700	964,232	1,206,691	1,411,512

对上述示例，豆包返回的结果如下（提取结论部分）。

> 由于你公司采用 5 级分级方式，我们需要对这 19 个职位等级的数据进行重新整合分级。以下是一种可能的整合方式（将相近职位等级合并为 5 级），计算每个新等级内各分位的平均值，并将其作为该等级的对应分位值。
>
> - 第 1 级：包含原职位等级 1—3 级。
> - 第 2 级：包含原职位等级 4—6 级。
> - 第 3 级：包含原职位等级 7—9 级。
> - 第 4 级：包含原职位等级 10—12 级。
> - 第 5 级：包含原职位等级 13—19 级。
>
> 整理成表 8.10。

第四篇　进阶篇

表 8.10　5 级分级方式下的产品经理岗位薪酬

职位等级	10% 分位	25% 分位	中位数	75% 分位	90% 分位
1 级	23,832	30,363	38,497.33	52,977.67	68,942
2 级	42,013.67	53,297.33	68,107.33	92,155.33	117,674.33
3 级	74,066	93,553.33	120,490.33	160,305.33	200,853.67
4 级	130,572	164,216.33	213,162.67	278,852.67	342,828.67
5 级	356,164.14	444,338.57	585,291.29	741,888.57	880,478.29

这一回答虽然有它的内在逻辑，但显然是非常不合理的，而且国内其他大模型返回的答案都基于同一逻辑，因此这些回答都只是 AI 的"幻觉"答案，不可以直接使用。我们看看国外的模型是如何处理的。

对上述示例，ChatGPT 返回的结果如下。

要根据公司 5 级分级方式对外部薪酬数据进行处理，我就需要按你公司分级的标准来进行划分（如按职位、技能、经验等来分配）。

如果假设你公司的等级分配如下。

- 1 级：对应外部薪酬数据的 1 至 5 级。
- 2 级：对应外部薪酬数据的 6 至 10 级。
- 3 级：对应外部薪酬数据的 11 至 15 级。
- 4 级：对应外部薪酬数据的 16 至 18 级。
- 5 级：对应外部薪酬数据的 19 级。

那么我们可以将每个职位等级的 10%、25%、中位数、75%、90% 分位值直接投射到你公司的等级中。表 8.11 是一个基于此假设的数据处理结果。

表 8.11　公司 5 级分级薪酬数据

公司职位等级	10% 分位	25% 分位	中位数	75% 分位	90% 分位
1 级	19,495	24,878	31,450	43,555	57,082
2 级	50,155	63,545	81,388	109,584	139,154
3 级	129,031	162,308	210,616	275,714	339,228
4 级	331,953	414,570	545,033	693,697	826,965
5 级	585,201	727,700	964,232	1,206,691	1,411,512

如果你有其他具体的分级方式（例如，某个等级可能对应更高或更低的职级分配），请告诉我，我可以根据具体要求进行调整。

可以看出来，在这一逻辑下 AI 给出的结果更具有现实的可行性。在实际工作中，我们可以尝试一下多个模型，或者把我们的思考要点、工作要求给到大模型，引导它做出合理的方案。

步骤二：根据公司的薪酬策略，选取目标数据，计算薪酬系数。

在此基础上，我们在确认薪酬策略后——例如采用市场领先策略、跟随策略、滞后型策略——就可以计算出我们的薪酬系数。例如，如果采用市场领先策略，取 50%～75% 分位的薪酬数据，再除以职级得分（可以使用上限分、平均分或者中位数得分等），就可以得到薪酬系数区间（见表8.12）

表 8.12 薪酬系数计算过程表

职位等级	50%分位/元	75%分位/元	职级上限分	薪酬系数最低	薪酬系数最高
1 级	31,450	43,555			
2 级	38,038	52,381	200	190.19	261.91
3 级	46,004	62,997	320	143.76	196.87
4 级	55,640	75,764	460	120.96	164.70
5 级	67,294	91,118	560	120.17	162.71

标杆岗位的薪酬系数，经过适当调整后，就可以作为本公司同序列不同岗位的薪酬系数的标准，在适当运算后，就可以生成公司的整体薪酬结构区间数据。HR 在此数据基础上，就可以完成全部薪酬结构的设计。具体见表 8.13 与表 8.14。

表 8.13 与产品经理同序列的岗位薪酬系数取值

序列	薪酬系数最低	薪酬系数最高	平均薪酬系数
产品经理	120	196	157
研发工程师	120	196	157

我们的研发工程师与产品经理同序列，取系数为 157，因此，研发工程师序列基准薪酬如下。

表 8.14 研发工程师序列薪酬基准值计算过程

研发序列	职级	职级上限分	职级最低分	薪酬系数	薪酬基线/元	薪酬高点/元
p	1 级			157		
p	2 级	200	167	157	26,219	31,400
p	3 级	320	271	157	42,547	50,240

续表

研发序列	职级	职级上限分	职级最低分	薪酬系数	薪酬基线/元	薪酬高点/元
p	4级	460	428	157	67,196	72,220
p	5级	560	465	157	73,005	87,920

特别注意：上述数据仅供参考，原始数据并非来自近几年的产品经理岗位薪酬调研数据，所以与实际情况存在很大的偏差。这一示例仅为展示数据处理和运算过程使用，不能用于实际岗位薪酬参考。

二、AI辅助弹性福利方案设计

在多数情况下，企业福利包括三种情况：法定福利、固定福利和弹性福利。法定福利一般指五险一金和年休假；固定福利是企业在法定福利基础上另外增加的，全体员工都享有的福利方案，比较常见的是在法定年休假基础上增加的企业年休假，以及补充医疗保险和补充养老保险等；而弹性福利的部分则根据企业的实际情况来进行设计，常见的包括员工的健身卡、各种演出券、办公室按摩服务、培训费用、购书卡等。

以往对于弹性福利方案，有的企业会选择外部供应商来设计，但有时候企业也会请HR自行进行设计和管理，以降低成本。当进行弹性福利方案设计时，我们可以请AI协助。

示例2

我们公司的员工比较分散：工作地处于北京、上海、杭州和成都；年龄分布也较分散，有50%的人是90后，30%是70后，20%是80后。2025年我们计划给每名员工的弹性福利预算是1000元，请基于以上内容，为我们设计一个包含多种弹性福利的具体方案，确保方案不仅具有吸引力，还能够切实满足员工的多样需求。2024年的弹性福利方案内容包括：商业医疗保险和服装费用。请用表格的形式输出。

对上述示例，豆包返回的结果如下。

> 我将结合员工年龄分布和工作地差异，从健康、生活、学习、娱乐等方面设计弹性福利方案，保留2024年实用项目并新增贴合不同年龄段需求的福利（见表8.15）。

表8.15 弹性福利方案

福利类别	具体项目	预算金额/元	项目说明	适合人群	兑换方式
健康	体检套餐升级	300	除基础项目，增加个性化检查项目	全体员工	在福利平台预约体检机构和时间
健康	健身卡补贴	300	员工凭在当地正规健身机构办理的健身卡发票申请补贴	热爱运动的90后员工	上传健身卡发票，审核通过后报销
生活	交通补贴	300	根据不同城市交通成本差异，员工可选择每月领取一定用于乘坐公共交通工具或打车的补贴。北京、上海等城市补贴金额适当提高	全体员工，尤其是通勤距离长的员工	每月按规定流程申请领取
生活	家政服务代金券	300	提供家政服务代金券，可用于日常保洁、家电清洗等服务	工作繁忙、无暇顾及家务的70后、80后员工	在合作家政服务平台使用代金券消费
学习	在线学习平台会员	200	购买知名在线学习平台会员，涵盖职业技能培训、语言学习、兴趣课程等丰富内容	全体员工，尤其是有自我提升需求的员工	公司统一采购，将会员兑换码发送至员工账户
学习	专业书籍购置	200	员工可申请200元的专业书籍购置费用，用于购买与工作相关或个人感兴趣的书籍	全体员工	上传购书发票，审核通过后报销
娱乐	电影通兑券	200	发放电影通兑券，员工可在当地电影院观看热门影片	全体员工	在福利平台获取电影通兑券码，到电影院兑换观影
娱乐	旅游优惠券	200	与各大旅游平台合作，提供旅游优惠券，可用于预订酒店、购买景点门票等	喜欢旅游的90后员工	在合作旅游平台使用优惠券消费

你看看这个方案是否符合公司需求。要是你对某个福利项目的预算分配、适用人群等方面有不同想法，都能随时提出来，咱们一起调整。

这样可以快速完成弹性福利方案，并在此基础上进行调整。比如，我会经常把交通费报销放进来，这样财务操作起来很方便，员工也会觉得不用在上面进行复杂的选择,只要在探亲或者旅游后保留票据就可以了,惠而不费。

在实践中,也有公司的弹性福利是根据不同职级来设计的,读者可以根据本企业的实际情况给出更加详细的背景资料,给出更多限制条件和信息,请AI进行协助。

第三节　AI辅助销售人员薪酬激励方案设计

销售岗位的薪酬设计是每家公司都格外重视的环节。一个精心设计的薪酬结构能点燃销售团队的热情,让业务增长如虎添翼;而一个不合理的薪酬结构却可能把员工引向歧途,给公司带来隐患。比如,在电商行业,如果简单按季度截止时间计算提成,销售人员可能会忽悠客户在最后几天集中下单,提成到手后,再默许客户利用"15天无理由退货"条款批量退单。这种"短期冲刺、长远隐患"的行为,既伤了客户信任,又让业绩数据虚胖。如何设计一套薪酬体系,既能充分调动员工积极性,又能引导团队行为与公司长期目标一致,是管理者面临的重大挑战。

通常来说,销售薪酬设计要首先理清两个问题:公司希望通过引导员工的哪些核心行为带来哪些收入,公司希望限制员工的哪些负向行为并设置哪些防控机制。具体而言,分为三大方面。

其一,核心行为的引导与激励设计。常见的核心行为,一般指围绕哪些产品、哪些客户、哪些服务进行的什么行为,比如价值型销售行为、可持续增长行为、协同作战行为等。以价值型销售行为为例:我们可能会鼓励销售人员专注于公司的战略产品,战略产品可以设置2倍系数的提成奖励;我们也可能会为了鼓励战略客户续约,增设服务年限奖金,每续约一年,销售人员的提成增加0.5%;对于提供持续支持和解决方案的销售服务人员,设定持续支持解决方案的提成。

其二，负向行为的限制与防控机制。我们同时也必须限制和防控一些负向行为，例如避免销售中的短期主义行为、资源耗损、破坏性竞争等。例如：很多企业都会采取类似的措施，对于超过90天账期的回款，扣减提成的50%，以此避免过度促销和回款延迟；为了避免资源消耗，将存量市场的提成比例降至原先的70%，以鼓励开发新市场；对恶意抢单、飞单和私藏客户资源等行为建立防控机制等。

其三，通过方案的动态调整来寻找战略与业绩的平衡。为了确保销售薪酬体系的灵活性和适应性，避免一段时间之后销售行为过于僵化，我们也需要对方案进行动态平衡，以调整引导与限制之间的关系，获得销售人员的最佳行为结果。例如：多数销售型企业每年都会微调销售提成方案，上一年度如果以市占率为核心目标，就有可能以GMV（商品交易总额）作为提成依据；下一年度如果改以公司盈利为目标，这时往往会以毛利率为提成依据。

如果我们已经基本了解了公司的业务、战略以及产品和服务的特点，那具体的销售薪酬到底是如何设计的呢？我们还是从一个案例讲起。

AI智电商是一家为社区门店提供生鲜水果配送的电商公司，核心产品是：用户通过小程序下单，公司接到订单后，组织向社区水果店送货。销售团队有100人，当前薪酬体系以"基本工资+季度提成"为主，提成按订单金额的1%计算，季度末结算。最近发现销售增长乏力，订单量缓慢下降，竞对开始挖角，销售团队流失率升至15%。调查显示，销售员季末忙着拉新店，忽视老客户维护，导致客户流失率达25%，业绩波动明显；另外由于在公司小程序中，允许客户以一件（也就是一箱水果）为单位下单，所以还出现了不少以家庭为单位的客户，这些客户复购率极低。团队负责人希望重新设计薪酬体系，既激励销售，又稳定业务。HR于是组成专门课题小组，开展此项任务。

步骤一：搜集数据，锁定盈亏平衡点

通过从业务部门和财务部门搜集整理来的订单量、客户流失率、回款金额、人均门店数、人均订单、人均销售额等数据，计算销售团队的盈亏平衡点和人效数据。

- 盈亏平衡点：每单均价100元，毛利20元，配送成本12元，盈亏平衡点为每人每月4000单（40万元销售额）。

• 人效数据：top 20%销售员月均6000单（服务15家门店），平均水平4500单（10家门店），底部20%仅2500单（6家门店），差距悬殊。

同时，部门会议分析出的问题是：季末新客户订单占比45%，但次季流失率25%，老客户订单仅占30%；春节前后家庭客户比较多，物流成本虽然有所下降，但成本高于预期。

步骤二：寻找原提成方式中存在的问题

原提成方式是：销售额1%+订单数对应的梯次金额（低于2000单不提成；达到2000单，提成1000元；达到3000单，提成1500元；达到4000单，提成2000元……以此类推）。实际发现，撬动销售业绩的关键不在于订单数，而在于门店数——尤其当一条街面多家门店同时下单时，配送成本显著降低。此外，客户下单次数受销售员影响有限，这一指标设定得不太合理。

步骤三：计算公司年度目标下对应的人工成本可用总额

销售团队平均月目标销售额5000万元（100人×5000单×100元），毛利1000万元，配送成本600万元，净利400万元。在人工成本占比为净利的30%（120万元）的情况下：

• 每人月均基本工资为300元，年基本工资总额为36万元（100人×300元×12个月），占31%；

• 提成预算总额，月均84万元，占69%，人均提成约8400元。

销售薪酬人工成本也可以直接以公司人工成本总额按比例拆分，但此处以净利计算更贴合业务逻辑。

步骤四：设计薪酬结构，平衡短期与长期

在前述计算的基础上已经得知基本工资的数据，现在则主要考量提成的部分如何设计。

公司聚焦销售额，而门店数是关键驱动因素。销冠多为老销售，门店数积累多；底部销售员门店数不足，但新门店数占比普遍高于老销售。公司肯定是希望门店数越多越好，在这样的思路下，HR调整了销售提成的导向，

将新老门店数拆分开计算提成。

提成=老门店销售额0.9%+新门店销售额1.2%+新增门店数对应的梯次奖金（在考核周期内，每新增1家门店且稳定30天，累计下单超过3单，按照每家奖励50元计算；新增数量达到10家以上，按每家奖励70元计算）

考虑到新增门店的稳定性因素，新增门店在加入满30天后计入考核。与此同时，超过一年的老门店不再计入门店数梯次奖金计算。

对于吸引家庭客户的行为，由于其对公司物流配送资源造成负担，我们将采取非激励（负向激励）措施，即不对此类销售行为提供提成，以避免鼓励这种资源消耗较大的销售模式。

步骤五：测试验证与动态优化

方案设计好后，HR没有急于发布，而是先用临近两个月的实际业务数据对销售人员实际可以拿到的工资总数进行了测算，确保不会造成财务成本异常；此后，又与销售总监商量，挑选其中的一个城市的10人团队，进行小规模的试运行，销售人员反馈比较正面，两个月后新增门店数的趋势的确有所上升，销售数据也有提升。

在验证方案具有一定的可行性后，经公司确认，此方案正式发布。

在进行销售团队的薪酬设计时，需要考虑的因素非常多，不仅包括公司的收入和成本，还需要寻找可以引导销售人员行为的关键点，因此全流程通常需要几个月的时间才能完成。在有了AI之后，在数据和分析环节中，AI具备的优势可以让我们的部分工作提高效率。

一、AI辅助销售数据分析，寻找关键节点

在重新设计销售团队薪酬的过程中，分析销售数据并找到影响业绩的关键节点是至关重要也极具挑战的一步。以"AI智电商"为例，这家为社区门店提供生鲜配送的公司面临销售增长乏力、客户流失率高企和团队流失的困境。在使用传统方法时，HR需要从业务和财务部门搜集海量数据（如订单量、客户流失率、人均销售额等），通过手工计算和经验判断锁定问题根源和驱动因素。这一过程往往耗时数周甚至数月，且容易因数据复

杂或人为偏见而错过关键点。

示例 1

请分析AI智电商销售团队的数据：100名销售员，top 20%月均6000单（15家门店），平均4500单（10家门店），底部20%仅2500单（6家门店+家庭客户20家）；新客户订单占比45%，次季流失率25%，老客户订单占比30%；每单均价100元，毛利20元，配送成本12元；竞对注重老客户维护。找出影响业绩和成本的关键节点，并为薪酬设计提供建议。

从一般经验来看，一线的销售人员能更容易发现门店数对业绩的影响；HR更容易分析出家庭客户对物流成本的影响；而大数据可能更容易找出新老客户的数据规律，找出业务的关键驱动因素。

在AI的协助下，我们不仅可以将分析时间缩短，还可以通过多维关联分析避免人为盲点。从管理的角度看，AI的介入将HR从烦琐的Excel中解放出来，聚焦战略性设计，确保薪酬方案既激励销售行为，又与公司盈亏平衡点和长期目标高度对齐。

二、AI协助设计与优化薪酬沟通方案

在重新设计薪酬方案的过程中，方案的设计和验证只是第一步，如何向销售团队有效传达新薪酬政策、确保员工理解并接受，是另一个关键且耗时的环节。在案例中，HR在步骤五中通过小规模试运行验证了方案的可行性，得到了销售人员的正面反馈，但正式发布后仍需面对100名销售员的疑问、担忧和潜在抵触。在使用传统方法时，HR通常需要手动起草沟通文案、准备FAQ（常见问题解答）、组织宣讲会，并根据员工反馈逐一调整。这种方式不仅耗时长（可能需要数周准备和迭代），还可能因措辞不当或信息不清晰而引发误解。在AI工具的协助下，我们可以快速设计清晰、有说服力的沟通方案，并根据员工反馈进行动态优化，从而大幅提升沟通效率和接受度。

示例 2

请参考原销售提成方案，结合新的销售提成方案，制作一份向全

体员工进行新销售提成方案宣讲的沟通方案。包括公告文案、FAQ和宣讲时使用的PPT大纲脚本，语言需清晰有说服力。同时预判员工疑问并进行回应。

  AI具备超强文本能力，如同一位"沟通设计师"，可以迅速将复杂的薪酬方案转化为员工易懂、有吸引力的信息。它不仅大幅缩短了沟通准备时间（从数周到数小时），还通过模拟员工视角增强了方案的说服力，从而大幅提升了HR的工作效率和方案接受度。

第九章

AI辅助驱动战略引擎：
数据驱动决策

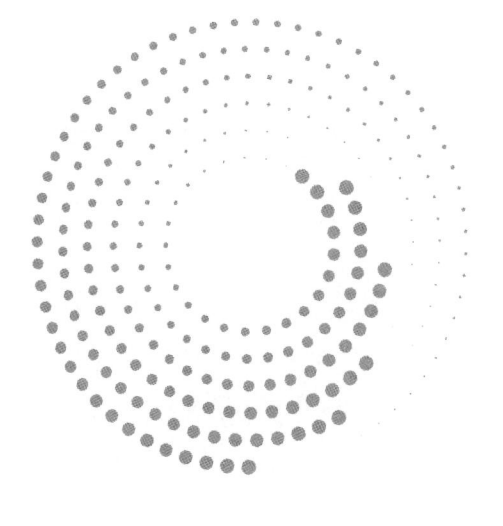

在快速变化的商业环境中，企业的人力资源管理正面临转型。HRBP作为业务与人才战略的纽带，肩负着将数据洞察转化为可执行决策的重任。然而，海量数据的处理、复杂趋势的识别以及快速响应的需求，往往让HRBP不堪重负。AI的介入恰逢其时——凭借卓越的数据分析能力、预测模型和实时反馈机制，AI工具不仅减轻了HRBP的工作负担，更通过精准洞察和动态优化，推动人力资源管理从分析走向决策的新飞跃，为企业战略的成功落地提供坚实支撑。

第一节　AI辅助制作数据仪表盘：精准监控与智能分析

在进行年度工作总结或者阶段性回顾的时候，我们需要首先进行与HR相关的数据分析，其中人效数据是非常重要的，常见的人效数据通常包括这些指标（见表9.1）。

表9.1　常见的人效数据指标

指标类型	指标	指标定义
财务类指标	人均类	人均产量、人均毛利、人均净利
	元均类	元均产量、元均毛利、元均净利
	时均类	时均产量、时均毛利、时均净利
业务类指标	单位效率类	每小时产量、每小时任务数、总产量、出品率、翻台率
	标准工时类	单件产品工时、千件产品工时
	结构效率类	质量效率（良率）、过程效率（转化率）、OLE（整体劳动力效能）
	数量类	员工人数、直接员工人数、外包员工人数
	结构类	管理幅度、职能人员占比、全职人员占比

续表

指标类型	指标	指标定义
驱动类指标	成本类	人事费用率、人力成本增长速度、浮动薪资占比
	时间类	加班率、出勤率、有效工时利用率、时间价格
	技能类	岗位技能匹配程度、关键技能员工占比、多能工占比
	动能类	满意度、敬业度、缺勤率、留任率

经常听取各种汇报的HR都知道，在汇报时使用数据当然很好，但将大量数据呈现在工作汇报中，也往往会让人疲劳，还抓不住重点；这时如果采用图形的方式呈现，则会给人一种高效又专业的感觉。这就是我们常常提到的数据仪表盘。

例如，在图9.1中，我们通过图形和数据展示了不同产品线的业务和人效情况［本书只提取了CE（数码）产品线的数据，通过切换左侧的产品线，可以直接调取不同产品线的数据和图表］，从而迅速直观地对人均毛利和数据构成、数据趋势进行分析。

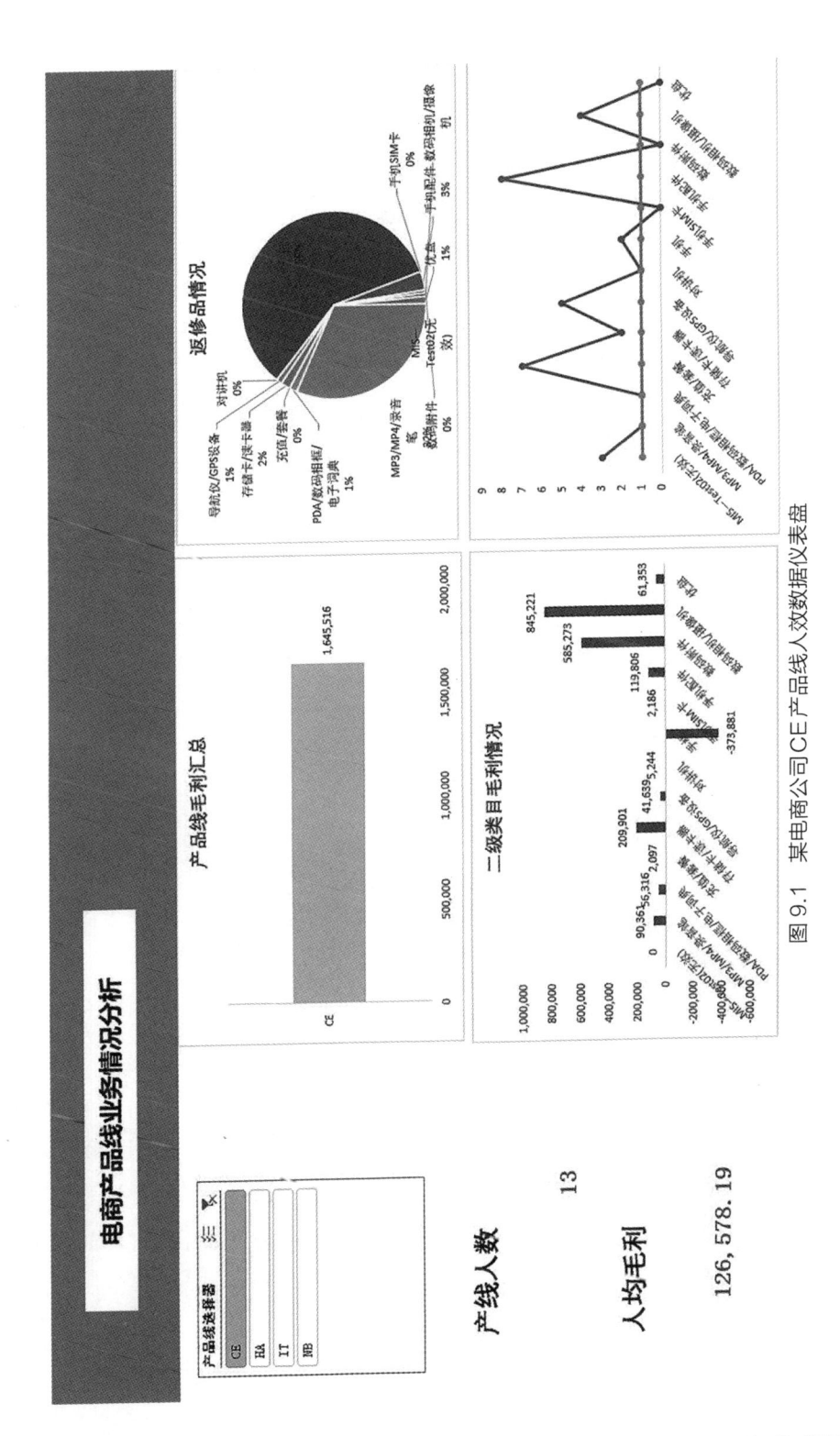

第九章 AI辅助驱动战略引擎：数据驱动决策 / 337

图 9.1 某电商公司CE产品线人效数据仪表盘

在这一图形中，我们只选取了人均毛利数据作为人效方面的数据基础，选取了二级类目的毛利情况作为产品线内情况分析的基础，并把返修品和在岗人数对比单独提取出来。在同一个图形界面中，清晰地呈现产品线目前的主要情况，有助于管理者快速直观了解业务情况，并找出问题所在。那么，如何制作这个数据仪表盘呢？仍然以电商公司的数据为例，图9.1的制作流程如下。

步骤一：选定重要指标，并规划呈现效果的页面

首先我们需要明确数据仪表盘的布局，主要呈现哪些指标，使用哪些基础数据。在确认了这些之后，我们回到原始数据表中，确认是否需要对相关数据进行运算，如果需要运算的话，则需要在原始数据表中率先完成数据的运算处理。随后，我们对原始数据进行整理和清洗，将其转换为适合创建数据透视表和图表的可使用格式，确保数据结构规范、无冗余（见图9.2）。

A	B	C	D	E	F	G	H	I	J	K	L	M	N
Domain	C1	C2	HC	SV	Margin_B	EIMS	VIP	Margin_A	SecondCh	RMAChea	SecondAc	RMAAge	SecondSV
CE	数码产品	MIS—Test	1	0	0	0	0	0	0	0	0	0	0
CE	数码产品	MP3/MP4	2	7889868	90361.1	110988	29299	0	12259.6	29684.5	0	0	7474.73
CE	数码产品	PDA/数码	1	1085101	56316.4	2953.81	7619.83	0	6429.6	1302.56	0	0	1264.84
CE	手机通讯	充值/套餐	1	2097.1	2097.1	0	0	0	0	0	0	0	0
CE	数码产品	存储卡/读	0	2412233	209901	2387.53	2060.73	0	-40.8	1516.87	0	0	176.44
CE	数码产品	导航仪/GI	1	432345	41638.7	49744.4	12401	0	9555.6	974.82	0	0	0
CE	手机通讯	对讲机	1	80902.5	5244.09	0	0	0	563.2	0	0	0	0
CE	手机通讯	手机	1	5.5E+07	-373881	365176	64816.2	0	184396	55096.7	0	0	-89126
CE	手机通讯	手机SIM卡	1	2532.05	2185.9	0	0	0	0	0	0	0	0
CE	手机通讯	手机配件	0	1042479	119806	31008.1	-1187.8	0	4918	2980.12	0	0	0
CE	数码产品	数码配件	1	2489086	585273	28242	5040.25	0	991.2	489.044	0	0	-853.62
CE	数码产品	数码相机	2	4.4E+07	845221	372295	156165	0	-28682	540.24	0	0	-56158
CE	数码产品	优盘	1	1629883	61352.8	6174.39	7753.09	0	619.2	1146.52	0	0	91.74
HA	家用电器	冰箱/冷柜	1	332711	13386.1	0	2126.21	0	2712.4	-1508.7	0	0	0
HA	家用电器	厨卫家电	2	390686	36239.1	6488.69	2294.02	0	220	602.976	0	0	0
HA	家用电器	厨房电器	1	4812461	302134	153331	37898.1	0	41766.8	7714.99	0	0	0
HA	家用电器	个人护理	1	2843131	136864	58652.2	12185.7	0	6474	108.236	0	0	0

图9.2 完成数据清洗的原始数据示例

步骤二：创建多个数据透视表并绘制图形

根据我们规划的指标的呈现目的，创建多个数据透视表，用于呈现不同维度的关键数据趋势（如销售额分布、人员业绩、增长趋势等）。这里建议大家使用数据透视表来制作，目的是便于后续统一进行数据切片（如有必要），以便对不同的数据表进行关联。

制作的多个数据透视表如图9.3所示。

	A	B	C	D	E	F	G	H
3	行标签	求和项:Margin_B		行标签	求和项:Margin_B		行标签	求和项:RMACheapen
4	CE	1,645,516		CPU	-216,969		CPU	389.72
5	HA	1,396,307		MIS—Test02(无效)	0		MIS—Test02(无效)	0
6	IT	2,296,805		MP3/MP4/录音笔	90,361		MP3/MP4/录音笔	29684.48
7	NB	233,825		PDA/数码相框/电子词典	56,316		PDA/数码相框/电子词典	1302.556
8	总计	5,572,454		办公设备	396,020		办公设备	11705.676
9				笔记本电脑	-82,408		笔记本电脑	74680.036
10				笔记本附件	72,947		笔记本附件	406.628
11	行标签	求和项:TargetDay		冰箱/冷柜	13,386		冰箱/冷柜	-1508.708
12	CE	13		充值/套餐	2,097		充值/套餐	0
13	HA	9		厨卫家电	36,239		厨卫家电	602.976
14	IT	24		厨用电器	302,134		厨用电器	7714.992
15	NB	5		存储卡/读卡器	209,901		存储卡/读卡器	1516.872
16	总计	51		打印耗材	97,454		打印耗材	2066.204
17				导航仪/GPS设备	41,639		导航仪/GPS设备	974.82
18				电池与充电器	0		电池与充电器	0
19				电脑包	0		电脑包	0
20				电脑服务	398		电脑服务	0
21				电脑附件	42,659		电脑附件	6.136
22				对讲机	5,244		对讲机	0
23				耳机/音箱	438,597		耳机/音箱	-2719.2
24				服务器			服务器	

图9.3 制作的多个数据透视表示例

在各个数据透视表的基础上，选择合适的图表类型，例如条形图、折线图、柱状图、饼图等，绘制相应的数据图表。

- 使用柱状图展示总销售额或人员贡献（如"年度销售额对比"）；
- 采用饼图呈现比例分布（如"业务部门占比"）；
- 利用折线图展示变化趋势（如"人员效率波动"）。

在图表设计过程中，注重图形内部效果的优化：去除不必要的字段值和图表线条，避免线条过多导致视觉混乱；调整颜色、字体和标签，使图表简洁美观，同时突出关键数据点。

步骤三：引入切片器优化交互

对于复杂或多维度的数据，推荐使用切片器作为交互工具，即将多个数据透视表关联到同一个切片器（如按部门、时间或人员筛选）。切片器的应用能增强用户体验，允许快速切换视图，动态查看不同条件下的数据表现，确保分析过程灵活高效。

在第一个数据透视表中，插入切片器，选择合适的切片器字段，例如在前述案例中我们选择的是产品线；在切片器的边界界面右键选择报表链接，把已经制作好的多个数据透视表关联到这个切片器。具体见图9.4。

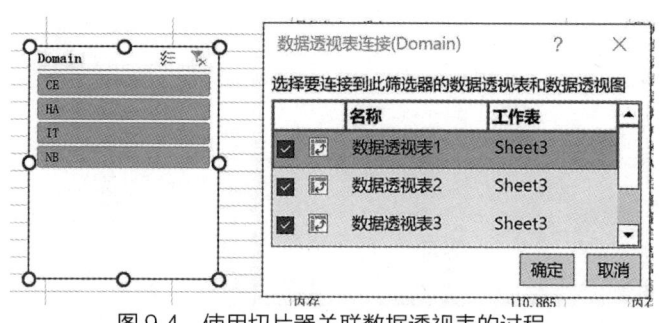

图9.4　使用切片器关联数据透视表的过程

步骤四：突出重点数据并优化排版

把步骤二生成的图表，复制或者剪切到独立的sheet（表单）页面中，并把切片器复制到新sheet页的显眼位置；去除掉页面的网格线，并对页面进行整体布局和排版。

注意将需要重点呈现的核心数据（如"总销售额1,645,516元"或"人员数量12,657,819人"）单独列出，可以与前表的数据相链接，也可以在这里直接设置公式计算，并通过大胆的字体、颜色或背景（如黄色高亮）加以强调。同时，调整几个图表的位置和内部版式布局，确保文字与图表布局合理、层次分明，避免信息堆叠分散注意力。

通过以上步骤，我们便成功制作了一个功能完善、视觉清晰的数据仪表盘。

但在实践中，这一制作方式对于不熟悉Excel的HR来说，还是存在门槛的，那么，面对这一复杂任务，AI技术能否介入，助力小白也制作一个既专业而又漂亮的数据仪表盘呢？

一、AI指导手动数据清洗

前面我们提到过现在的AI工具，例如DeepSeek，已经具备了自动进行数据清洗的功能。但如果是非常大的数据表，例如行数超过数千行、列数超过几十列的图表，对于AI来说，自动清洗就会是无法完成的任务，这时就需要我们进行手动清洗。

对于不熟悉Excel的HR来说，处理原始数据（如去除冗余、填补缺失值、规范格式等）往往耗时且容易出错。这时我们可以请Kimi来协助。

示例1

我们计划使用现有数据进行数据透视表的制作，但现在的数据不满足数据透视表的基本要求。请说明制作数据透视表对行列和数据的基本要求是什么，以及需要对我们目前的这张表格进行哪些调整。请一步一步列出，确保我可以调整现有数据，便于制作数据透视表。

这里建议大家，如果是业务真实数据的话，大家可以只把表头部分上传给Kimi，以避免业务数据泄露的风险。也可以模拟一部分数据，只要Kimi能呈现出简单的数据表样式即可。

示例2

我们现有的数据包括部门、人员等（具体字段略）数据，我们需要进行人效分析，主要想呈现两个与人效有关的数据：人均毛利和浮动薪资占比。现在还缺少哪些数据？能否给出数据处理建议？

在Kimi一步一步的指导下，我们可以高效、准确地完成数据清洗工作，为制作专业数据仪表盘打下基础，显著提升工作效率。

二、AI指导Excel操作和图表制作

制作数据仪表盘中的图表，打造交互功能（如切片器）也会比较复杂。而AI则可以提供一步步的指导，帮助用户快速掌握Excel操作，生成专业、漂亮的图表和数据仪表盘。

示例3

请根据此表格（上传的数据表头和简单数据示例略，包括大区和二级部门的全部销售数据）为一名不熟悉Excel的HR用户生成一份详细指导。我们想以大区为单位进行数据切片，先展示总销售额数据、业务部门占比、人效数据对比的情况，再用二级部门的销售额、客户数、物流费用等数据展示大区内的数据构成。请一步一步分析，并输出操作的具体步骤。

这里还是特别提醒大家，如果是公司内部比较重要的数据，请注意做好数据保护，不要轻易将重要的数据上传到外部公开网站中。

Kimi（或者其他不带有深度思考功能的AI通用模型）在HR制作数据

仪表盘的过程中，可以进行实时反馈和交互式指导，并对制作过程中遇到的问题给出调整建议。这样大家即使不具备深厚的技术背景，也可以轻松制作出功能完整、视觉出色的数据仪表盘，快速高效地实现数据的展示。

三、用Manus辅助制作数据仪表盘

我们看到，虽然AI的协助可以大大提高我们的效率，但采用这样的方式，仍需HR投入一定的工作量。是否可以充分利用Manus这一多Agent模型，通过清晰的任务指令，快速完成数据收集、分析及数据仪表盘生成呢？接下来，我们将从具体应用场景出发，展示Manus的独特价值。

数据仪表盘的核心在于将分散的数据转化为直观的指标。用图表形式展现数据，可以帮助管理者对业务状态进行分析。那么，AI工具是否可以直接提供帮助呢？我们尝试使用Manus这一多Agent工具，解析复杂数据并进行动态可视化输出。

示例4

请基于附件文件（使用前述案例的原始数据），制作电商产品线的可视化分析图表。并基于数据，提出具体的策略，使下个月的毛利额提升3%。要求：不同产品线使用不同颜色，图表清晰，文字简洁。

图9.5是Manus运行后的全部文件，但其生成的多数图形并不符合我们的需求。（当然，实际上我们并没有详细写出我们对图表的需求，主要原因是：当我们写得比较详细时，Manus会卡在"初始化沙箱"环节运行不下去。因此，我们在初始对话时，去掉了具体要求，在后面的对话中再把要求加入进来。）之后，我们选取了15个高毛利的二级类目，形成的图形如图9.6所示，这一图形比较符合我们的要求。

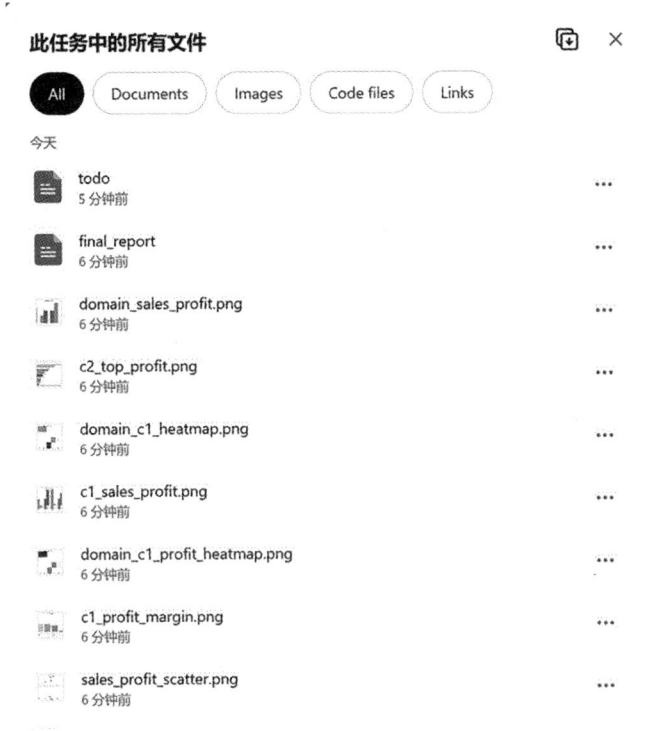

图 9.5　电商产品线数据分析 Manus 的运行结果（文件列表）

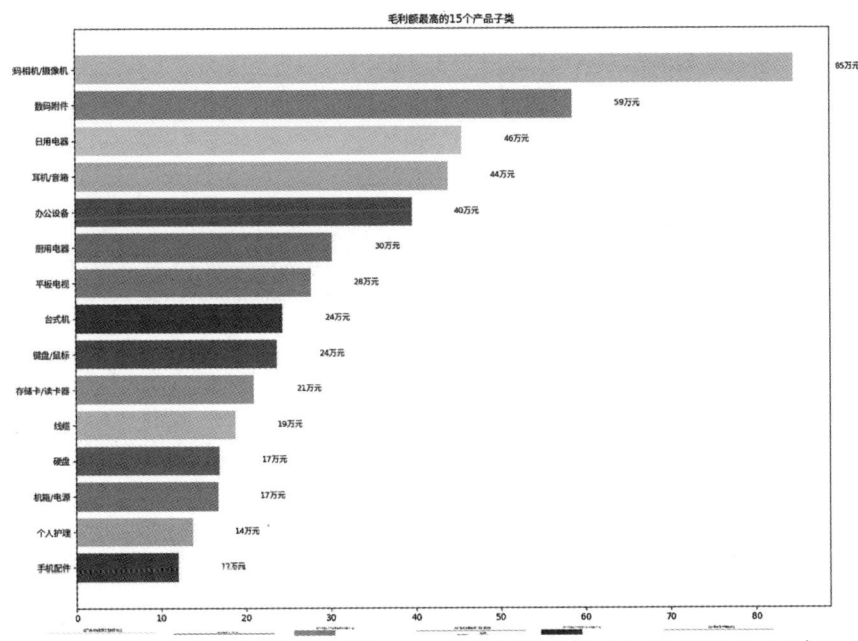

图 9.6　电商产品线数据分析 Manus 的运行结果（15 个高毛利产品展示）

由于在目前 Manus 的运行结果中，还有一部分图形不符合我们的需求，于是我们继续向 Manus 提出指令。

示例 4 延伸

现在的多数图形，看起来不是很清晰。请按如下要求修改：一张指标总览页（含所有产品线人数、人均毛利指标），带图表对比；四张各产品线指标分析页，包括关键业务指标计算（产品线二级类目毛利对比、产品线二级类目返修品比例、产品线二级类目人数）。

以上延伸指令 Manus 的运行结果如图 9.7 所示（部分）。由于受到书本尺寸限制，此处仅做展示。

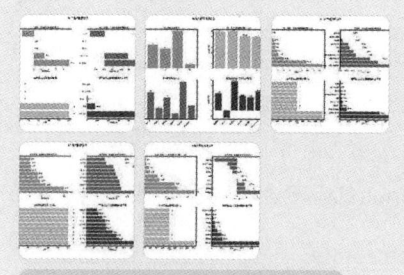

图 9.7 电商产品线数据分析 Manus 的运行结果（按产品线制作的图表）

这时制作的图表就可以直接使用了。（本案例在 Manus 上运行过程的视频请查询附录 1 的网盘链接地址。）

另外，在进行上述示例的调试过程中，我们可以看出，虽然 Manus 的功能强大，但对于选择何种恰当的图形来展示结果，目前还需要我们进行人工干预。也就是说，在使用 Manus 进行图表分析的过程中，我们还需要尽可能提出比较清晰的制作要求。

遗憾的是，目前 Manus 还不能像 Excel 那样实现带有数据切片器的动态交互仪表盘功能。然而，Manus的优势在于能够基于数据分析提出提升产品线毛利额的建议，这一点也是AI工具的优势（见图9.8）。所以，当我们在进行不需要运用动态交互功能的数据展示时，Manus还是可以提供很大帮助的。我们有理由相信，随着技术的不断进步，动态展示问题将很快得到改善。

三、毛利额提升策略

策略1：提升高毛利率产品销售额

- **具体措施**：对数码附件、手机配件、存储卡/读卡器等高毛利率产品进行重点营销推广，提升曝光度和转化率
- **目标产品线**：数码附件、手机配件、存储卡/读卡器、家庭影音、机箱/电源、厨用电器
- **预期销售额增长**：71.52万元
- **预期毛利额增长**：7.51万元
- **实施难度**：中
- **实施周期**：短期（1个月内）

策略2：提升高销售额产品毛利率

- **具体措施**：优化数码相机/摄像机、平板电视等高销售额产品的定价策略和供应链管理，减少不必要的折扣

图9.8　电商产品线数据分析Manus的运行结果（毛利额提升策略）

第二节　用Manus辅助招聘分析：洞察市场与优化决策

在招聘场景中，无论是企业HR还是招聘顾问，常常需要快速获取多维度信息以支持决策。传统的招聘分析可能涉及大量人工搜集和工具整理，效率较低且容易遗漏关键点。而借助Manus这一多Agent模型，我们可以通过清晰的任务指令，快速完成从竞对分析到薪酬研究的复杂工作。以下将从三个方向探讨如何利用Manus提升招聘分析的效率与质量。

一、用Manus辅助进行竞对组织结构和潜在业务方向分析

招聘分析的第一步往往是了解目标岗位的行业背景，包括竞争对手的招聘策略、组织架构以及潜在的业务方向。这些信息通常分散在企业官网、招聘网站、新闻报道和行业报告中，人工整合费时费力。而Manus具备多Agent协同能力，可以快速完成这一任务，甚至比具有联网搜索和深度思考的推理模型更有优势。

示例 1

请针对具身机器人领域的宇树科技进行全网公开搜索,搜集其在外部新闻网站上 2024 年 9 月份以后的招聘信息和公开的组织结构资料,分析其核心岗位需求,绘制企业的组织结构图(以树状图形式展示),如果有团队负责人和核心成员的名字,请同时在组织结构图中标注。要求:使用橙色,图表简洁,文字逻辑清晰。

宇树科技核心岗位需求如图 9.9 所示。

核心岗位需求分析

AI算法研发

AI算法工程师(视觉感知方向)
关键需求:视觉算法开发能力,包括图像识别、目标检测、目标跟踪和图像分割
技术重点:相机硬件选型与调试,视觉算法和模型的设计、开发和优化
岗位意义:为机器人提供视觉感知能力,是机器人与环境交互的关键技术支持

AI算法工程师(大模型)
关键需求:大语言模型和多模态大模型的预训练开发和调优能力
技术重点:基于大模型的机器人控制算法设计、训练、数据集处理和真机部署测试
岗位意义:将大模型技术应用于机器人控制,提升机器人的智能化水平

图 9.9 Manus 对于宇树科技的核心岗位需求分析指令的运行结果(核心岗位需求)

初始的组织结构图包括了董事和监事,显得图形内容非常冗杂,在对话过程中,当我们要求 Manus 去除掉董事和监事后,图形显示如下(见图 9.10)。

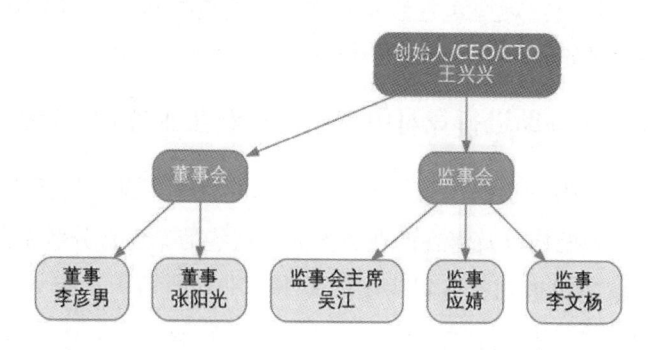

```
          创始人/CEO/CTO
              王兴兴
          ┌────┴────┐
        董事会        监事会
       ┌──┴──┐    ┌───┼───┐
      董事   董事  监事会主席 监事 监事
     李彦男 张阳光   吴江    应婧 李文杨
```

图 9.10 Manus 对于宇树科技的岗位和组织结构指令的运行结果(组织结构图)

这里仍然需要特别提示的是，我们给 Manus 工作指令时，需要考虑 Manus 可能的工作量大小。当最开始我们要求 Manus 对"'具身机器人行业'的三家企业（宇树科技、优必选、智元机器人）"执行这一任务时，Manus 在任务进行到一半时提示："Manus 已停止，因为上下文过长，请开始一个新的对话。"经过多次调整，我们改成了针对宇树科技一家公司进行相应数据的全网公开搜索。

但由于前述结构并不能满足我们在进行招聘规划时的需求，我们继续向 Manus 提出了指令。

示例 1 延伸

能否在此基础上，分析和预测一下，宇树科技在未来 6 个月内可能的研究方向，并把前述内容制作成 HTML 格式的文件。

Manus 在运行一段时间过后，也显示"Manus 已停止，因为上下文过长，请开始一个新的对话"。尽管如此，Manus 仍然返回了已经完成的部分文件。

以上延伸指令 Manus 的运行结果如图 9.11 所示（部分）。

未来6个月业务重点预测

根据宇树科技的招聘信息、组织结构和公开资料分析，我们可以推断未来6个月宇树科技可能的业务重点如下：

AI大模型与机器人结合

从招聘信息中可以看到，宇树科技正在大力招聘AI算法工程师（大模型方向）和深度强化学习算法工程师，这表明公司正在加强AI大模型与机器人控制系统的结合，未来6个月可能会推出更智能的机器人产品，具备更强的自主决策和环境适应能力。

人形机器人业务扩展

公司已经从四足机器人向人形机器人领域拓展，招聘信息中对机械工程师和机电全栈工程师的需求表明公司正在加强人形机器人的研发和生产能力。未来6个月可能会推出新一代人形机器人产品或升级现有H1系列。

图 9.11　Manus 关于宇树科技的延伸指令运行结果（未来业务重点）

所以，虽然 Manus 并没有最终完成全部工作任务，但它输出了过程中的部分文档，基本还是满足了我们在招聘过程中对竞对业务潜在方向的分析需求。

关于 Manus 回复"Manus 已停止，因为上下文过长，请开始一个新的对话"的问题，我在这里补充说明一下：由于我在写本书内容的时候，Manus 还处于内测状态，服务器端不太稳定，以及对于单指令调用的算力存在一定的限制，所以目前还无法完成过于复杂的任务；但相信，随着Manus产品的进一步发展，这一问题将很快得到解决。在目前阶段，我们可以提前预估和判断这一任务的工作量大小，通过把单一任务拆分成大小合适的多个任务的方法来完成复杂的任务。

二、Manus辅助薪酬搜集和薪酬分析

外部薪酬数据也是HR在招聘中关注的重要因素之一，但市场薪酬数据往往分散在各招聘平台、行业调研报告和社交媒体讨论中，即使使用具有联网搜索和深度思考功能的AI工具也难以快速获取全面视图。这时，多Agent工具就显得更加具有优势了。

示例2

请搜集2025年LLM开发工程师以及LLM算发工程师岗位在中国大陆市场的薪酬数据，覆盖初级、中级、高级三个层级，来源包括Qwen、豆包、DeepSeek等公司的相关岗位。提取每个层级的薪酬范围（最低值、最高值、中位数）概况，生成一份Excel（含数据来源链接）和一份PPT。PPT要求包括标题页、数据总览页（使用恰当的图形展示）、薪酬对比页（使用恰当的图形展示）和总结页（提出我公司的薪酬范围建议）。要求：蓝色主题，数据可视化。

这里，似乎Manus没有从网络中搜索到豆包的薪酬数据，从网络上提取了其他公司的数据（见表9.2）。

表9.2 Manus对于薪酬数据调研指令的运行结果（数据部分）

公司	初级工程师年薪范围/万元	中级工程师年薪范围/万元	高级工程师年薪范围/万元	薪资发放月数	数据来源
DeepSeek	28～42	42～84	84～126	14	https://www.tongyi.cn/article/04427301 42953875
华为	48～80	80～128	112～160	16	https://www.zhipin.com/job_detail/a5f6 d4f86f2ee30blHFz2ti 4F1BR.html
某知名互联网上市公司	28～49	49～70	70～84	14	https://www.zhipin.com/job_detail/c0e3 4043298f0aeb1HJ509y 5EINS.html
阿里云（通义相关）	32～64	64～96	80～112	16	https://www.zhipin.com/zhaopin/72e411c 4004f145a1H152tW1/

由于指令中没有包括我公司的薪酬策略以及薪酬结构倾向的内容，因此最终出来的薪酬建议仅具有一般参考价值，在实践中HR可以给Manus更加详细的薪酬背景信息，以便于Manus进行分析。

通过上述两个示例，我们可以看到Manus在招聘分析中的多场景适用性。无论是竞对分析中的结构化输出，还是薪酬研究中的数据整合，它都能通过清晰的指令驱动多Agent工作流，快速响应紧急需求并处理复杂背景信息。目前，Manus已集成搜索引擎、浏览器、图表工具等功能，虽然在视频或高级图像处理方面尚未完善，但其文本和数据处理能力已足以应对大部分招聘分析需求。未来，随着更多工具的集成（如实时市场数据接口或可视化设计工具），其应用潜力将进一步提升。

第三节　用Manus助力绩效设计：链接目标与提升效能

绩效管理是企业运营的核心环节，除了前面章节提到的工作内容，当工作涉及目标设定、指标分析等内容时，HR也往往需要多方面的协助才可以完成任务。在传统方式下，这些工作依赖HR的深度调研和访谈、人工整理和分析，耗时长且容易出错。而借助Manus这一多Agent模型，我们可以通过清晰的任务指令，快速获取从平衡计分卡设计、指标库设计到OKR分析的复杂任务建议，提升绩效管理的效率与科学性。以下将从两个方向探讨Manus在绩效设计和分析领域应用的可行性。

一、用Manus辅助平衡计分卡和指标库设计

平衡计分卡的设计一直是HR进行绩效管理过程中比较难的一项任务，但也是整个绩效管理工作的基础，它通过财务、客户、内部流程以及学习与成长四个维度，全面衡量公司或者部门的表现。制作平衡计分卡需要整合多源数据，绘制战略地图，并对战略主题进行解释，人工操作往往需要数天的时间。而Manus是否可以凭借多Agent协作能力来简化这一流程呢？

示例1

请为某电子商务企业（从事3C数码类产品电商B2C业务，目前行业市占率15%，公司使命愿景等信息略）制作一份平衡计分卡。需要基于以下年度目标：2025年财务目标（收入增长10%、利润率15%）、客户目标（开拓直播客户，直播客户占比达到30%）、内部流程目标（订单处理时间减少20%）、学习与成长目标（增设AI相关团队）。任务包括：设计平衡计分卡的4个维度框架，绘制公司战略地图，并在战略地图上画出各战略要素之间的关系，提取战略地图相关维度的KPI指标（每个维度2～3个指标，包括指标说明和目标值），并给出对应关键指标的关键行动和潜在的执行障碍。

补充备注：如果可以的话，HR可以在指令中加入2024年的一些数据和资料，作为背景信息。

以上示例Manus的运行结果如图9.12所示。

财务维度	收入增长10%	利润率15%	优化资产利用	
客户维度	直播客户占比30%	提升客户满意度	增强客户忠诚度	扩大市场份额
内部流程维度	订单处理时间减少20%	优化供应链管理	加强产品创新	推进数字化转型
学习与成长维度	建设AI技术团队	提升员工数字化能力	优化组织结构	培育创新文化

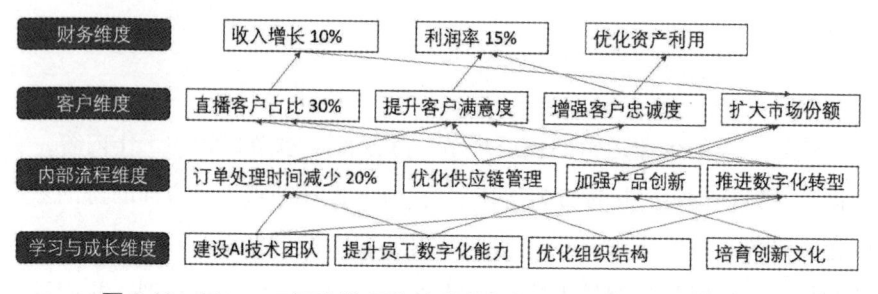

图9.12 Manus对于制作平衡计分卡指令的运行结果（战略地图）

我们看到这个战略地图还是比较清晰的，虽然在格式上还是比较勉强，但在我们进行绩效考核的分析过程中，这个图形已经基本满足HR进行分析参考的需求（见图9.13）。

战略地图

战略地图是平衡计分卡的核心组成部分，它通过可视化方式展示组织战略目标之间的因果关系，将抽象的战略转化为具体的目标和行动。

战略地图结构

战略地图采用自下而上的结构，展示了从基础的学习与成长维度出发，通过内部流程和客户维度，最终实现财务目标的因果路径：

1. **学习与成长维度**（底层）：作为基础，支撑内部流程的优化
2. **内部流程维度**（中下层）：通过流程优化提升客户价值
3. **客户维度**（中上层）：通过客户价值创造实现财务目标
4. **财务维度**（顶层）：最终的财务成果

各维度战略要素

财务维度战略要素

- 收入增长10%
- 利润率15%
- 优化资产利用

图 9.13　Manus 对于制作平衡计分卡指令的运行结果（战略维度分解部分截图）

初始返回的平衡计分卡设计文件是 markdown 格式的，看起来非常吃力，我们请 Manus 换成以 Excel 形式的输出（见图 9.14）。

关键绩效指标（KPI）

指标名称	指标说明	计算方法	目标值	衡量频率	战略关联
收入增长率	衡量企业营业收入的增长情况，反映企业市场拓展和业务发展能力	（本期营业收入 - 上期营业收入）/ 上期营业收入 × 100%	10%	季度、年度	直接衡量企业收入增长目标的实现情况，是财务维度的核心指标
净利润率	衡量企业盈利能力，反映企业运营效率和成本控制能力	净利润 / 营业收入 × 100%	15%	季度、年度	直接衡量企业利润率目标的实现情况，是财务维度的核心指标
库存周转率	衡量企业库存管理效率，反映资产利用效率	营业成本 / 平均库存	12次/年（行业平均水平提升20%）	季度、年度	支持"优化资产利用"的战略目标，提高资金使用效率

图 9.14　Manus 对于制作平衡计分卡指令的运行结果——调整格式后的财务维度指标截图

由于示例中略去了企业的大量背景信息，尤其是 HR 在制作年度绩效指标库时必须加入的上一年度的业务数据资料，因此 AI 目前还无法给出具体指标，以及对 KPI 进行细分定义。但通过 Manus 返回的内容，我们仍然可以看到 AI 的强大，它可以帮助我们分解任务，搜寻行业背景资料，辅助我们定义指标，并找出与指标的关键关系。有经验的 HR 在进行年度绩效考核规划的过程中，可以从中获取重要的辅助信息。

在 Manus 的辅助下，我们的 KPI 指标库设计，以及 KPI 指标拆分工作的效率也可以明显提高。

二、用Manus辅助OKR分析

OKR在近几年也成为很多企业在面对不确定性任务时，常用的绩效管理方法，它通过设定具有挑战性的目标和跟踪可量化的结果来驱动团队和个人表现。OKR分析需要梳理目标完成情况、识别偏差并提出改进建议，这往往涉及大量数据对比和逻辑推演。如果我们对业务的熟悉度不高，这些分析就容易出现漏洞。Manus在这一过程中，也可以给我们提供有效的帮助。

示例2

请按某电子商务企业（主要从事3C数码类产品电商B2C业务，目前行业市占率15%，公司使命愿景等信息略）的年度战略目标搭建可执行的OKR体系。年度战略目标：2025年财务目标（收入增长10%、利润率15%）、客户目标（开拓直播客户，直播客户占比达到30%）、内部流程目标（订单处理时间减少20%）、学习与成长目标（增设AI场景落地的相关岗位）。另外，公司年度的核心挑战是：目前直播流量依赖外部平台，年内必须降低直播流程成本并提升直播效果。任务包括：按OKR格式生成3个O，每个O包含3个KR；标注每个KR的优先级（P0、P1、P2）和信心指数（1～10分），并给每个KR提出一条关键行动；用表格展示。

以上示例Manus的运行结果如图9.15所示。

3C数码类电商企业2025年OKR框架			
关键结果	描述	优先级	信心指数
目标一(O1):提升直播电商业务的盈利能力和市场份额			
KR1.1	将直播渠道销售收入占比从当前水平提升至总收入的30%	P0	8
KR1.2	将直播业务的毛利率从当前水平提升至15%	P1	7
KR1.3	降低直播运营成本,使直播获客成本降低20%	P0	6
目标二(O2):优化内部运营流程,提高订单处理效率			
KR2.1	将订单处理时间从当前水平减少20%	P0	9
KR2.2	提高库存周转率15%,减少库存积压	P1	8
KR2.3	建立数据驱动的供应链预测系统,预测准确率达到85%	P2	7
目标三(O3):构建AI驱动的业务创新能力			
KR3.1	在关键业务环节部署至少3个AI应用场景	P1	8
KR3.2	组建AI创新团队,招聘5名AI专业人才	P0	9
KR3.3	开发自有直播平台技术,减少对外部平台依赖度30%	P1	6

图 9.15 Manus对于搭建OKR体系的运行结果(指标描述)

由于我们在指令中没有提供更多有效的企业背景信息和战略目标的内容,所以Manus返回的OKR体系还比较粗糙。大家在实际运行Manus进行相关工作的时候,还是需要尽可能地提供公司背景信息、战略目标等内容,以确保运行结果更加接近实际情况。

示例3

能否针对O3的KR3.1,给出几个action(行动)?

延伸示例指令的运行结果如下。

我将为O3(构建AI驱动的业务创新能力)的KR3.1(在关键业务环节部署至少3个AI应用场景)提供更多具体的关键行动。

· 成立跨部门AI应用项目组,由技术、业务和产品部门共同参与,每月召开项目推进会议。

· 对现有业务流程进行全面梳理,识别并优先排序最适合AI应用的3～5个业务痛点。

· 在客户服务领域部署智能客服机器人,实现24小时自动回复和问题分类,提高30%客服效率。

> - 在商品推荐系统中实施个性化AI算法，基于用户浏览和购买历史提供精准推荐，提升点击转化率。
> - 在库存管理中应用AI预测模型，根据历史销售数据、季节性和市场趋势优化库存水平。
> - 建立AI应用效果评估体系，设定明确KPI，每季度进行效果评估和优化迭代。
> - 这些关键行动涵盖了AI应用的规划、实施和评估全过程，确保KR3.1能够有效落地并产生实际业务价值。

我们也可以在指令中，对平衡计分法和OKR进行结合，例如，使用平衡计分法设计长期指标或者年度指标，使用OKR设计年度指标或者季度指标。或者使用平衡计分法找出量化指标，将OKR用于拆解攻坚指标。

在完成指标的制作后，我们也可以进一步请AI帮助我们进行OKR指标的对齐检查。例如在获取公司OKR指标后，我们把部门的指标输入进去，对指标进行校准。

示例3 延伸

请检查市场部OKR与公司战略的一致性，并提出改进建议（指出哪些KR未对齐公司目标，补充可能缺失的KR）。公司级O：占领30%直播市场份额，成为3C直播头部平台。市场部OKR草案如下。O1，提升直播内容质量；KR1，每月产出10条优质短视频（当前5条）；KR2，合作达人数量增加50%。O2，提升品牌知名度和市场占有率；KR1，品牌提及率在主要社交媒体平台提升20%；KR2，新增注册用户数增长40%。用表格的形式输出。

在这个案例和延伸指令中，大家可以看到Manus在帮助我们进行OKR对齐方面是非常有说服力的（见图9.16）。

市场部OKR与公司战略一致性分析（部分截取）

目标/KR	内容	与公司战略一致性	问题
公司级目标	占领30%直播市场份额，成为3C直播头部平台		
O1	提升直播内容质量	部分一致	目标方向正确，但缺乏与市场份额的直接关联
KR1.1	每月产出10条优质短视频（当前5条）	部分一致	关注内容产出数量，但未关注内容效果与市场份额贡献
KR1.2	合作达人数量增加50%	部分一致	关注达人数量，但未关注达人质量与市场影响力
KR1.3	缺失	不一致	缺少与直播转化相关的KR
O2	提升品牌知名度和市场占有率	高度一致	方向正确，但缺乏直播市场份额的明确目标
KR2.1	品牌提及率在主要社交媒体平台提升20%	部分一致	关注品牌曝光，但未聚焦直播领域
KR2.2	新增注册用户数增长40%	部分一致	关注用户增长，但未关注直播用户占比
KR2.3	缺失	不一致	缺少与市场份额直接相关的KR
O3	缺失	不一致	缺少与直播平台建设相关的目标

图9.16 Manus对于OKR指标对齐指令的运行结果

附 录

附录1　本书中提及的AI工具一览表

本书中没有使用任何付费AI工具（但无代码编程中的DeepSeek API接口是需要付费的），书中各章节提到的免费AI工具具体如附表1所示。

附表1　本书AI工具一览

序号	中文名称	网址	所属公司	书中案例使用功能
1	智谱清言	https://chatglm.cn/	智谱华章	AI助手
2	豆包	https://www.doubao.com/	字节跳动	AI助手
3	Kimi	https://Kimi.moonshot.cn/	月之暗面	AI助手
4	讯飞星火	https://xinghuo.xfyun.cn/	科大讯飞	AI助手
5	文心一言	https://yiyan.baidu.com/	百度	AI助手
6	DeepSeek	https://www.deepseek.com/	深度求索	AI助手
7	Qwen	https://tongyi.aliyun.com	阿里云	AI助手
8	小浣熊	https://xiaohuanxiong.com	商汤科技	电子表格
9	秘塔AI搜索	https://metaso.cn/	秘塔科技	AI搜索引擎
10	纳米AI	https://www.n.cn/	360	AI搜索引擎
11	扣子	https://www.coze.cn/home	字节跳动	AI Agent搭建
12	ChatGLM	https://chatglm.cn/	智谱华章	AI Agent搭建
13	Kimi+	https://Kimi.moonshot.cn/	月之暗面	AI Agent搭建
14	AiPPT	https://pptgo.cn/	博思软件	制作PPT
15	TreeMind	https://shutu.cn/center/newfile	树图网络	思维导图
16	MindMaster	https://www.edrawsoft.cn/mindmaster	亿图软件	思维导图
17	知犀AI	https://www.swdt.com/	知犀科技	思维导图
18	Boardmix	https://boardmix.cn/ai-whiteboard/	博思软件	思维导图
19	Manus	https://manus.monica.cn	蝴蝶效应	通用AI Agent

特别补充：上述资源没有包括腾讯元宝平台，但这一平台的产出效果也是非常不错的。

文中使用Manus制作的案例由于比较复杂，我们单独把相关视频、指令、生成的文档和图片（不含代码文档）存放在百度网盘，感兴趣的读者请移步网盘访问。

文件名：拥抱AI赋能未来HR。

链接：https://pan.baidu.com/s/1nQzB5VKOrQdb0TS89EF0DA。

提取码：n5de。

附录2　人力资源管理领域的AI应用产品

人力资源管理领域的AI工具如附表2所示。

附表2　人力资源管理领域的AI工具

序号	主要产品功能	工具名称	链接地址
1	面向求职者的AI模拟面试	OfferGoose多面鹅	https://www.offergoose.cn/
2	面向求职者的AI模拟面试	Offer鸡	https://offerchick.cn/
3	AI面试评估和打分	方便面AI面试	https://fbmms.cn/
4	企业的AI面试系统	海纳AI面试	https://www.hina.com/
5	企业的AI面试系统	讯飞智聘	https://zp.xfsaas.cn/
6	职业测评系统	倍塔塞司	https://www.betasess.com/
7	HR的AI助理	HR智能助手	https://shuqihui.com/zhushou
8	企业的AI面试系统	AI得贤招聘官	https://www.AIrecruitas.com
9	拉勾招聘的AI智能招聘助手	HRMind	https://www.lagou.com/wn/

附录3　AI学习资源一览表

AI领域国内网站的免费学习资源如附表3所示。

附表3　国内网站的免费学习资源

序号	网站名称	提供资源	资源地址	侧重
1	虎课网	每天一节免费AIGC视频课	https://huke88.com/	提示词、绘画、写作、PPT、应用
2	国家终身教育平台	每天一节免费AI视频课	https://le.ouchn.cn/home	AI绘画、大模型训练、AI商业设计
3	中国大学MOOC	需要搜索AI课程	小程序名称：学堂在线	AI常识

上述资源没有包括BiliBili、知乎、小红书、快手、腾讯网课等平台。

附录4　书中未涉及的通用AI工具

书中未涉及的通用AI工具如附表4所示。

附表4　书中未涉及的通用AI工具

序号	用途	工具名称	链接
1	AI助手	百度AI	https://chat.bAIdu.com/search
2	AI助手	问小白	https://www.wenxiaobAI.com/chat/
3	AI助手	文小言	https://wenxiaoyan.com/
4	AI助手	商量SenseChat	https://chat.sensetime.com/
5	AI助手	天工AI助手	https://www.tiangong.cn/
6	AI助手	CueMe	https://cueme.cn/
7	AI助手	360智脑	https://chat.360.com/

续表

序号	用途	工具名称	链接
8	AI助手	海螺AI	https://hAIluoAI.com/
9	AI助手	知乎直答	https://zhida.zhihu.com/
10	AI助手	腾讯元宝	https://yuanbao.tencent.com/chat
11	AI助手	万知	https://www.wanzhi.com/
12	AI助手	百小应	https://ying.bAIchuan-AI.com/chat
13	AI助手	AI小聚	https://www.ii.cn/
14	AI搜索引擎	开搜AI	https://kAIsouAI.com/
15	AI搜索引擎	知料觅得	https://www.sou100.com/
16	AI搜索引擎	天工AI	https://www.tiangong.cn/
17	AI搜索引擎	卡奥斯智能交互引擎	https://www.cosmoplat.cn/engine
18	AI搜索引擎	心流AI	https://iflow.cn/
19	AI Agent搭建	腾讯元宝	https://yuanqi.tencent.com/agent-shop
20	AI Agent搭建	文心智能体平台	https://agents.bAIdu.com/center
21	AI Agent搭建	实在智能	https://www.AI-indeed.com/
22	AI Agent搭建	智谱清流	https://bigmodel.cn/agent
23	AI Agent搭建	百贝AI	https://www.bAIbei-AI.com/
24	AI Agent搭建	Zion	https://www.functorz.com/zAI
25	AI搜索引擎	跃问	https://yuewen.cn/chats/new
26	制作PPT	塔猫ChatPPT	http://www.tamao.fun:5277/
27	电子表格	酷表ChatExcel	https://www.chatexcel.com/
28	思维导图	GitMind思乎	https://gitmind.cn/

附录5　书中未涉及的办公常用AI工具

书中未涉及的办公常用AI工具如附表5所示。

附表4　书中未涉及的办公常用AI工具

序号	办公用途	工具名称	链接地址
1	制作PPT	美间	https://www.meijian.com/
2	制作PPT	爱设计PPT	https://ppt.isheji.com/
3	制作PPT	Pi智能演示文档	https://pi.deepvinci.tech/
4	制作PPT	歌者PPT	https://gezhe.com
5	制作PPT	讯飞智文	https://zhiwen.xfyun.cn/

续表

序号	办公用途	工具名称	链接地址
6	制作PPT	轻竹办公	https://qzoffice.com/
7	制作PPT	课件帮	https://chat.tydiczt.com/
8	制作PPT	Motion Go	https://motion.yoo-AI.com/
9	制作PPT	麦当秀智能演示系统	https://www.mindshow.vip/
10	制作PPT	文多多AiPPT	https://docmee.cn/
11	制作PPT	HuiPPT	https://www.huippt.com/
12	制作PPT	美图设计室Live PPT	https://www.designkit.com/ppt/
13	制作PPT	PPT百科	https://www.pptwiki.com/
14	制作PPT	PPT世界	https://www.pptx.cn/AIgc
15	制作PPT	GAIPPT	https://www.gAIppt.com/
16	制作PPT	万兴智演	https://zhiyan.wondershare.cn/app/dashboard/
17	文档处理	文件禅	https://fileneatAI.com/?lang=zh-cn
18	文档处理	万兴PDF	https://pdf.wondershare.cn/
19	电子表格	VisDoc	https://www.visdoc.cn/
20	电子表格	维格云	https://vika.cn/login
21	电子表格	ChartCube图表魔方	https://chartcube.alipay.com/
22	电子表格	高灯财务AI助手	https://www.golcer.com/
23	电子表格	AlgForce AI数据报告	https://www.algforce.com/
24	电子表格	意表	https://yibiao.fun/
25	翻译	包阅AI阅读翻译	https://baoyueAI.com/
26	翻译	蜂鸟AI	https://fengniaoAI.com/login
27	翻译	北极象沉浸式翻译	https://fy.xiangtatech.com/
28	翻译	划词翻译	https://hcfy.AI/
29	翻译	金山快译	https://www.iciba.com/
30	翻译	会译AI	https://huiyiAI.net/
31	翻译	疯狂翻译师	https://fengkuangfanyi.com/
32	翻译	翻译狗	https://www.fanyigou.com/
33	翻译	彩云小译	https://fanyi.cAIyunapp.com/
34	翻译	沉浸式翻译	https://immersivetranslate.com/
35	翻译	有道翻译	https://fanyi.youdao.com/index.html#/AITranslate
36	翻译	网易见外	https://jianwAI.youdao.com/
37	翻译	百度翻译（AI大模型翻译）	https://fanyi.bAIdu.com/
38	翻译	吱意	https://www.hizhiyi.com/
39	翻译	腾讯翻译君	https://fanyi.qq.com/
40	翻译	火山翻译	https://translate.volcengine.com/
41	翻译	阿里翻译	https://translate.alibaba.com/
42	思维导图	自由画布	https://wenku.bAIdu.com/pcactivity/freeBoard

续表

序号	办公用途	工具名称	链接地址
43	思维导图	ProcessOn	https://www.processon.com/
44	思维导图	AI脑图	https://www.dbtgo.com/wechat/webmind/
45	思维导图	妙办工作台	https://imiaoban.com/work
46	思维导图	幕布	https://mubu.com/home
47	思维导图	小画桌	https://www.xiaohuazhuo.com/
48	思维导图	印象图记	https://static.app.yinxiang.com/evermind/
49	总结摘要	通义听悟	https://tingwu.aliyun.com/home
50	总结摘要	米可智能	https://minecho.com/zh
51	总结摘要	AI课代表	https://www.kedAIbiao.pro/welcome
52	总结摘要	星声AI	https://ixingsheng.com/
53	总结摘要	BibiGPT	https://bibigpt.co/r/AIGCCN
54	浏览器插件	DeepTranslate	https://deeptranslate.AI/zh-CN
55	浏览器插件	小明助理	https://xmingAI.com/
56	浏览器插件	豆包浏览器插件	https://www.doubao.com/browser-extension/landing
57	浏览器插件	Kimi	https://Kimi.moonshot.cn/extension/download
58	浏览器插件	有道灵动翻译	https://magicfanyi.youdao.com/#/

后　记　新时代，请用好新工具

写这本书的过程，也是和AI工具赛跑的过程。

就在即将交稿的那几天，Manus横空出世，我发现这又是一个非常给力的、可以帮助HR高效完成很多工作的工具；刚完成Manus的部分，DeepSeek又迭代了新版本，我又对DeepSeek的零代码部分进行了调整；而当图书即将出版时，TRAE又进入了大家的视野……这何尝不是我们在工作中的常态？学习每一个知识点、掌握每一个工具的过程都并不轻松。例如第九章关于竞对组织结构和岗位分析案例的提示词设计，我反复尝试了近10个版本，其中还有两个完全无法生成结果。经过多次测试，我最终发现，针对宇树科技生成的结果非常出色，甚至比Manus官方案例中OpenAI的示例还要令人满意。不过，我似乎又跑题了。我想表达的并不是这些案例本身，而是我们掌握一个工具的过程——从听到别人说这个工具很好用，到自己真正上手并运用自如，其实对每个人来说，都是一段需要耐心地、一步一步地走完的旅程。

在阅读本书的过程中，大家肯定也注意到了，人力资源管理工作的本质和核心价值并未发生改变，AI可以为我们提供文本处理、数据分析、图表制作、视频编辑等多方面的辅助，这些功能极大地提升了工作效率和数据处理能力。当我们在各个工作环节中恰当地运用AI技术时，它能够为我们提供强大的支持，帮助我们更快地完成任务，但判断和决策，依然需要我们HR自己完成。AI并不能替代人力资源管理专业人员，它只有与人力资源管理专业人员的专业知识、经验判断等能力相结合，才能发挥最大的效用。

这本书的内容，也是我自己学习从简单的AI写作、PPT制作，到更加复杂的AI Agent定制化应用的过程回顾。在学习的过程中，我不断向身边遇到的每一个人安利各种AI工具，也不断发现市场上正在出现更多的AI

工具，每一个新的AI工具都会让我更加着迷和兴奋。相信每一位感兴趣的HR，都可以借助这些AI工具，成为数据分析师、AI开发者甚至是"智能管家"，不再受限于传统的手动操作和繁重的工作量，而是通过技术让每项任务都变得更加高效和精准。

我不知道你的感觉是怎样的，我在这一段时间里的真切的体会就像罗振宇所说的那样：

AI不仅是更快、更高、更强的工具，它最大的能力，是帮我们跨越我们原来以为的边界。

现在的AI领域，每隔一段时间，都会有更新的产品面世，相信如果你开始使用AI，你一定会找到更多本书没有提及的用法和领域，欢迎你和我交流。我的邮箱是gwenzhaodc@gmail.com，或者也可以通过我的微信公众号"冬存夏取"与我交流。

值得注意的是，AI的运用并非一蹴而就。正如我在书中所讲的，HR在构建自己的AI工具时，首先要明确需求，并通过不断的调试和优化，让工具逐渐适应实际的工作场景。并且，实际上每一天这些AI工具都在进化，都在衍生出更多好玩的、高效的、新奇的使用方法，希望大家可以通过使用中的不断调整，将AI助手变得更加符合实际需求。

最重要的是，AI的引入并不意味着HR要离开传统的人性化管理。相反，AI使得HR能够更好地了解员工的需求和行为，提升组织的整体效能。我也想分享一下我对AI与HR关系的看法：现在，很多公司已经开始让AI介入大量的重复性任务，让HR将更多的精力投入员工关系处理、企业文化建设和战略规划；在短期内，AI会成为我们工作中的助手，像实习生一样帮助我们完成执行类的任务；很快，它会逐步成为我们的顾问，协助我们完成更多带有规划性质的工作；而在不远的将来，AI则很可能会成为我们的教练，为我们提供全新的视角，帮助我们应对复杂的工作。这种AI赋能的"智慧HR"模式，是正在发生的趋势。

正如刘润在2025年的跨年演讲中所说：

10年后会取代我们的，或许是AI，但明年取代我们的，一定是更会用AI的人。

未来已来,你已经开始准备了吗?

感谢你阅读本书,希望这本书能够帮助你更好地掌握AI工具,提升工作效率,并让你在未来的职场中,更加从容、更加智慧地迎接挑战。未来已来,让我们一起拥抱这个智能化的时代,为每一个职场人、每一个企业带来更多的可能性。

赵冬存

致 谢

记得第一次下定决心想要写一本书,还是在 2012 年,当时想把关于自己参与股权激励方案设计的经验整理出来。为了逼自己一把,我还把写书的目标写进了自己的博客,但是始终没有动笔。

第二次是 HRD(Human Resource Director)俱乐部的几个人,大家凑在一起要写一本书,书名和章节名都确认好了,但在一段时间后,我们从最开始的十几个人变成了几个人,写书的事到最后还是不了了之了。

第三次是想要把自己在招聘面试过程中的经验总结出来,那次我是比较有信心的,毕竟这一模型在工作中和外部培训中都是得到了验证的,但是在动手写了几万字之后,脑子里挥之不去的一个声音始终纠缠着我:很多时候我们对人的判断其实在很大程度上来自我们的主观,我们判断一个人是否具备深度思考能力,是基于面试时的即刻表现,而这并不一定是他真正的水平,处于压力大、身体状态不好、心理状态差的情况下,任何一个人都会有不好的表现,何况其中的案例没有经过长期的跟进和深度调研,是经不起推敲的……解决不了自己心里的疑惑,我最终也只好放弃了。

直到这次,终于有一个选题,让我觉得还比较有干货,也可以给其他人带来一定参考价值。

在学习 ChatGPT 和各种 AI Agent 制作的过程中,首先得到了阿里云老同事朱娜的大力支持,没有她的帮助,我对 AI 的理解肯定达不到现在的程度。在写作过程中,我得到了我先生许童的大力支持,没有他的鼓励,我恐怕也很难完稿。

最后,感恩这个飞速发展的时代,让我有机会成为 AI 进化之旅的见证者和参与者,也让我有机会把自己思想的碎片拼凑成能够启发他人的知识图谱。

赵冬存